国际公海事务发展前沿

郑苗壮 刘 岩 编著

海洋出版社

2019年·北京

图书在版编目（CIP）数据

国际公海事务发展前沿/郑苗壮，刘岩编著. —北京：海洋出版社，2019.10
ISBN 978-7-5210-0434-2

Ⅰ.①国… Ⅱ.①郑… ②刘… Ⅲ.①国际海域-海洋法-研究 Ⅳ.①D993.5

中国版本图书馆 CIP 数据核字（2019）第 217232 号

责任编辑：冷旭东　薛菲菲
责任印制：赵麟苏

海洋出版社　出版发行

http：//www.oceanpress.com.cn
北京市海淀区大慧寺路 8 号　邮编：100081
北京朝阳印刷厂有限责任公司印刷
2019 年 12 月第 1 版　2019 年 12 月北京第 1 次印刷
开本：787mm×1092mm　1/16　印张：13.5
字数：235 千字　定价：68.00 元
发行部：62132549　邮购部：68038093
总编室：62114335　编辑室：62100038

海洋版图书印、装错误可随时退换

《国际公海事务发展前沿》编写委员会

编委会主任(按姓氏笔画排序):
  刘 峰 胡学东

编 委(按姓氏笔画排序):
  王秀梅 彭利生 蒋 军

编 著:郑苗壮 刘 岩

参加人员(按姓氏笔画排序):
  王 骁 丘 君 吕佳衡
  朱 璇 张 浩 张 爽
  张小勇 赵 畅 饶欢欢
  顾佳丽 徐 靖 徐金钟
  徐敏婕 姬瑛凡 曾荣丽
  裘婉飞 管毓堂

序

公海是沿海国管辖范围以外的海域,约占全球海洋面积的64%。根据《联合国海洋法公约》的规定,公海对所有国家开放,沿海国和内陆国在公海享有航行、飞越、捕鱼、海洋科学研究、铺设海底电缆和管道、建造人工岛屿和设施自由。公海攸关各国的生存和发展空间,是人类发展的新空间、国家安全的新战场和各国竞相拓展的战略新疆域。联合国大会及其多个下设机构、生物多样性公约缔约方大会、非政府组织组织了很多专门针对公海事务或者与公海事务密切关联的会议,通过了多项涉及公海的决议和决定,形成一系列涉及生物多样性养护和可持续利用的法律、协议和公约。

国家管辖范围以外区域的海洋遗传资源获取和惠益分享、公海保护区在内的划区管理工具、环境影响评价、公海渔业等海洋生物多样性的影响日益受到国际社会的关注。相关国家和国际组织从科学、政策和法律制度等多个层面对这些问题开展研究。随着全球海洋环境保护的呼声日益高涨,海洋活动的环境准入门槛势必提高,要求对造成"重大损害或不利影响"的海洋活动开展环境影响评价。船舶运输的环境及其保护受到广泛关注,不断出台严格的管理限制措施。近年来,深海遗传资源研究开发取得的成果快速增长,由此带来的知识产权和利益分配问题成为各国讨论的热点。

各国向国际海底管理局申请矿区的速度在加快,已约20个国家的承包者在太平洋、大西洋和印度洋获得30个勘探区,包括多金属结核、多金属硫化物和富钴结壳。2012年国际海底管理局通过《克拉里昂-克利珀顿区环境管理计划》,设立9块特别环境利益区,区域内禁止一切采矿活动以保护海洋生物多样性、生态系统结构和功能免受采矿活动的影响。相关区域渔业管理组织设立了一系列深海脆弱生态系统,对深海底拖网采取关闭和临时关闭措施，限制渔业捕捞产量和作业范围，以保护冷水珊瑚、海山、热液喷口等深海生态系统免受底拖网渔业捕捞活动的影响。《生物多样性公约》秘书处共召集了14个区域的讲习班描述符合具有重要生态或生物学重要意义的海洋区域，包括国家管辖范围以外区域的有70多处，其识别区域被国际社会认为是公海保护区选划的备选方案。

国内外学界和政府部门关于公海事务前沿问题的讨论由来已久，在联合国框架内以及国际海事组织、国际海底管理局、生物多样性公约缔约方大会就生物多样性养护和可持续利用问题展开专门讨论和研究。尤其是2004年联合国启动的国家管辖范围以外区域海洋生物多样性养护和可持续利用谈判进程，历经特设工作组、筹备委员会和政府间会议的讨论磋商，各方就解决国家管辖范围以外区域海洋生物多样性养护和可持续利用问题达成"案文上的共识"，即要"一揽子"解决公海保护区、海洋遗传资源、环境影响评价、能力建设和技术转让问题，制定对各国都具有法律约束力的国际协定。

我国作为快速发展的海洋大国，已经形成了大进大出"两头在外"的高度依赖海洋的开发开放格局，为维护我国海洋安全、捍卫我国海洋利益、拓展我国发展空间，要拓展和确保我国在公海、国际海底的合法权益，在国际海洋规则和制度领域拥有与我国综合国力相称的影响力。为了帮助学界和管理部门及时了解公海事务发展的前沿问题，推动相关研究不断深入，有关研究人员编写了本书，旨在反映阶段性研究成果。相信本书对于国内学者进一步研究公海事务具有重要的参考价值。感谢中国大洋矿产资源研究开发协会"十二五"委托项目"公海事务动态跟踪研究"提供的经费支持。

目 录

1 公海相关的国际海洋法律和政策框架 ………………………………… (1)
　1.1 公海及公海事务概述 ………………………………………………… (1)
　1.2 一般原则与政策 ……………………………………………………… (4)
　1.3 相关国际法律制度 …………………………………………………… (8)
　1.4 公海事务相关国际组织和机构 ……………………………………… (23)
　1.5 公海事务合作机制框架 ……………………………………………… (32)

2 联合国大会框架下国家管辖范围以外区域海洋生物多样性养护和可持续
　利用问题 ……………………………………………………………………… (34)
　2.1 国家管辖范围以外区域海洋生物多样性特设工作组 ……………… (34)
　2.2 国家管辖范围以外区域海洋生物多样性筹备委员会 ……………… (37)
　2.3 海洋和海洋法问题不限成员名额非正式协商进程 ………………… (43)

3 《生物多样性公约》框架下海洋生物多样性 ……………………………… (48)
　3.1 具有重要生态或生物学意义的海洋区域 …………………………… (48)
　3.2 海洋环境影响评价 …………………………………………………… (64)
　3.3 遗传资源获取和惠益分享 …………………………………………… (68)
　3.4 其他问题 ……………………………………………………………… (72)

4 其他国际组织关于海洋生物多样性保护与可持续利用 ………………… (76)
　4.1 国际海事组织框架下的海洋环境保护 ……………………………… (76)
　4.2 联合国粮食及农业组织框架下的生物资源养护 …………………… (78)
　4.3 国际海底管理局 ……………………………………………………… (86)
　4.4 世界贸易组织 ………………………………………………………… (87)
　4.5 世界知识产权组织 …………………………………………………… (89)

5 划区管理工具 ……………………………………………………………… (92)
　5.1 公海保护区 …………………………………………………………… (92)
　5.2 具有重要生态或生物学意义的海洋区域 …………………………… (105)
　5.3 特殊区域 ……………………………………………………………… (121)

1

 5.4 特别敏感海域 ……………………………………………………（129）
 5.5 脆弱海洋生态系统 ………………………………………………（137）
 5.6 特别环境关注区 …………………………………………………（145）
 5.7 海洋空间规划 ……………………………………………………（148）
6 海洋遗传资源 …………………………………………………………（153）
 6.1 《生物多样性公约》及《名古屋议定书》 ………………………（154）
 6.2 《名古屋议定书》关于全球多边惠益分享机制 …………………（159）
 6.3 《粮食和农业植物遗传资源国际条约》 …………………………（163）
 6.4 国际文书的比较 …………………………………………………（168）
 6.5 相关问题分析 ……………………………………………………（174）
7 环境影响评价 …………………………………………………………（188）
 7.1 《关于环境保护的南极条约议定书》 ……………………………（188）
 7.2 《海洋和沿海地区环境影响评价和战略环境影响评价的自愿性准则》
   ………………………………………………………………………（190）
 7.3 《指导承包者评估"区域"内海洋矿物勘探活动可能对环境造成的
   影响的建议》 ……………………………………………………（192）
8 公海渔业资源管理 ……………………………………………………（195）
 8.1 执行情况 …………………………………………………………（195）
 8.2 发展趋势 …………………………………………………………（200）
 8.3 公海渔业养护与管理措施 ………………………………………（202）
 8.4 生物多样性养护与利用和公海渔业之间的关系 ………………（204）

1 公海相关的国际海洋法律和政策框架

1.1 公海及公海事务概述

公海是一个法律概念，公海的法律制度和范围随时间的推移有所变化。[①] 18世纪开始逐渐形成了公海的概念，有些国家开始提出把海洋划分为归属沿海国管辖的海域和不属于任何国家的公海两类。1958年《公海公约》规定："'公海'一词是指不包括在一国领海或内水的全部海域。" 1982年《联合国海洋法公约》（以下简称《公约》）进一步将海洋划分为不同法律地位的各类海域，包括内水、领海、毗连区、专属经济区、大陆架、国际海底区域（以下简称"区域"）和公海。其中公海是指领海、毗连区、专属经济区或群岛国的群岛水域之外的全部海域，不包括海床、洋底及其底土。由于专属经济区制度的提出，《公约》的规定中大大缩减了公海的范围。

根据《公约》和其他相关国际法，公海的范围主要包括以下三部分：

（1）世界各大洋中，沿海国200海里专属经济区以外海域均属公海，其中包括北冰洋的冰封区域；

（2）1958年《南极条约》冻结了各国对南极洲的领土主权的权利或要求，《南极条约》范围内的海域，即南纬60°以南的海域属于公海；

（3）由于地中海沿岸国家未主张200海里专属经济区，地中海沿岸国领海以外的地中海海域属于公海。

公海历来是对所有国家开放的，公海自由是传统海洋法中一项公认的基本制度。传统的公海自由主要指航行自由和捕鱼自由。《公海公约》第一次以国际公约的形式列举了公海的四大自由：航行自由、捕鱼自由、铺设海底电缆和管道的自由、飞越自由。《公约》第八十七条在此基础上，增加了建造人工岛屿和其他设施的自由、海洋科学研究的自由。需要指出的是，公海六大自由并非为

[①] 刘楠来，周子亚，王可菊等：《国际海洋法》，北京：海洋出版社，1986年，第260页。

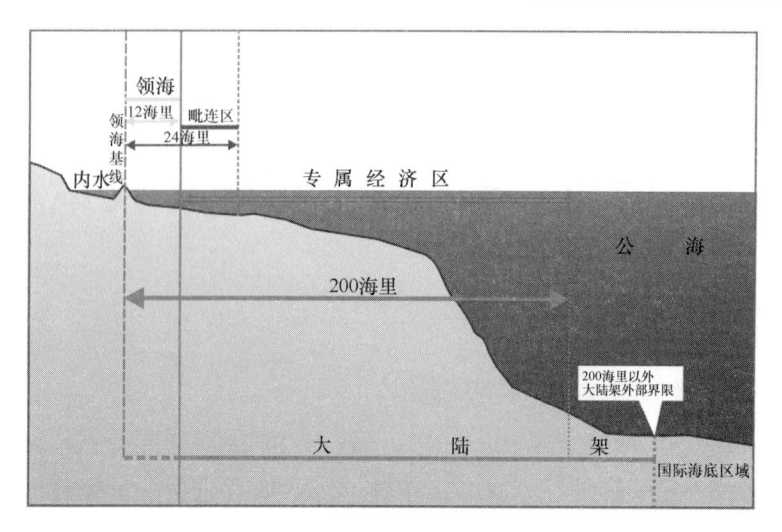

海洋法中的各类海洋区域位置

不受约束的完全自由。实际上，《公约》在规定公海六大自由的同时，也规定各国或其国民在享受这些自由的同时应受一定限制。《公约》规定的公海自由及相关限制包括如下方面。

（1）航行自由。每一个国家，不论是沿海国还是内陆国，其船舶（包括商船和军舰）都有权悬挂旗帜在公海上自由航行。除船旗国外，其他国家一般不得对其行使刑事或民事管辖权。航行自由也受到一定限制，如任何船舶在公海上航行时都应遵守国际法和一般接受的国际航行规则，要防止、减少和控制海洋环境污染等。

（2）捕鱼自由。任何国家或其国民都有权在公海上自由捕鱼，不受其他国家的妨碍。同样，公海捕鱼自由受其他相关国际法、公海生物资源养护和管理义务等限制。

（3）飞越自由。任何国家的飞行器在遵守国际航空规则的情况下，可以在公海的上空自由飞行。

（4）铺设海底电缆和管道的自由。在公海上铺设海底电缆和管道已有100多年的历史，已被国际习惯法和国际公约确认为公海自由中的一项。

（5）任何国家为了科研、勘探和开发的目的，可以在公海建造国际法允许的人工岛屿和设施。

（6）科学研究的自由。所有国家和各主管国际组织均有权在专属经济区范围以外的水体内进行海洋科学研究。科学研究自由受《公约》大陆架制度和海洋科学研究制度的限制。

《公约》还规定，所有国家享有上述自由时，需适当顾及其他国家行使公海自由的利益，并适当顾及与"区域"内活动有关的权利。

国家管辖范围以外区域除了公海以外，还包括"区域"。《公约》第十一部分专门规定了"区域"的法律制度。基本内容如下：

（1）"区域"及其资源是人类的共同继承财产，由国际海底管理局代表全人类进行管理；

（2）任何国家、自然人或法人不得将"区域"或其资源的任何部分占为己有，不得对其主张或行使主权或主权权利；

（3）"区域"对所有国家开放，应专为和平目的利用；

（4）"区域"的开发活动应为全人类的利益而进行，管理局在无歧视的基础上公平分配从"区域"内活动获得的财政及其他经济利益；

（5）"区域"的法律地位不影响其上覆水体或水体上空的法律地位。

公海与"区域"是相互联系又完全不同的政治地理单元。具体表现在：

（1）公海和"区域"都属于国家管辖范围以外的海洋空间。

（2）公海是指国家管辖范围以外的水体部分；而"区域"仅指国家管辖范围以外的海床和洋底及其底土部分。在垂直方向上，公海在上，"区域"在下。

（3）公海的面积比"区域"的面积大。公海所覆盖的海床与底土大部分属于"区域"，小部分属于沿海国管辖的200海里以外大陆架；"区域"的上覆水体则全部是公海。因此，

（4）公海和"区域"各有专门适用的法律制度。

（5）国际海底管理局负责专门管理"区域"，公海没有专门的管理机构负责管理。

（6）公海主要涉及生物资源，"区域"主要涉及矿产资源以及海床和底土上的定居种。

公海是由国际法律制度规范和界定的国家管辖范围外区域，公海事务是海洋事务在公海区域的具体体现，主要涉及公海资源开发利用、生物多样性保护、海洋环境污染防治、交通航行与通道安全、战略空间利用、科学研究及适应气候变化/全球变化等方面及其由此派生的公海区域管理体制机制、法律框架、国际合作、技术方法、深海技术装备等。公海事务活动的依据是国际法，包括《公约》《生物多样性公约》及其他相关的国际组织公约、区域组织协定等。公海事务的发展基础是人类对公海的科学认识、意愿和利益。深海科学技术是根本。

1.2 一般原则与政策

1.2.1 《关于人类环境的斯德哥尔摩宣言》

1972 年,第一次联合国环境与发展会议通过了《关于人类环境的斯德哥尔摩宣言》(以下简称《斯德哥尔摩宣言》)[①],该宣言第 21 条规定:按照联合国宪章和国际法原则,各国有按其环境政策开发资源的主权,并且有责任保证在各国管辖或控制之内的活动,不致损害其他国家的或在国家管辖范围以外区域的环境。世界各国和国际社会已经注意到国家管辖范围以外区域环境的重要性,并将其列入《斯德哥尔摩宣言》。

《斯德哥尔摩宣言》确立了一套促进保全和改善环境的原则,其中包括:为了今世后代的利益,应通过认真的规划或管理保护自然资源,"特别是具有代表性的自然生态系统",据此,应保护物种多样性和海洋生物(原则 2);人类对保护、管理和规划野生动植物负有特殊责任(原则 4);各国应采取一切可能的步骤,防止可能"损害生物资源和海洋生物"的污染(原则 7);各国有责任"不破坏其他国家或国家管辖权之外区域的环境"(原则 21)。这些原则启迪了后来的环境政策和法律发展。

1.2.2 《世界大自然宪章》

1982 年,即《斯德哥尔摩宣言》发表 10 周年之后,联合国大会通过了《世界大自然宪章》[②],这一文件同样规定了一套明智管理和养护环境的原则,强调法律必须承认和包容自然法则。这份文件特别强调必须保护地球的遗传活力,必须保护生境(一般原则 2),同时认识到必须特别保护各种不同类型的生态系统的独特地域和代表性样本以及稀少或濒危物种的生境(一般原则 3)。

1.2.3 《关于环境与发展的里约热内卢宣言》

1992 年在巴西里约热内卢召开的联合国环境与发展会议,在可持续发展的背景下进一步发展了上述原则。会议通过的《关于环境与发展的里约热内卢宣

---

① 1972 年《联合国人类环境会议的报告》,第一章。
② 联合国大会第 37/7 号决议。

言》(以下简称《里约宣言》)① 将人类置于"普受关注的可持续发展问题的中心"(原则1);重申《斯德哥尔摩宣言》的第21条原则,强调它们负有确保在其管辖范围内或在其控制下的活动不致损害其他国家或在各国管辖范围以外区域的环境的责任(原则2);进一步承认必须满足后代需要(原则3);将环境保护纳入发展之中(原则4);需要在共同但又有差别的责任基础上保护和恢复"地球生态系统的健康和完整"(原则7);消除不可持续的生产和消费方式(原则8);鼓励公众参与(原则10);要求在遇有严重或不可逆转损害的威胁时,不得以缺乏充分科学的证据为理由,延迟采取符合成本效益的措施防止环境恶化(原则15);明确"污染者付费"(原则16);要求在进行可能对环境产生重大不利影响的项目前进行环境影响评价(原则17)。

《21世纪议程》对国家管辖范围以外区域生物多样性保护也提出了原则性要求:"维持重要、脆弱的海洋和沿海地区,包括国家管辖以外区域的生产力和生物多样性。"关于公海,《21世纪议程》要求各国保护和恢复濒临绝种的海洋种群,保护海洋生境和其他生态敏感的地区,促进关于公海生物资源的科学研究。

1.2.4 《联合国千年宣言》

于2000年召开的第55届联合国大会在"千年宣言"中重申支持联合国环境与发展会议商定的可持续发展原则,包括列于《21世纪议程》的各项原则。《联合国千年宣言》强调,尊重自然,特别是对所有生物种群和自然资源的可持续管理,确保"自然赋予我们的无穷财富并把它们交给我们的子孙"。大会同意在有关环境行动中采取新的养护和管理的道德标准并推动全面执行《生物多样性公约》(第22段和第23段)。

1.2.5 《约翰内斯堡可持续发展宣言》

2002年,在南非约翰内斯堡召开了可持续发展问题世界首脑会议,以对联合国环境与发展会议所规定的承诺采取后续行动,并评估执行可持续发展方面的进展。② 首脑会议承认全球环境持续恶化,具体表现为:生物多样性仍在不停

---

① 《联合国环境与发展会议的报告,1992年6月3—14日,里约热内卢》,第一卷:《环境发展会议通过的决议》,决议1。
② 《可持续发展问题世界首脑会议报告,2002年8月26日至9月4日,南非约翰内斯堡》第一章:决议1。

地丧失；鱼类继续耗竭；荒漠化吞噬了更多的良田；气候变化的不利影响；自然灾害更加频繁、毁灭性更大；发展中国家的脆弱性；空气、饮水和海洋污染继续毁灭无数人安逸的生活。为了解决这些问题，首脑会议通过了《约翰内斯堡可持续发展宣言》和《可持续发展问题世界首脑会议执行计划》（以下简称《执行计划》）。宣言重申了促进地方、国家、区域和全球各级相互依存和相互加强的可持续发展支柱一体化——经济发展、社会发展和环境保护。《执行计划》鼓励各国在2010年之前采用生态系统方法并促进国家一级综合、多部门的沿海和海洋管理，包括援助沿海各国制定关于沿海综合管理的海洋政策和机制。《执行计划》指出，为了促进海洋养护和管理，需要在所有各级采取行动，维持重要和脆弱的海洋和沿海地区，包括国家管辖范围以内和以外区域的生产力和生物多样性，还要求在2012年建立具有代表性的全球海洋保护区网络的目标。

1.2.6 《我们期待的未来》

2012年"里约+20"世界可持续发展峰会在巴西里约热内卢召开，大会由三个目标和两个主题构成，三个目标是：①对可持续发展重新作出承诺；②找出目前在实现可持续发展过程中取得的成就与面临的不足；③采取措施，继续面对不断出现的各类挑战。两大主题是：①绿色经济，这里所指的绿色经济是致力于消除贫困的可持续发展基础上的绿色经济；②可持续发展的制度框架。

海洋是"里约+20"峰会七个关键领域之一，会议再一次作出对海洋保护与管理的政治承诺。会议成果文件《我们期待的未来》高度评价了海洋在可持续发展中的地位，"强调海洋及其资源的养护和可持续利用对可持续发展的重要性"，并赞扬其"有利于消除贫穷、实现持续经济增长、保证粮食安全、创造可持续生计及体面工作，同时保护生物多样性和海洋环境，应对气候变化的影响"。

在《我们期待的未来》的第五章行动框架和后续行动中，倡导在以下方面增加关注并加强行动：①敦促《公约》所有缔约方充分履行其根据该公约承担的义务；②提升发展中国家的能力，使之能受惠于海洋及其资源的养护和可持续利用；③支持大会设立海洋环境状况全球报告和评估程序；④抓紧处理国家管辖范围以外区域海洋生物多样性养护和可持续利用问题；⑤采取行动减少来自陆地和海洋的污染的发生率及对海洋生态系统的影响；⑥采取措施防止外来入侵物种的引入，应对外来入侵物种对环境的不利影响；⑦呼吁国际社会加强努力应对海平面上升和海岸侵蚀的挑战；⑧支持采取举措，应对海洋酸化以及气候变化对海洋和沿海生态系统及资源的影响；⑨关注海洋肥沃化对环境的潜在影响等。①

1.2.7 《2030年可持续发展议程》

2015年在联合国举行的可持续发展峰会上通过了《2030年可持续发展议程》，其中包括一系列以行动为导向且普遍适用的可持续发展目标，以及促进形成新的全球发展伙伴关系。该发展议程于2016年1月1日起正式实施，在目标14中专门就海洋提出一系列要求。

目标14. 保护和可持续利用海洋和海洋资源以促进可持续发展

14.1 到2025年，预防和大幅减少各类海洋污染，特别是陆上活动造成的污染，包括海洋废弃物污染和营养盐污染；

14.2 到2020年，通过加强抵御灾害能力等方式，可持续管理和保护海洋和沿海生态系统，以免产生重大负面影响，并采取行动帮助它们恢复原状，使海洋保持健康，物产丰富；

14.3 通过在各层级加强科学合作等方式，减少和应对海洋酸化的影响；

14.4 到2020年，有效规范捕捞活动，终止过度、非法、未报告和无管制的捕捞活动以及破坏性捕捞做法，执行科学的管理计划，以便在尽可能短的时间内使鱼群量至少恢复到其生态特征允许的能产生最高可持续产量的水平；

14.5 到2020年，根据国内和国际法，并基于现有的最佳科学资料，保护至少10%的沿海和海洋区域；

14.6 到2020年，禁止某些助长过剩产能和过度捕捞的渔业补贴，取消助长非法、未报告和无管制的捕捞活动的补贴，避免出台新的这类补贴，同时承认给予发展中国家和最不发达国家合理、有效的特殊和差别待遇应是世界贸易组织渔业补贴谈判的一个不可或缺的组成部分；

14.7 到2030年，增加小岛屿发展中国家和最不发达国家通过可持续利用海洋资源获得的经济收益，包括可持续地管理渔业、水产养殖业和旅游业。

14.a 根据政府间海洋学委员会《海洋技术转让标准和准则》，增

---

① The Future We Want, UN document A/RES/66/288*.

加科学知识，培养研究能力和转让海洋技术，以便改善海洋的健康，增加海洋生物多样性对发展中国家，特别是小岛屿发展中国家和最不发达国家发展的贡献；

14.b 向小规模个体渔民提供获取海洋资源和市场准入机会；

14.c 按照《我们期待的未来》第158段所述，根据《联合国海洋法公约》所规定的保护和可持续利用海洋及其资源的国际法律框架，加强海洋和海洋资源的保护和可持续利用。

1.3 相关国际法律制度

《公海公约》确立了以公海自由为核心的公海基本法律制度。这些制度规定绝大多数原则均被《公约》所继承，成为现行公海制度的主要内容。公海自由并非无条件的自由。《公约》规定各国在行使各项公海自由权利时，需顾及航行安全、海洋环境保护、渔业资源养护等方面的责任和义务。除《公海公约》和《公约》之外，还有其他国际法就上述公海利用和保护问题作出更为具体的规定。在这些国际法中，有些是在《公约》通过之前制定的，有些是在《公约》通过之后制定的。

1.3.1 全球性公约

1.3.1.1 《公约》

除公海六大自由外，《公约》对公海生态环境保护、公海渔业资源养护等方面做了专门规定。《公约》通过后补充了两个执行协定：1994年《关于执行〈联合国海洋法公约〉第十一部分的协定》和1995年《执行1982年12月10日〈联合国海洋法公约〉有关养护和管理跨界鱼类种群和高度洄游鱼类种群的规定的协定》，这两个协定对公海生物多样性保护和深海环境的保护尤其重要。

但《公约》第十一部分并没有具体论及与生物（遗传）资源有关的商业活动。依照《公约》规定，各国对国家管辖范围以外深海遗传资源究竟属于"区域"制度范畴，还是属于公海制度范畴的争论日益激烈。此外很难对科学研究活动和涉及生物资源的商业活动（通常称为生物采探，bio-prospecting）作出明确区分。科学研究和生物采探之间的区别，是在于如何使用与这些活动有关的知识和结果，而不在于海上活动过程。

《公约》规定了开展海洋科学研究的制度，却没有对"海洋科学研究"一词作出界定，《公约》也没有使用"生物采探"一词。关于在国家管辖范围以外区域进行海洋科学研究方面，《公约》第十三部分规定了进行此类活动的框架，特别是第二五七条规定所有国家和国际组织均有权在公海进行海洋科学研究。而根据第一四三条和第二五六条，"区域"内海洋科学研究，须按照第十三部分规定专为和平目的并为全人类的利益进行。给予国际海底管理局的任务是促进和鼓励在"区域"内进行海洋科学研究，并协调和传播所得到的科学研究结果。各国可在"区域"内进行研究，但应以下列方式促进国际合作：确保在适当情形下通过管理局或其他国际组织，为了发展中国家和技术较不发达国家的利益发展各种方案，并传播所得到的研究和分析结果（第一四三条）。

《公约》对各国保护和保全海洋环境、养护和管理其国家管辖范围以内和以外区域的海洋生物资源提出了一般性要求。相关条款（第六十一条至第六十七条、第一一六条至第一一九条、第一九二和至第二三五条）规定，各国有义务采取一切必要措施，防止、减少和控制任何来源（来自陆上来源、国家管辖范围内的海底活动、"区域"内活动、倾倒、船只、大气层以及外来的或新的物种的引进）的海洋环境污染；各国在采取保护和保全海洋环境的措施时，还应采取其他必要的措施，必须包括为保护和保全稀有或脆弱的生态系统，以及衰竭、受威胁或有灭绝危险的物种和其他形式的海洋生物的生存环境；各国有义务采取措施以防止由于在其管辖或控制下使用技术而造成的海洋环境污染，或由于故意或偶然在海洋环境某一特定部分引进外来的或新物种致使海洋环境可能发生重大和有害的变化。

《公约》对公海渔业资源养护做了详细的规定。所有国家均有权由其国民在公海上捕鱼，但受一些限制。例如，第一一七条规定：所有国家均有义务为各该国国民采取，或与其他国家合作采取养护公海生物资源的必要措施。第一一八条规定：各国应互相合作以养护和管理公海区域内的生物资源。凡其国民开发相同生物资源，或在同一区域内开发不同生物资源的国家，应进行谈判，以期采取养护有关生物资源的必要措施。为此目的，这些国家应在适当情形下进行合作，以设立分区域或区域渔业管理组织。

第一一九条对公海生物资源的养护作出了规定，其中第1款规定，在对公海生物资源决定可捕量和制订其他养护措施时，各国应：（a）采取措施，其目的在于根据有关国家可得到的最可靠的科学证据，并在包括发展中国家的特殊要求在内的各种有关环境和经济因素的限制下，使捕捞鱼种的数量维持在或恢

9

复到能够生产最高持续产量的水平,并考虑到捕捞方式、种群的相互依存以及任何一般建议的国际最低标准,不论是分区域、区域或全球性的;(b)考虑到与所捕捞鱼种有关联或依赖该鱼种而生存的鱼种所受的影响,以便使这种有关联或依赖的鱼种的数量维持在或恢复到其繁殖不会受严重威胁的水平以上。第2款规定,在适当情形下,应通过各主管国际组织,不论是分区域、区域或全球性的,并在所有有关国家的参加下,经常提供和交换可获得的科学情报、渔获量和渔捞努力量统计,以及其他有关养护鱼类种群的资料。

由于公海和"区域"密切联系,"区域"的有关规定对公海也有直接或间接的影响。"区域"环境保护相关规定的影响尤为重要。《公约》规定,必须采取必要措施,以确保切实保护海洋环境,不受"区域"内活动可能产生的有害影响。为此目的,国际海底管理局应制定规则、规章和程序,解决污染和对环境的其他危害问题,其中包括海洋环境的生态平衡,保护和养护"区域"的自然资源,并防止对动植物的损害(第一四五条)。各国应制定法律和规章,以应对由悬挂其旗帜或在其权力下经营的船只、设施和其他装置所进行的"区域"内活动造成的污染,这种法律和规章的要求效力应不低于国际海底管理局制定的国际规则、规章和程序。根据第一六二条,国际海底管理局理事会有权发布紧急命令,其中可包括停止或调整作业的命令,以防止"区域"内活动对海洋环境造成严重损害。

1.3.1.2 《生物多样性公约》

1992年的《生物多样性公约》是国际社会为保护地球上生命有机体及其遗传和生态系统的多样化,避免或尽量减轻人类活动使生物物种迅速减少的威胁而订立的全球性国际公约。其宗旨是:加强和补充现有保护生物多样性和持久使用其组成部分的各项国际安排,并为保护今世与后代的惠益和持久使用生物多样性。该公约提倡各国有按照其环境政策开发其资源的主权权利,同时也负有责任,确保在其管辖和控制范围内的活动不致对其他国家的环境或国家管辖范围以外区域的环境造成损害。

《生物多样性公约》也为国家管辖范围以外区域生物多样性养护和可持续利用规定了相关规则。《生物多样性公约》的目标是保护生物多样性,可持续利用生物多样性的组成部分以及公正和公平地分享利用遗传资源所产生的惠益。《生物多样性公约》对其管辖权适用的两个方面做了重要区分:一个是"生物多样性组成部分"与"活动和进程"之间的区别;另一个是国家管辖范围以内区域和以外区域之间的区别。在国家管辖范围以内区域,《生物多样性公约》的规定适用于生物多样性组成部分,并适用于可能对生物多样性产生不利影响的进程和活动。

在国家管辖范围以外区域,《生物多样性公约》的规定仅仅适用于在缔约方管辖或控制范围内开展的可能对生物多样性产生不利影响的活动和进程。由于缔约方对国家管辖范围以外区域的资源没有主权或管辖权,它们对这些区域生物多样性具体组成部分的养护和可持续利用没有直接义务。因此,《生物多样性公约》强调,缔约方应"在国家管辖范围以外区域",在"生物多样性养护和可持续利用方面"进行合作(《生物多样性公约》秘书处认为,此种合作,除其他外,包括禁止毁坏性做法或建立保护区)。

《生物多样性公约》把"持续利用"界定为"使用生物多样性组成部分的方式和速度不会导致生物多样性的长期衰落,从而保持其满足今世后代的需要和期望的潜力"。该公约规定的定义有两个因素:(a) 资源利用的方式;(b) 资源利用的速度。这两个因素相互依存,资源利用的速度在很大程度上取决于资源的用途。

《生物多样性公约》的两个中心概念尤其对养护和可持续利用生物多样性具有重要意义,这就是生态系统方法和预防方法。缔约方认识到,生态系统方法是综合管理陆地、海洋和生物资源的战略,促进公平的进行养护和可持续利用(第V/6号决定)。在管理海洋和沿海资源方面,在更广泛的沿海地区管理战略内建立海洋和沿海保护区,是应用生态系统方法的一种有效工具。此外,生态系统方法同第5条规定的义务结合起来,可成为缔约方在国家管辖范围以外区域养护和可持续利用生物多样性的合作基础(《生物多样性公约》秘书处认为,此种合作可包括划定和管理那些延伸至国家管辖范围以外区域的保护区,在这些区域相互密切联系或属于同一生态系统的情况下尤其如此)。

同样,应从生态系统方法的角度来解释第8条(a)款关于"建立保护区系统"的承诺。只有缔约方不仅仅从国家角度,并且在有关生态系统超越国界的情况下还从生态系统或生物区的角度来考虑建立和管理保护区制度的问题,才能够切实履行这项承诺。第Ⅳ/5号决定附件第3段要求,应当把保护区纳入防止外部活动对海洋和沿海生态系统产生不利影响的战略内。这表明,缔约方认识到养护和可持续利用是海洋和沿海区管理战略下相辅相成的两个目标,保护区可成为实现这一战略的工具。

《生物多样性公约》序言部分阐述了预防方法,缔约方大会(COP)关于海洋和沿海生物多样性的第Ⅱ/10号决定也重申了这种办法。缔约方大会在1995年11月于雅加达举行的第2次会议上通过的这项决定中说："《生物多样性公约》关于养护和可持续利用海洋和沿海生物多样性的工作不应因缺乏全面的科学信息而受阻，并且在处理养护和可持续利用的问题时应明确地列入预防方法。"预防方法坚决主张采取行动，确保养护和可持续利用国家管辖范围以外区域的海洋生物多样性，尽管目前关于此种生物多样性的现有数据并不充分和均衡。

《生物多样性公约》的第三个目标是，公平合理地分享由利用遗传资源而产生的惠益。除知识和财政贡献得到公平考虑和奖励外，惠益分享的目标之一是为生物多样性的养护和持续利用制定激励措施。惠益分享特别关系到各国由于科技局限而无法随时得到，但具有巨大潜在科学和经济价值的深海遗传资源。在通过知识产权对私人数据和产权利益加以保护的同时，也应该通过促进科学知识在私人利益和全人类利益之间保持平衡。

尽管《生物多样性公约》规范了各国对遗传资源的获得、技术转让、技术和科学合作、供资以及生物技术的处理，但这些规范资源获得和惠益分享的条款仅适用于在国家管辖范围以内发现的海洋生物资源。根据第15条，国家政府依据对遗传资源拥有主权权利的国家和遗传资源的使用国之间共同商定的条件，对遗传资源的取得加以规范。缔约国使用其他缔约国所提供的遗传资源进行科学研究时，应让这些缔约国充分参与，并采取各种措施，与提供资源的缔约国公正、公平分享研究成果和以商业和其他方式利用此种资源所获的惠益。

在技术（包括生物技术）的获取和转让方面，《生物多养性公约》缔约国必须提供和（或）便利有关养护和可持续利用生物多样性、或利用遗传资源的技术的获取和转让（第2条和第6条第1段）。技术的取得和向发展中国家转让，应按公平和最有利条件提供，若技术属于专利和其他知识产权的范围时，这种取得和转让所根据的条件应承认且符合知识产权的充分有效保护（第16条第2段）。第19条论述了生物技术的处理及其惠益的分配，其中规定应采取措施，让提供遗传资源的国家切实参与生物技术研究活动，并且在公平、公正的基础上，优先给予这些国家取得基于其提供的遗传资源的生物技术所产生的成果和惠益（第19条第1和第2段）。就知识产权保护而言，生命科学领域专利权保护的增多已引起诸多关切，相关国际组织就《生物多样性公约》下的遗传资源制度和知识产权制度的相互关系开展了研究。

《生物多样性公约》第8条"就地保护"要求，每一缔约国应尽可能并酌情：

（a）建立保护区系统或需要采取特殊措施以保护生物多样性地区；

（b）于必要时，制定准则据以选定、建立和管理保护区或需要采取特殊措施以保护生物多样性地区；

（c）管制或管理保护区内外对保护生物多样性至关重要的生物资源，以确保这些资源得到保护和持续利用；

（d）促进保护生态系统、自然生境和维护自然环境中有生存力的种群；

（e）在保护区域的邻接地区促进无害环境的持续发展，以谋增进这些地区的保护。

"管辖和控制范围内的活动"是对公海环境和生物多样性造成影响的重要因素，《生物多样性公约》的规定同样适用于公海。2008年《生物多样性公约》缔约方大会通过了描述具有重要生态或生物学意义的海洋区域的科学标准。

1.3.1.3 《国际防止船舶造成污染公约》及1997年议定书

船舶故意、随意或意外排放油类和其他有害物质是造成污染的一项重要来源，本着彻底消除有意排放油类和其他有害物质而污染海洋环境并将这些物质的意外排放减至最低限度的愿望，国际社会于1973年在伦敦通过了《国际防止船舶造成污染公约》，1978年和1997年两次通过了对该公约的修正。

《国际防止船舶造成污染公约》包括三部分文件，分别是：①《1973年国际防止船舶造成污染公约》本身及其两次修正的议定书；②《议定书1关于涉及有害物质事故报告的规定》及其修正案和《议定书2仲裁》；③《国际防止船舶造成污染公约》附则。

《国际防止船舶造成污染公约》附则就船舶污染的6个方面进行了详细规定。这些规定分别列于附则Ⅰ《防止油类污染规则》、附则Ⅱ《控制散装有毒液体物质污染规则》、附则Ⅲ《防止海运包装有害物质污染规则》、附则Ⅳ《防止船舶生活污水污染规则》、附则Ⅴ《防止船舶垃圾污染规则》以及附则Ⅵ《防止船舶造成空气污染规则》。

与大部分公约适用于国家、组织或实体不同，《国际防止船舶造成污染公约》的规定适用于船舶。由于船舶既在国家管辖范围海域航行，也在公海航行，本公约可被视为与公海保护密切相关。此外，本公约提出了"特殊区域"的概念："因与其海洋和生态条件及其交通特点有关的公认技术原因，需采取特别的强制性措施酌情防止油类、有毒液体或垃圾造成海洋污染的海区。"根据该公约,可把大面积的海区指定为"特殊区域",以便通过实施最严格的排放要求,使这些区域比其他海洋区域得到更高程度的保护。特殊区域可包括几个国家的海洋区域甚至整个封闭或半封闭海区。海事组织制定了"划定特殊区域的指南"〔海事组织大会 A.927(22)号决议〕,指导缔约国如何制定和提交关于划定特殊区域的申请。

附则Ⅰ、附则Ⅱ和附则Ⅴ分别就油类污染、有毒液体物质污染和船舶垃圾污染规定了特殊区域。

(1)附则Ⅰ《防止油类污染规则》规定的特殊区域为地中海区域、波罗的海区域、黑海区域、红海区域、"海湾"区域、亚丁湾区域和南极区域。

(2)附则Ⅱ《控制散装有毒液体物质污染规则》规定的特殊区域为波罗的海区域、黑海区域、南极。

(3)附则Ⅴ《防止船舶垃圾污染规则》规定的特殊区域为地中海区域、波罗的海区域、黑海区域、红海区域、"海湾"区域、北极区域和南极区域、墨西哥湾和加勒比海的大加勒比海区域。

1.3.1.4 《伦敦公约》及其议定书

《1972年防止倾倒废物及其他物质污染海洋公约》(亦称《伦敦公约》)是为了防止、减少或消除倾倒或海上焚烧废物或其他物质造成海洋污染而制定的。1993年,缔约国对《伦敦公约》进行了修正,1996年又通过了取代《伦敦公约》的议定书。该议定书并没有单独就公海上的倾倒和海上焚烧作出规定,但根据该议定书的第1.7款规定,倾倒和海上焚烧的海洋范围包括公海。《1972伦敦公约/1996议定书》(以下简称《1996议定书》)由正文和三个附件组成,主要内容包括以下几点。

(1)各缔约国应采取预防性措施,保护海洋环境不受倾倒和海上焚烧废物或其他物质的危害。[1]

(2)为达到防止和控制污染的要求而产生的费用,应由进行倾倒或海上焚烧者自身承担。[2]

(3)各缔约当事国采取的行动不应使损害或损害的可能性直接或间接地从环境的一个部分转移到另一个部分或从一种污染转变为另一种污染。[3]

---

[1] 《1996议定书》第三条第1款。
[2] 《1996议定书》第三条第2款。
[3] 《1996议定书》第三条第3款。

（4）缔约国应禁止向海洋倾倒或者海上焚烧除附件Ⅰ列举以外的任何废物或其他物质。①

（5）倾倒附件Ⅰ中所列废物或其他物质需有许可证。缔约当事国应采取行政或立法措施，确保许可证的颁发和许可证的条件符合附件Ⅱ。②

（6）各国应建立海上海洋倾倒或者海上焚烧许可证制度，并指派专门部门负责管理。③

（7）对保护某一特定地理区域内的海洋环境具有共同利益的缔约当事国应根据该区域特点努力加强区域合作。④

（8）缔约国应采取适当措施推动和促进与本议定书有关的防止、减轻和在切实可行时消除倾倒及其他海洋污染源造成的污染的科学和技术研究，向有援助需求的缔约国提供必要的双边和多边支持。⑤

议定书附件Ⅰ《可考虑倾倒的废物或其他物质》列举了7类。附件Ⅱ《可考虑倾倒的废物或其他物质的评定》规定了防止或减少废物、倾倒物质清单、倾倒区的选择、潜在影响的评定、许可证和许可证的条件。附件Ⅲ是相关仲裁程序的规定。

在对《伦敦公约》进行审查后，制定并通过的《1996议定书》于2006年3月24日生效，取代了《伦敦公约》。根据议定书的"反向清单"办法，除了附件上所列物质外，不得倾倒任何物质。然而，即使对附件上的物质也要进行评估，确定其倾倒是否安全。根据预防方法，在不确定的情况下，不允许倾倒。《伦敦公约》还适用于悬挂缔约国国旗的船舶在国家管辖范围以外区域的活动，缔约方承诺将合作制定在公海上切实适用《伦敦公约》的程序。

1.3.1.5 国际干预公海污染事件公约

在《公约》生效之前，沿海国领海以外即为公海。当时，各沿海国主张的领海宽度不尽相同，一般从3海里到12海里不等。也就是说，公海距离沿海国海岸一般只有3~12海里。在这种距离内，发生在公海的污染很有可能扩展到沿海国沿海地区，对沿海国的利益造成威胁。为了尽可能防止此类事件对沿海国利益的威胁，国际社会先后通过了《1969年国际干预公海油污事故公约》以及

---

① 《1996议定书》第三条第4款第1项，第五条。
② 《1996议定书》第三条第4款第2项。
③ 《1996议定书》第九条。
④ 《1996议定书》第十二条。
⑤ 《1996议定书》第十三条，第十四条。

《1973年国际干预公海非油污类物质污染议定书》。

《1969年国际干预公海油污事故公约》的主要内容包括：

（1）在发生海上事故后，沿岸国有权在公海上采取必要措施，以防止、减轻或消除对其沿岸海区或有关利益产生严重的和紧急的油污危险或油污威胁，但这些措施不能影响公海自由原则。[①]

（2）公约不针对军舰或其他属于国家所有或经营的、且当时为政府使用、从事非商业性服务的船舶采取措施。[②]

（3）除非遇到非常紧急的情况，在采取措施前，应与受海上事故影响的其他国家，尤其是与船旗国进行协商，也可与没有利害关系的专家们进行协商。[③]

（4）沿海国所采取的措施，应与实际造成的损害或似将发生的损害相适应。否则，沿海国应对其超出所必须采取的措施限度而引起的损失负赔偿责任。[④]

针对发生在公海的非油污类物质污染，国际社会通过了《1973年国际干预公海非油污类物质污染议定书》。该议定书继承了《1969年国际干预公海油污事故公约》的多数条款，也规定了在发生海上事故或与这种事故有关的行为后，沿岸国有权在公海上采取与干预公海油类物质污染类似的必要措施，以防止、减轻或消除非油类物质造成污染或污染威胁对其海岸带或有关利益产生的危险。

《1969年国际干预公海油污事故公约》和《1973年国际干预公海非油污类物质污染议定书》的初始动机并不是保护公海本身，而是以公海为场所，开展相关活动，以保护沿海国管辖海域不受来自公海的油类或非油污类物质威胁。

1.3.1.6 "区域"矿产资源探矿和勘探规章

承上所述，由于公海和"区域"密切联系，"区域"的有关规定对公海也有直接或间接的影响。国际海底管理局先后通过了《"区域"内多金属结核探矿和勘探规章》《"区域"内多金属硫化物探矿和勘探规章》《"区域"内富钴结壳探矿和勘探规章》三份"区域"矿产资源探矿和勘探规章。三份规章的第五部分都是专门针对"保护和保全海洋环境"的。三份规章的这部分规定比较类似，都包括以下内容：为了确保有效保护海洋环境，对"区域"内活动应适用预先防范方法。承包者应尽量在合理的可能范围内，利用其可获得的最佳技术，采取必要措施防止、减少和控制其"区域"内活动对海洋环境造成的污染和其他

---

① 《1969年国际干预公海油污事故公约》第一条第1款。
② 《1969年国际干预公海油污事故公约》第一条第2款。
③ 《1969年国际干预公海油污事故公约》第三条。
④ 《1969年国际干预公海油污事故公约》第五条、第六条。

危害，并收集环境基线数据和确定环境基线，供对照评估其勘探工作计划所列的活动方案可能对海洋环境造成的影响，及要求承包者制定方案，监测这些影响并每年向秘书长提交书面报告。

1.3.2 区域性公约

涉及公海的区域性海洋公约有两类：一类是在联合国环境署区域海洋管理项目框架下的区域性海洋公约（表1-1）；另一类是联合国粮食及农业组织（FAO）及其区域渔业管理组织框架下的区域性渔业养护公约。这两类公约数量较多。已设立的区域海洋管理项目共有18个，其中13个项目已经制定并通过了关于执行区域海洋环境保护行动计划的区域性公约，部分涉及公海；已设立的区域渔业管理组织有35个。

联合国环境计划署框架下的区域海洋环境保护公约

序号	区域	公约名称	通过日期	生效日期
1	地中海	《保护地中海免受污染公约》	1976年2月16日	1978年2月12日
2	波斯湾和阿拉伯湾	《关于合作防止海洋环境污染的科威特区域公约》	1978年4月24日	1979年7月1日
3	西非和中非	《合作保护和开发西非和中非区域海洋和沿海环境公约》	1981年3月23日	1984年8月5日
4	东南太平洋	《保护东南太平洋海洋环境和沿海地区公约》	1981年11月12日	1986年5月19日
5	红海和亚丁湾	《保护红海和亚丁湾环境区域公约》	1982年2月14日	1985年8月20日
6	加勒比海	《保护和开发大加勒比区域海洋环境公约》	1983年3月24日	1986年10月11日
7	东非	《保护管理和开发东非区域海洋和沿海环境公约》	1985年6月21日	1996年5月30日
8	南太平洋	《保护南太平洋区域自然资源和环境公约》	1986年11月25日	1990年8月22日
9	黑海	《保护黑海免受污染公约》	1992年4月21日	1994年1月15日
10	太平洋	《南太平洋地区自然资源及环境保护公约》	1986年11月25日	1990年8月18日

续表

序号	区域	公约名称	通过日期	生效日期
11	波罗的海	《保护波罗的海地区海洋环境公约》	1974年3月22日	2000年1月17日
12	东北大西洋	《保护东北大西洋海洋环境公约》	1992年9月22日	1998年3月25日
13	南极	《关于环境保护的南极条约议定书》	1991年6月23日	1998年1月14日

1.3.2.1 《保护东北大西洋海洋环境公约》

《保护东北大西洋海洋环境公约》是非常重要的一部区域性海洋环境保护公约，于1992年9月22日在巴黎的奥斯陆和巴黎委员会部长级会议上通过，并于1998年3月25日生效。该公约取代了1972年《防止在东北大西洋和部分北冰洋倾倒废弃物污染海洋环境公约》（亦称《奥斯陆公约》）以及1974年《防止陆源污染海洋环境公约》（亦称《巴黎公约》）。

《保护东北大西洋海洋环境公约》第一条规定了其适用范围，其中缔约方管辖海域约占一半，另外一半是公海和"区域"。该公约第二条要求各缔约方采取一切可能的措施，以防止和消除污染，防止人类活动对海洋环境的负面影响，以保障人类健康和保护海洋生态系统。该公约还要求在可行时，恢复已受到不利影响的海洋区域。

该公约关于保护海洋环境的具体规定包含在五个附件中，分别是附件一：防止和消除陆源污染；附件二：防止和消除倾废和焚烧污染；附件三：防止和消除近海海洋污染；附件四：海洋环境质量评价；附件五：海洋生态系统和生物多样性保护。

1.3.2.2 《保护南太平洋公海生物资源的框架性协定》

考虑到在毗连沿海国管辖范围的公海海域开展未受管制的海洋生物资源开发活动，将对这些资源的可持续利用和保护带来威胁，也对依赖于这些资源生存或者与之相关的其他种群构成威胁，还可能削弱沿海国在其管辖海域内针对这些物种采取的管理措施的有效性，以东南太平洋国家和南太平洋常设委员会为主的国家，为了保护东南太平洋公海生物资源，特别是跨界和高度洄游鱼类种群，共同拟定了《保护南太平洋公海生物资源的框架性协定》。该协定于2000年获得通过。协定的主要内容包括"适用区域""应受管制的鱼种""保护原则""保护和持续利用措施""缔约方义务""后续行动、监测、控制和实施措施""决策过程"等方面的内容。

该协定的适用范围是东南太平洋沿海国 200 海里专属经济区之外，西经 120°、南纬 5°和南纬 60°所围合而成的公海。协定强调，公海捕鱼自由权利的行使应顾及沿海国权利和义务，同时应顾及公海生物资源保护和管理规定。①

根据保护关键种要求应首先通过对优先鱼种的保护标准，该协定要求缔约国应根据鱼种的商业价值、渔业种群间的生态平衡、保护该鱼种所需特别要求等共同商定优先鱼种目录。

1.3.2.3 《中白令海狭鳕资源养护与管理公约》

1994 年，中国、日本、韩国、波兰、俄罗斯联邦和美国共同签署了《中白令海狭鳕资源养护与管理公约》，其目的是建立以狭鳕资源为主的海洋生物资源的养护、管理和合理利用的国际机制，开展必要措施以恢复并维持可实现最高持续产量的白令海狭鳕资源的水平，同时开展合作，收集并分析白令海的有关狭鳕和其他海洋生物资源的真实信息。各国商定，此公约适用于从白令海沿海国划定领海宽度基线起的 200 海里以外的白令海公海区域，为科学目的，该公约下的活动可在白令海内扩展到上述区域外。围绕狭鳕资源的捕捞和养护，该公约规定的核心内容包括以下三点。

（1）缔约方每年召开年会，年会的重要职责之一是确定下一年度的公约区域内狭鳕的允许捕捞量和国别配额。②

（2）由每一缔约方至少派一名代表组成科学技术委员会，委员会应根据年会上确立的工作计划对本公约所包括的区域的渔业产量、狭鳕和其他海洋生物资源的信息进行汇总、交流和分析，并从事年会可能涉及的其他科学事宜。③

（3）缔约方应采取所有必要的措施确保其国民和悬挂其旗帜的渔船遵守本公约的规定和据此通过的措施，包括发放捕捞狭鳕特别授权、与其他缔约方交换捕捞数据、在渔船上引进观察员以监督捕捞狭鳕活动等。④

1.3.2.4 《关于地中海特别保护区和生物多样性的议定书》

1995 年《关于地中海特别保护区和生物多样性的议定书》（the Protocol Concerning Specially Protected Areas and Biological Diversity in the Mediterranean）是一

---

① 《保护南太平洋公海生物资源的框架性协定》第五条第 2 款。
② 《中白令海峡鳕资源养护与管理公约》第四条。
③ 《中白令海峡鳕资源养护与管理公约》第九条。
④ 《中白令海峡鳕资源养护与管理公约》第十一条。

个在公海上建立海洋保护区的先例。① 该议定书于 1999 年 12 月 12 日生效。它适用于地中海所有海域，不论其法律性质。鉴于地中海存在公海，因此该议定书也适用地中海的公海区域。也由于这些公海区域可能随着沿海国主张专属经济区而消失，而且沿海国对未来各自的海上界限还没有达到共识，因此该议定书在第 2 条仿效 1982 年《养护南极海洋生物资源公约》（C-CAMLR）第 4 条作出了声明。为促进各方面在特别保护区方面的合作，1995 年，该议定书采取了以下几个方面的措施。

（1）第 8 条规定了建立一个特别保护区清单，并明确三类保护区，即对于养护生物多样性非常重要的区域，含有地中海独特的生态系统或濒危物种的栖息地的区域，对科学、美学、文化或教育有特殊意义的区域。②

（2）第 9 条规定了建立特别保护区的程序。这种程序因区域的地理位置不同而有所区别。对于完全位于一个沿海国主权范围内的，则由该沿海国提出；对于部分或完全位于公海区域的，则应由两个或两个以上沿海国提出；对于位于两个沿海国主权或管辖范围内，但海域界限还没有确定的，则由相关沿海国提出。在提案中，应说明保护区的地理位置、地理和生态特征、法律性质、管理计划及实施途径，以及该区域重要性的阐述。

（3）为便于对各个保护区提案进行评估，第 16 条与附件 1 规定了保护区遴选的共同标准和指南。根据第 9 条第 4 款要求，对于部分或完全位于公海的保护区，则先由各个提案国的联络点根据共同标准和指南进行初步评估。如果认为符合共同标准和指南的要求，由提交议定书所设立的管理中心，提交《保护地中海免受污染公约》（以下简称《巴塞罗那公约》）设立的秘书处，由秘书处将提案转交该公约的成员国。最后由《巴塞罗那公约》成员国以协商取得基本一致的方式通过保护区提案，同时批准适用于保护区的管理措施。

对于保护区的保护措施，根据第 6 条规定，其内容十分广泛，涉及禁止倾倒、排放垃圾和污染物，管制船舶航行、停泊和抛锚，外来物种引入的管制，限制或禁止海底勘探与开发活动，控制海洋科学研究，限制或禁止海洋捕鱼活动，限制或禁止其他可能影响生物或危害养护生态系统措施效果的活动，保护

---

① Tullio Scovazzi, Marine Protected Areas on the High Seas: Some Legal and Policy Considerations, International Journal of Marine and Coastal Law 2004, vol 19, No.1, pp.1–17.
② 第 4 条规定了四种类型，分别是：地中海代表性的生态系统和保持其生物多样性；保护有消退危险的生境；保护对于濒危的本地动植物生存、繁殖和恢复十分关键的生境；具有十分重要的科学、美学、文化或教育价值的区域。实际上，第 4 条规定的第二种类型和第三种类型，也就是第 8 条规定的第二种类型。

生态和生物进程的其他措施等。

对于规划和管理措施，根据第 7 条规定，应包括：含有法律与体制框架的管理计划，连续监测生态进程、生境、种群动态和人类活动影响，邀请当地社区参与保护区的管理，管理资金来源机制，允许活动的许可管理，管理和技术人员的培训等。除此之外，还包括制订应急计划，涉及对相关事故的应急响应行动等。对于第三方适用问题，第 28 条效仿 1959 年《南极条约》的第 10 条，要求议定书的成员方邀请第三方配合实施该议定书，同时根据国际法采取适当措施确保任何人都不得实施与本议定书原则与目标相悖的活动。2001 年，在摩纳哥召开的第 17 届巴塞罗那成员国会议上，通过了第一批 12 个特别保护区的清单。

1.3.3 其他无拘束力的国际文书

1.3.3.1 《公海深海渔业管理国际准则》

为帮助各国和区域渔业组织制定适合于深海的渔业管理措施，防止对深海脆弱生态系统造成重大不利影响，联合国粮食及农业组织编撰了《公海深海渔业管理国际准则》。该准则对发生在公海的两种捕捞作业行为制定了具体规定：①在公海继续捕捞已经过度开发，尚存种群数量仅能维持低开发率的物种；②在公海使用可能接触海底的渔具进行捕捞。

准则建议在没有区域渔业管理组织负责管理的公海区域，各国和组织应密切合作，在建立相关组织或作出其他管理安排之前，船旗国应负责采取必要措施。

准则要求各国和区域渔业组织采用预防性的原则管理，制定针对公海渔业的政策法规、具体的养护和管理措施以及公海渔业管理计划，定期对公海渔业生态系统的状态和深海渔业养护措施的有效性进行评估。

1.3.3.2 《促进公海渔船遵守养护和管理措施的国际协定》

1982 年，《公约》规定所有国家都有权由其国民在公海捕鱼。《公约》同时规定为保证渔业资源的可持续利用，在公海作业的渔船须遵守相关规则，船旗国应对渔船实施有效的监管。实践中，有通过悬挂或改挂船旗作为躲避遵守海洋生物资源保护和管理措施的一种手段，有些船旗国未履行对有权悬挂其旗帜的渔船的责任。为了规范渔船在公海的作业，促使船旗国加强对悬挂其旗帜的渔船的管理，各国协商制定了《促进公海渔船遵守国际养护和管理措施的协定》,并于1993年11月在联合国粮食及农业组织大会第二十七届会议上获得通过。

该协定适用所有用于或打算用于公海捕捞的船只,以及这些船只的船旗国。协定的主要内容包括船旗国的责任、渔船档案、国际合作、信息交流、与发展中国家合作等部分。核心内容是对船旗国的规范。

(1) 每一缔约方均应采取必要的措施以确保有权悬挂其国旗的渔船不从事任何损害国际保护和管理措施效力的活动。[①]

(2) 任何缔约方均不应允许有权悬挂其旗帜但未经其有关当局授权的任何渔船用于公海捕捞。

(3) 任何缔约方除非确信有权悬挂其旗帜的渔船与其之间的现有关系使该缔约方能够对该渔船有效地履行本协定所规定的职责,否则不应授权该渔船用于公海捕捞。

(4) 由缔约方授权用于公海捕捞的渔船如不再有权悬挂该方的国旗,此种可在公海捕捞的授权应视为被撤销。

(5) 缔约方均应确保所有有权悬挂其旗帜的并根据第五条登记的渔船均有适当标志,以便按照公认的标准如联合国粮食及农业组织的《渔船标志和识别标准规格》随时加以识别。

1.3.3.3 《负责任渔业行为守则》

1995年10月3日,联合国粮食及农业组织大会一致通过了《负责任渔业行为守则》。制定该守则的核心目标是确定制定和执行负责任的渔业资源保护、渔业管理和发展的国家政策的原则和标准。本守则有以下特点:①本守则不具有法律约束力,各方自愿遵守;②守则的范围是全球性的,针对联合国粮食及农业组织的成员和非成员、渔业实体,分区域、区域和全球性政府或非政府组织以及与保护渔业资源或渔业管理和发展有关的所有人员。

对于可能在公海的渔业行为,《负责任渔业行为守则》倡议:

(1) 对于两个或两个以上国家捕捞的跨界鱼类资源、高度洄游鱼类资源和公海鱼类资源,有关国家(在跨界和高度洄游鱼类资源方面包括有关沿海国家)应当合作以确保有效地保护和管理资源。

(2) 各国应当按照公海国际法或国家管辖范围内的国家法律采取措施,确保未经批准的船只不得从事捕鱼。

---

① 《促进公海渔船遵守国际养护和管理措施的协定》第三条。

(3) 各国应当促进采用统一的公海渔业行为准则。

1.4 公海事务相关国际组织和机构

联合国大会及其多个下设机构、生物多样性公约缔约方大会、非政府组织等组织了很多专门针对公海事务或者与公海事务密切关联的会议，通过了许多涉及公海的决议和决定，形成了一系列涉及公海保护、渔业管理、海洋倾废和深海采矿的法律、协议和公约。

包括国家管辖范围以外区域在内，对海洋生物多样性养护和可持续利用，是一个交叉的问题，在国家、区域和全球各级，受到许多而且往往重叠的法律框架、组织和机构的规管。这些机构之间各个级别的合作，以及跨越对国家管辖范围以外区域具有不同权力的部门和体制的合作，有助于采用协调一致的办法，旨在养护和可持续利用生物多样性的活动，包括避免工作和授权任务上的重叠。近些年来，相关机构制定了许多管理方法，这些方法的有效执行也需要国际合作和协调。例如，海洋管理的生态系统方法，需要跨部门以及部门之间的协调，以建立一体化的决策程序，也需要对多种活动和部门进行管理，对于国家管辖范围以外区域也是如此。

衡量海洋管理情况的一个标准是涉及海洋环境的各项国际条约，如《公约》《关于执行 1982 年 12 月 10 日〈联合国海洋法公约〉第十一部分的协定》和《联合国鱼类种群协定》等有多少个缔约方。联合国大会常常吁请各国参加有关海洋管理的国际文书。截至 2019 年 8 月 31 日，《公约》有 168 个缔约方，《关于执行 1982 年 12 月 10 日〈联合国海洋法公约〉第十一部分的协定》有 140 个缔约方，《联合国鱼类种群协定》有 90 个缔约方，《生物多样性公约》有 196 个缔约方。

1.4.1 联合国系统涉海机构

联合国在海洋领域开展了许多卓有成效的工作，尤其是在建立国际海洋政治与法律新秩序、促进海洋科学与技术的发展、倡导海洋开发与利用的新理念、加强发展中沿海国能力建设等方面和领域都做出了重要贡献；同时，也为世界各国搭建了海洋事务合作与交流的国际平台。海洋事务已经成为联合国系统中许多机构和组织的重要工作内容。多年来，联合国大会已将海洋问题列为专门议题之一，讨论并通过联合国秘书长所做的关于海洋与海洋法决议。凭借其众多机构和组织的框架网络和经验，联合国已经在全球海洋事务中发挥着越来越重要的作用。

1.4.1.1 联合国大会非正式协商机制

联合国大会由联合国所有 192 个会员国组成。[①] 联合国大会自成立以来一直对世界海洋事务进行管理，其最显著的贡献是召集了第三次联合国海洋法会议，并在历经十余年的会议上讨论通过了被誉为"海洋宪章"的《公约》。联合国大会是联合国框架下有权审查海洋事务和海洋法的全球性机构（第 49/28 号决议）。自 1983 年以来，联合国大会在海洋领域的职责主要是审议和审查全球海洋事务和海洋法工作，主要体现为在每届联合国大会会议上讨论并通过秘书长提交的"关于海洋和海洋法问题的报告"，并以联合国大会决议形式予以发布。联合国大会也是世界各国讨论全球海洋事务、宣示本国海洋问题的立场和主张、协调各方利益和立场的重要舞台。

此外，针对一些比较敏感问题和专业性较强的问题，联合国还设立了一些非正式的协商机制。

（1）联合国海洋和海洋法问题不限成员名额非正式协商进程。为了促进改善海洋事务方面的合作与协调，根据联合国大会 1999 年 11 月 24 日第 54/33 号决议，设立了一个不限成员名额的联合国海洋事务非正式协商进程（以下简称"协商进程"）。"协商进程"的唯一职责是"在第 7/1 号决定提出的原则和实用性的基础上促进有效、建设性地审议大会现有任务。"[②] 其主要作用是促进各国对秘书长"关于海洋与海洋法的报告"初稿进行全面讨论，以便大会每年能通过审议秘书长关于海洋和海洋法的报告，通过提出可由大会审议的具体问题，尤其是确定必须由联合国大会审议的特定新问题，以便有效地、建设性地审查海洋事务的发展情况。"协商进程"的工作重点放在确定需要在政府间和机构间层面加强协调与合作的领域。

（2）国家管辖范围以外区域海洋生物多样性养护和可持续利用问题不限成员名额非正式特设工作组。联合国大会根据 2004 年 11 月 17 日第 59/24 号决议，成立了研究国家管辖范围以外区域海洋生物多样性养护和可持续利用问题不限成员名额非正式特设工作组（以下简称"特设工作组"）。特设工作组的任务是：①调查联合国和其他相关国际组织过去和现在就国家管辖范围以外区域海

---

① http://www.un.org/zh/members/index.shtml，登录时间：2010 年 11 月 18 日。
② 2009 年联合国秘书长关于海洋与海洋法报告，第 6 页，A/64/66。

洋生物多样性养护和可持续利用方面进行的活动；②审查这些问题的科学、技术、经济、法律、环境、社会经济及其他方面；③查明对其进行更详细的背景研究会有助于各国加以审议的各种关键问题；④酌情确定为在养护和可持续利用国家管辖范围以外区域海洋生物多样性方面促进国际合作和协调可以采取的方法。特设工作组的任务为以跨部门交叉方式综合审议国家管辖范围以外区域与海洋生物多样性有关的所有问题提供了一个机会。

（3）海洋环境（包括社会经济方面）状况全球报告和评估经常程序。根据联合国大会第60/30号决议，设立全球海洋环境报告与评估进程。作为海洋环境状况全球报告和评估的经常程序的起始阶段是"评估各项评估"（AoA），这是迄今为止联合国系统为更好协调海洋治理问题而发起的最广泛倡议。其核心建议是呼吁建立一个以现有全球、区域和国家制度和程序为基础，综合所有可用信息，包括生活经济数据，及如何有效利用海洋和沿海地区等的机制。通过实施经常程序，能够为决策者提供完善可持续利用的解决方案所面临的挑战提供帮助。①

1.4.1.2 联合国海洋事务和海洋法司

这是联合国系统关于海洋和海洋法事务的专业机构，实质上与联合国秘书处一起承担了联合国系统的海洋法领域执行秘书处的工作，在国际海洋法领域发挥着重要的文件编纂和协调职能。该司由司长领导，司长向联合国法律顾问负责。该司的核心职能有七项。② 其主要工作包括：为秘书长、联合国大会、《公约》缔约国大会、大陆架界限委员会以及一些非正式磋商进程等部门或机制提供国际法律咨询和服务，也担任着大陆架界限委员会的秘书处工作；为保管各国依据《公约》交存给联合国秘书长的海图和地理坐标表以及其他各类文件建立了相关设施，还建立了一个地理信息系统；该司通过"海洋区通告"告知《公约》各缔约国的海图和地理坐标的交存情况；起草联合国涉及海洋法方面的各类文件，包括秘书长关于海洋事务与海洋法的报告等；编纂各国海洋立法；编纂和管理联合国海洋法网站；参加其他国际组织或机构涉及海洋事务和海洋法会议；组织有关专家编制并出版了关于《公约》各部分内容的解释等指南性文件。

---

① AoA+SDM+layout_CHINESE+LR.pdf.
② 关于联合国海洋事务和海洋法司的职能和活动详情可参见联合国网站：http://www.un.org/zh/law/sea/ocean.shtml；http://www.un.org/zh/law/sea/about_doalos.shtml.

1.4.1.3 《公约》缔约国会议

《公约》第三一九条第 2 款（e）项规定，秘书长应"按照本公约召开必要的缔约国会议"。

随着《公约》的生效，第一次缔约国会议于 1994 年 11 月 21—22 日在纽约联合国总部召开。

该会议最初的职责是讨论海洋法法庭事项，其中最主要的任务是法庭的设立、法官的选择以及法庭的行政事项和法庭预算等财务事项。随着《公约》各项制度的进一步实施，该会议讨论事项也包括了大陆架界限委员会和国际海底管理局等机构的有关事项，包括选举委员会的委员和国际海底管理局法律与技术委员会的委员等。自 2009 年以来，该会议讨论的重点之一是大陆架界限委员会的工作量问题。[1] 缔约国会议仅讨论《公约》实施所涉及的程序性问题，并不讨论实体问题。

1.4.1.4 《公约》设立的机构

依据《公约》，先后分别设立了三个专业机构，即国际海底管理局、国际海洋法法庭和大陆架界限委员会。[2] 除了日常行政人员和个别专业人员之外，这些机构均不是常驻性质的，其全体成员只在年度性工作会议或有临时性任务时才赴任。

国际海底管理局是《公约》缔约国按照《公约》第十一部分和《关于执行 1982 年 12 月 10 日〈联合国海洋法公约〉第十一部分的协定》所确立的国际海底区域管理机构。国际海底管理局于 1994 年成立，其职能是组织和控制成员国在"区域"进行的活动，特别是管理"区域"矿物资源勘探和开发。主要机构有四个：大会、理事会、秘书处和企业部。大会是国际海底管理局的最高权力机关，由全体成员国组成会议。理事会是国际海底管理局的执行机关，由 36 个成员国组成，通过大会选举产生。国际海底管理局秘书处负责执行大会和理事会指定的日常任务。企业部是国际海底管理局专门从事"区域"采矿业务的机构，其职务目前由秘书处代行。此外，国际海底管理局还成立了两个专门性的常设附属机构：法律和技术委员会（以下简称"法技委"）和财务委员会。

---

[1] 有关缔约国历次会议情况及其报告可参见联合国网站：http://www.un.org/Depts/los/meetings_states_parties/SPLOS_documents.htm，http://www.un.org/Depts/los/meetings_states_parties/SPLOS_documents.htm#Reports of the Meetings.

[2] 这些机构的相关工作详见本书其他相关部分的内容。

国际海底管理局自成立以来，一直将环境保护作为其主要优先事项之一。在"区域"环境保护方面，法技委和理事会负有主要职责。国际海底管理局秘书长在此方面也有一定权限，如有权对承包者勘探开发活动引起或造成的，已经、正在或可能对海洋环境造成严重损害的事故，采取暂时性措施。国际海底管理局通过制定规章建立深海环境保护的法律体系，并正在通过研讨会等方式积极推进深海底环境方面的国际合作研究。国际海底管理局通过的《"区域"内多金属结核探矿和勘探规章》和《"区域"内多金属硫化物探矿和勘探规章》对在探矿和勘探活动中保护"区域"内的海洋环境都有专门规定。

《"区域"内多金属结核探矿和勘探规章》第五部分是专门针对"保护和保全海洋环境"的。第三十一条规定，为了确保有效保护海洋环境，对"区域"内活动应适用预防方法。承包者应尽量在合理的可能范围内，利用其可获得的最佳技术，采取必要措施防止、减少和控制其"区域"内活动对海洋环境造成的污染和其他危害，并收集环境基线数据和确定环境基线，供对照评估其勘探工作计划所列的活动方案可能对海洋环境造成的影响，及要求承包者制定方案，监测这些影响并每年向秘书长提交书面报告。

1.4.1.5 联合国专门组织机构

联合国系统中，下列机构都在不同程度上涉及海洋事务，包括联合国粮食及农业组织、国际民用航空组织、国际农业发展基金、国际劳工组织、国际海事组织（IMO）、联合国教育科学及文化组织（以下简称"教科文组织"）、联合国工业发展组织、世界气象组织、联合国开发计划署和联合国环境规划署（UNEP）、国际原子能机构等。其中一些机构和组织还是有关海洋领域和事务的专门主管部门，例如，国际海事组织、教科文组织等。

(1) 联合国环境规划署主要负责处理联合国在环境方面的日常事务，促进环境问题的调查研究，协调联合国内外的环境保护和环境管理工作。联合国环境规划署在海洋环境保护方面的工作体现在两个方面：①推动并实施区域海洋项目（Regional Seas Programme）。该项目鼓励邻近国家共同参与综合的或者是专项的海洋环境管理，共同管理和保护所共享的海洋环境。全球现已建立了13个区域海洋项目，有140多个国家加入。②推动执行《保护海洋环境免受陆地活动影响全球行动纲领》（Global Programme of Action for the Protection of the Marine Environment from Land-based Activities，GPA，以下简称《全球行动纲领》）。为应对陆源污染物污染海洋环境，1995年，108个国家和欧盟在华盛顿共同通过了该纲领。

（2）国际海事组织是联合国负责海上航行安全和防止船舶造成海洋污染的一个专门机构，也是一个促进各国政府和各国航运业界在改进海上安全，防止海洋污染及与海事技术合作的国际组织。其前身是政府间海事协商组织。国际海事组织下设海洋环境保护委员会（MEPC），负责制定和修改预防船舶和航运污染海洋环境的公约或行为规则。除了在防治航运活动污染海洋环境方面起到关键作用以外，国际海事组织通过建立特殊区域、特别敏感海域等方式在海洋生物多样性保护方面也起到重要作用。

国际海事组织起草并促使通过了一系列与海洋环境保护相关的国际文书，包括《1969年国际干预公海油污事故公约》、1969年《国际油污损害民事责任公约》及其议定书、《国际防止船舶造成污染公约》《1973年国际干预公海非油污类物质污染议定书》、1971年《关于设立国际油污损害赔偿基金国际公约》及其议定书、1990年《国际油污防备、反应和合作公约》、1996年《关于与危险品及有毒物品海上运输相关的责任及损害赔偿国际公约》《1972年防止倾倒废物及其他物质污染海洋公约》及其议定书、2001年《控制船舶有害防污底系统国际公约》等。

目前，国际海事组织海洋环境保护委员会正在进行有关海运业温室气体减排的强制性技术和实施方法的起草工作。该文书涉及各国应对气候变化的共同努力，涉及发展中国家的切身利益，中国、巴西、阿根廷等发展中国家坚持应该围绕"共同但有区别"的原则制定相关航运业减排标准。

（3）联合国粮食及农业组织是联合国的常设机构之一。其宗旨是通过加强世界各国和国际社会的行动，提高人民的营养和生活水平，改进粮农产品的生产及分配的效率，改善农村人口的生活状况，以及帮助发展世界经济和保证人类免于饥饿等。联合国粮食及农业组织在海洋生物资源保护、防止海产品污染危害人类健康等方面发挥重要作用。其组织起草并促使通过了多个海洋渔业资源相关公约和议定书，包括1995年《执行1982年12月10日〈联合国海洋法公约〉有关养护和管理跨界鱼类种群和高度洄游鱼类种群的规定的协定》、1995年联合国粮食及农业组织《负责任渔业行为守则》、2001年雷克雅未克《海洋生态系统负责任渔业行为宣言》、1999年《管理捕捞能力国际行动计划》和2008年《公海上的深海渔业管理国际准则》等。

（4）教科文组织下设政府间海洋学委员会（IOC），其主要作用是促进在海洋调查和科学研究方面的国际合作。海洋学委员会组织实施了全球海洋观测系统项目。该项目对于了解全球海洋环境意义重大。目前，政府间海洋学委员会和联合国环境规划署共同领导开展定期全球海洋状况评价工作。

1.4.2 生物多样性公约缔约方大会

海洋生物多样性是全球生物多样性的重要组成部分。《生物多样性公约》的最高权力机构是缔约方大会，它由批准的各国政府组成。这个机构审查公约的进展，为成员国确定新的优先保护重点，制订工作计划。下设科学、技术与工艺咨询附属机构及秘书处。

科学、技术和工艺咨询附属机构由来自成员国的相关领域专家组成，它在向缔约方大会提供科学和技术问题时起关键作用。

秘书处设在加拿大的蒙特利尔，与联合国环境规划署紧密联系。主要职能是组织会议、起草文献、协助成员会履行工作计划，与其他国际组织合作，收集和提供信息。

1.4.3 非政府间国际组织

很多非政府间国际组织致力于海洋环境保护事业，比如，世界自然保护联盟（IUCN）、全球环境基金、世界自然基金会、国际绿色和平组织等。

（1）世界自然保护联盟是政府及非政府机构都能参与合作的少数几个国际组织之一，旨在影响、鼓励及协助全球各地的社会，保护自然的完整性与多样性，并确保在使用自然资源上的公平性，及生态上的可持续发展。世界自然保护联盟每3年召开一次由世界自然保护联盟全体成员参加的世界自然保护大会（World Conservation Congress）。自20世纪90年代开始，世界自然保护联盟主导编撰了一系列指导海洋保护区建设和管理的丛书，其中包括《海洋保护区指南》（Guidelines for Marine Protected Areas）。

（2）全球环境基金在世界各海域设立了众多子项目，指导和协助相关地区性海域环境保护或修复工作，例如，全球环境基金与开发署等共同设立了东亚海项目、太平洋岛屿海洋渔业管理项目等。其中太平洋岛屿海洋渔业管理项目的目标是，在西太平洋热带水域大型海洋生态系统的海洋跨界鱼类种群和相关生态系统方面，向小岛屿发展中国家提供更加完善的科学资料和知识，包括加强这些地区国家的能力。

（3）海洋、海岸和岛屿全球论坛（以下简称"全球海洋论坛"），成立于

2001年，宗旨是推进海洋、海岸带和小岛屿发展中国家的可持续发展，帮助各国政府将与海洋、海岸带和小岛屿发展中国家有关的问题纳入可持续发展世界首脑会议议程，为世界100多个国家涉海部门领导人提供聚会平台，共商推进全球海洋事务问题。2011年10月，全球海洋论坛为推进联合国可持续发展大会（又称"里约+20"峰会）和让海洋议题成为该大会的重要议程，发布了题为《从1992年地球峰会到2002年可持续发展世界首脑会议期间主要会议作出的涉海承诺的落实情况——供决策者使用的情况汇总》的报告，目的是为"里约+20"峰会会前讨论与筹备工作提供相关材料，以帮助各国政府在"里约+20"峰会上推进海洋事务取得显著进展。该报告分四部分：①海洋与可持续发展密切相关的重要领域；②1992年可持续发展大会和2002年可持续发展首脑会议确定的海洋、海岸带和岛屿领域的目标；③主要结论；④怀着紧迫感迈向2012年可持续发展大会。与公海事务有关的主要内容如下。

（a）尽快在全球最后的共有海域，即在国家管辖以外占全球海洋64%的共有海域，应用基于生态系管理和海洋与海岸带综合管理的方法与原则，解决不同海洋利用活动间的冲突，对新的利用活动进行管理，保护脆弱生态系统和海洋生物多样性。

（b）在联合国层面推进海洋综合管理。需要重视的工作是：①国家管辖范围以外区域实施基于生态系统的综合管理。这一区域是全球最后的共有区域，必须确定一个肩负管理职能的国际实体或机制，采取所需行动，例如，开展环境影响评价和建立海洋保护区等。②加强各涉海谈判论坛及公约之间的联系。目前，国际上有多个重要的涉海会议和公约（例如，联合国海洋与海洋法非正式磋商机制，《联合国气候变化框架公约》《生物多样性公约》），应加强这些会议和《公约》之间的沟通与联系，以便统一涉海政策，并取得决定性的效果。③将"里约精神"带进海洋法。应提高海洋法与海洋事务（磋商）机制的透明度，并让民间社会积极参与到该机制的会议中去，确保海洋法与海洋事务磋商机制的效率与效果。④新的用海活动。必须针对新出现的海洋利用活动建立所需框架，应该加以管理和控制的活动是地质工程方面的海洋利用活动（例如，向海洋施放铁粉来提高海洋的肥力；在海底封存二氧化碳等）和控制海洋微塑料。⑤海洋与气候变化。海洋对气候系统有着重要作用，气候变化对沿海社会和岛屿地区影响深远，因此，海洋应成为《联合国气候变化框架公约》的重点领域。⑥提供科学支撑。为全球海洋状况报告与评价以及政府间生物多样性与生态系统服务平台提供科学支撑，并加强这些行动计划之间的联系。

（4）深海养护联盟（DSCC）成立于 2004 年，其目的是解决因缺乏有效的管理制度而造成的公海海底拖网作业问题。这个联盟是由 70 多个非政府组织和法律、政策机构组成，成员承诺保护公海。2004 年 10 月 16 日举行的联合国海洋会议上，深海养护联盟警告海底拖网捕捞已经耗竭了海底物种和生态系统，成员国必须加强保护公海海底栖息生态系统。在拥有海底捕捞渔船的国家中，数量最多的是西班牙、俄罗斯和新西兰，其次是葡萄牙、挪威、爱沙尼亚、丹麦、日本、立陶宛、冰岛和拉脱维亚，他们在 2001 年捕捞了 95% 的公海底层渔业捕捞量。联盟组织指出，海底海山为珊瑚和其他物种提供了富饶的栖息环境，其中许多物种只存在于某一海山周围，海底捕捞船掠夺了大量该物种，破坏了海山食物链。同时，捕捞船也使鱼类资源处于崩溃的边缘。深海养护联盟建议得到世界许多国家科学团体的支持。2011 年，深海养护联盟建议联合国海洋与海洋法不限名额非正式磋商机制第 12 次会议应向 2012 年世界可持续发展大会提出加强公海管理的具体步骤和建议。

（5）美国 Pew 基金会是美国在海洋领域影响力颇大的非政府组织，在推动美国海洋事业的发展方面起到了独特的作用。2011 年 1 月，美国 Pew 基金会环境部发表题为"让海洋议题重新回到地球峰会——纪念 1992 年巴西可持续发展大会 20 周年'里约+20'峰会情况简介与建议"的报告。报告分九部分：①引言；②建议；③海洋的状况；④背景与历史根据；⑤履行《里约宣言》；⑥可持续发展世界首脑会议；⑦《千年发展目标》；⑧《生物多样性公约》；⑨海洋管理体制改革。

与公海事务相关的主要内容有：

（a）建立必要的国际环境管理机制，以落实可持续发展与消除贫困背景下的绿色经济措施，包括修改《公约》实施协议，明确公海生物多样性保护职责范围，并在生物多样性保护中坚持预防原则和生态系统方法；

（b）确定、建设和管理具有代表性的公海保护区网络；

（c）建立国家管辖范围以外区域海洋遗传资源的开发与惠益分享制度；

（d）促进信息资料的开放与传播，提高决策透明度；

（e）针对国家管辖范围以外区域的人类活动，建立有效和集中的监督、控制、监视、履约和执法机制。

涉及知识产权较多的新领域是国际海底海洋生物研究领域。海洋遗传资源的有关科研和研发活动直接与专利相关，但是，目前也尚存在一些未能明确的问题，例如，世界贸易组织《与贸易有关的知识产权协议》提及"微生物"和

"微生物方法",但未给予界定(第二十七条)。《国际承认用于专利程序的微生物菌种保藏布达佩斯条约》也提及微生物,但也没有给予界定。除了其他部分之外,《公约》第十三部分的规定"海洋科学研究"直接与海洋遗传资源专利问题相关。除《公约》外,其他一些国际文书,包括《生物多样性公约》《国际濒危物种贸易公约》和其他有关知识产权的条约,也与海洋科学研究和生物资源的开发利用与管理具有一定的相关性。

1.5 公海事务合作机制框架

开展合作的义务是《公约》所建制度的基本要素,对于国家管辖范围以外区域特别如此。根据《公约》,各国需要在养护和管理公海生物资源、制定保护和保全海洋环境的国际措施方面进行合作。各国还需要促进海洋科学研究方面与开发和转让海洋技术有关的国际合作。另外,为了人类共同利益而设计的"区域"制度也提倡国际合作(《公约》第十一部分以及1994年《关于执行1982年12月10日〈联合国海洋法公约〉第十一部分的协定》)。各主管国际组织也需要在执行《公约》第十三和第十四部分方面开展直接合作或彼此密切合作。

1.5.1 国家间合作机制

(1)执行国际文书和措施。为处理国家管辖范围以外区域海洋生物多样性养护和可持续利用的各个方面问题而谈判订立国际文书,无论是有约束力的文书还是没有约束力的文书,都表明各国从政治上承诺寻找共同接受的方式和手段解决全球或区域关切的问题。这通常是一个不断进行着的过程,因为文书和措施的有效性会不断地得到审查。

(2)参与国际组织的工作。全球和区域组织为各国的多边合作提供论坛。通过参与这些组织的工作,各国合作寻找共同关心问题的相同解决办法。履行国际组织商定的承诺是这种合作形式的最终结果。许多全球多边论坛已讨论与养护和可持续利用国家管辖范围以外区域海洋多样性各方面有关的问题,这些论坛包括联合国大会及其建立的各种进程,如非正式协商进程和特设工作组,以及联合国环境规划署、《生物多样性公约》和其他与生物多样性有关的论坛、联合国粮食及农业组织、国际海事组织、国际海洋学委员会、国际海底管理局、国际捕鲸委员会以及其他组织。

1.5.2 政府间组织和机构之间的合作和协调机制

生态系统方法是机构间合作和协调的一个很有价值的框架，能够以综合方式处理与养护和可持续利用国家管辖范围以外区域海洋生物多样性的相互关联问题。国际组织间的合作和协调采取两个或两个以上组织之间共同或协调的工作方案及活动的形式，或者采取全球协调机制的形式。目前，最重要的政府间组织和机构之间的合作机制是联合国海洋网络。

根据《约翰内斯堡执行计划》第30（c）段关于"在联合国系统内建立有效的、透明的和经常性的机构间海洋和沿岸问题协调机制"的承诺，2003年联合国方案问题高级别委员会建立了联合国海洋网络。

联合国海洋网络的核心成员由联合国系统12个与海洋问题有关的组织、基金、方案和机构组成。该工作方案主要是由根据高级别委员会建议的准则临时成立的具有时间限制的工作队加以执行。国家管辖范围以外区域生物多样性问题工作队与海洋事务和海洋法司以及《生物多样性公约》秘书处作为牵头机构，协调向联合国大会、《生物多样性公约》以及其他处理国家管辖范围以外区域海洋生物多样性问题的国际进程提供资料。

1.5.3 各国和政府间组织的合作和协调机制

一些与国家管辖范围以外区域海洋生物多样性有关的程序，为各国和政府间组织之间的合作和协调提供了机制，如就包括社会经济方面在内的海洋环境状况做出全球报告和评估的经常程序和国际珊瑚礁倡议等。

国际珊瑚礁倡议是政府、国际组织和非政府组织之间的合作伙伴关系，通过执行《21世纪议程》第17章的规定和相关国际公约及协定，来养护珊瑚礁及相关生态系统。国际珊瑚礁行动网络负责协调该倡议的各项活动。该业务网络成立于2000年，现已制订出一项全球综合行动计划，管理和保护珊瑚礁，支持落实该倡议所提出的呼吁和通过的行动框架，以及其他与珊瑚礁有关的国际商定的目标、指标及承诺。自2004年以来，该倡议一直在处理冷水珊瑚问题。

2 联合国大会框架下国家管辖范围以外区域海洋生物多样性养护和可持续利用问题

2.1 国家管辖范围以外区域海洋生物多样性特设工作组

根据联合国大会海洋问题非正式协商进程第 5 次会议有关建议，2004 年，联合国大会第 59/24 号决议决定设立国家管辖范围以外区域海洋生物多样性（BBNJ）养护和可持续利用问题不限成员名额非正式特设工作组（以下简称"特设工作组"），其目标是研究国家管辖范围以外区域海洋生物多样性养护和可持续利用问题，推动国家管辖范围以外区域海洋生物多样性养护和可持续利用方面的合作与协调。

特设工作组的任务是：① 回顾联合国和其他相关国际组织过去和现在就国家管辖范围以外区域海洋生物多样性养护和可持续利用问题进行的活动；② 审查这些问题的科学、技术、经济、法律、环境、社会经济及其他方面；③ 查明关键问题，对其进行更详尽的背景研究将有助于各国审议这些问题；④ 酌情指出可用于促进国际合作和协调，养护和可持续利用国家管辖范围以外区域海洋生物多样性的办法和方法。

2004—2015 年，历时 11 年，特设工作组共召开 9 次会议，概括起来可以分为三个阶段。

2.1.1 探索阶段

2004 年联合国大会第 59/24 号决议决定设立特设工作组，专门研究国家管辖范围以外区域海洋生物多样性养护和可持续利用问题，推动各方面的合作与协调。2006 年在联合国总部召开了特设工作组第 1 次会议，确认联合国大会作为有权对海洋和海洋法问题进行审查的全球机构，在国家管辖范围以外区域海洋生物多样性养护和可持续利用方面发挥核心作用，其他组织、进程及协定在各自主管领域也起着重要补充作用。《联合国海洋法公约》(以下简称《公约》)为海洋内一切活动的开展规定了法律框架,任何与国家管辖范围以外区域海洋生物多样性养护和可持续利用有关的行动都必须遵行其法律制度,若干其他公约及文书对《公约》起到补充作用,共同为国家管辖范围以外区域海洋生物多样性养护和可持续利用提供现行框架。本次会议完整阐述了国家管辖范围以外区域海洋生物多样性涉及的相关问题,包括法律框架、渔业捕捞、海洋遗传资源、公海保护区、海洋科学研究等。

77国集团、欧盟、美国、俄罗斯、日本等就上述问题存在严重分歧,第1次会议的讨论内容为后续会议奠定了基础,也基本形成了不同主张的阵营。以77国集团为代表的发展中国家更多地关注海洋遗传资源的惠益分享,主张建立新的国际协定或者在现存国际海底管理局的管理体制基础上解决这一问题,同时认为国家管辖范围以外区域海洋生物多样性问题不存在管制缺口,而是因为现有国际文书和国际机制的执行不力。以欧盟为代表的海洋"环保派"国家更多关注创设公海保护区、环境影响评价管理和运行机制,主张就国家管辖范围以外区域海洋生物多样性相关问题应采取短期和中期的一系列解决方法,包括消除破坏性捕捞活动,非法、未报告和无管制的捕捞活动和副渔获物,扩大区域渔业组织的地理覆盖范围,加强船旗国管辖和港口国管制,创设环境影响评价指导规则,以及在《公约》框架下建立国际文书填补管治缺口,建立完整的、连贯的、全面的法律框架。以美国、俄罗斯、日本为代表的海洋利用派国家,坚持"先到先得、公海自由",强调在国家管辖范围以外区域海洋生物多样性问题上并不存在管治缺口,应在现有机制和框架内解决,积极维护目前相对宽松的国际制度,希望依靠海洋科技手段垄断海洋遗传资源的获取和利用,坚决制定新的国际文书。

特设工作组第2次和第3次会议,各方就是否制定国际协定,以及国际协定包含的主要内容进行深入讨论,但其主张和立场没有发生根本性变化,协商进展缓慢。这两次会议虽然未就相关议题达成一致,但认识到人类活动对养护及可持续利用国家管辖范围以外区域海洋生物多样性的影响、国家管辖范围以外区域海洋生物多样性管理和管制存在空白,以及国际协定不应与现有国际组织和制度框架发生冲突、重叠或重复。为加快讨论进程,特设工作组建议联合国大会授予其就国家管辖范围以外区域海洋生物多样性问题提供建议,获得联合国大会通过。本阶段特设工作组讨论的内容实际上奠定了后续会议的讨论范围,基本形成了持有不同观点的阵营。

2.1.2 发展阶段

2011年特设工作组第4次会议上各方仍存在严重分歧，但77国集团与以欧盟为代表的海洋"环保派"协商将海洋遗传资源惠益分享和海洋生物多样性养护作为一个整体，联合建议制定《公约》框架下的国际协定，"一揽子"方法解决国家管辖范围以外区域海洋生物多样性养护和可持续利用问题，为推动国家管辖范围以外区域海洋生物多样性谈判向前发展迈出关键性的一步。"一揽子"解决方案包括海洋遗传资源（包括分享惠益）问题、划区管理工具（包括海洋保护区）、环境影响评价、能力建设和技术转让。本次会议在各方的努力和妥协下，特设工作组建议联合国大会发起一个进程，确保在《公约》框架有效处理国家管辖范围以外区域海洋生物多样性养护和可持续利用问题，具体方式是查明差距和确定前进道路，包括执行现有国际文书以及可能在《公约》框架下拟订多边国际协定。

2012年，特设工作组第5次会议对"一揽子"方法的相关内容进行审议，决定在2013年召开2次闭会期间讲习班，增进对国家管辖范围以外区域海洋生物多样性各个议题的理解，阐明关键问题。讲习班采用专家研讨会的形式，专门就海洋遗传资源及其惠益分享，划区管理工具包括海洋保护区、环境影响评价等方面的科学和技术问题进行澄清，不涉及法律问题。

2013年特设工作组第6次会议上，各方对国家管辖范围以外区域海洋生物多样性问题的认识和立场没有改变，但多数国家认为应该就实质问题展开讨论，采取具体行动以保证落实"里约+20"成果文件"我们期待的未来"所作出的政治承诺，既"在工作组内建立一个进程，拟定大会在其第69届会议结束前就国家管辖范围以外区域海洋生物多样性问题作出的决定"。特设工作组就国际协定涉及的范围、参数和可行性向联合国大会提交建议。在这一阶段，国际协定的谈判由"务虚"转入实质问题的讨论，对后续谈判进程的走向达成了基本共识。

2.1.3 共识阶段

2014年4月，特设工作组第7次会议围绕国际协定的范围、参数和可行性进行讨论。关于海洋遗传资源，欧盟明确提出不接受将其作为"区域"资源的界定以及《公约》建立的人类共同继承财产的原则，同样认为"先到先得"的做法也是不可接受的。对于国际协定的定位以及如何制定的认识还存在较大分歧,焦点在于国际协定是填补法律和执行方面的空白,还是对国家管辖范围以外区域海洋生物多样性问题进行顶层设计。会议通过了由共同主席起草的"《公约》框架下拟定的国际协定范围、参数和可行性第一轮讨论所提问题的非正式概要文件"(以下简称"非文件"),供后续工作组会议讨论,并作为向第 69 届联合国大会起草建议的基础。

2014 年 6 月,特设工作组第 8 次会议主要围绕共同主席起草的"非文件"展开讨论,对国际协定的范围、参数和可行性涉及的相关问题进一步澄清。各国关于制定新文书的共识在扩大,认识趋于一致。对于各方分歧较大的相关问题,各代表团认识到只对相应的问题作出澄清,不做过多讨论,凝聚共识,而对于现在无法澄清的具体问题留待后续谈判解决。本次会议通过了由共同主席起草关于"国家管辖范围以外区域海洋生物多样性养护和可持续利用国际文书"的建议草案的决定,为特设工作组向第 69 届联合国大会建议提供支持。

2015 年 1 月,特设工作组就向第 69 届联合国大会建议达成共识,主要包括以下内容:①在《公约》框架下,关于国家管辖范围以外区域海洋生物多样性养护和可持续利用问题拟定具有法律约束力的国际协定;②设立筹备委员会,就《公约》框架下拟订具有法律约束力的国际文书的案文草案要点向大会提出实质性建议,筹备委员会在 2016 年开始工作,并在 2017 年年底以前向大会报告其进展情况;③设立主席团,在亚洲和太平洋地区、非洲、拉丁美洲和加勒比海地区、中东欧地区以及西欧和其他地区建立 5 个区域组,每个区域组提名 2 名成员,这 10 名主席团成员应就程序事项协助主席开展工作;④谈判以 2011 年商定的"一揽子"事项为基础,整体性解决海洋遗传资源(包括惠益分享)、划区管理工具(包括海洋保护区)、环境影响评价、能力建设和技术转让问题;⑤在第 72 届联合国大会会议结束之前(2018 年),基于筹备委员会的报告,大会决定是否、何时召开政府间会议,审议筹备委员会有关案文要点的建议,并在《公约》框架下拟订具有法律约束力的国际文书的案文。至此,国际协定的谈判进程正式启动。

2.2 国家管辖范围以外区域海洋生物多样性筹备委员会

2016 年 3 月 28 日至 4 月 8 日,联合国大会国家管辖范围以外区域海洋生物多样性筹备委员会第一次会议在联合国总部召开。会议分全会和非正式工作组两种形式进行。全会由国家管辖范围以外区域海洋生物多样性问题预委会主席 Eden Charles 先生主持，还任命 4 名协调员主持 4 个非正式工作组会议。会议就 2011 年通过的"一揽子"问题所涉及的具体要素进行了深入交流讨论，呈现以下特点。

（1）观点集团化趋势更加明显，谈判进程可能会加快。经过前期国家管辖范围以外区域海洋生物多样性特设工作组 10 余年的磋商讨论，各方利益日益明确，集团化表达观点的趋势更加明显。77 国集团、非洲集团、加勒比共同体、太平洋发展中小岛国、太平洋论坛、欧盟、内陆国等通过内部协商一致表达立场和观点。以 77 国集团为代表的发展中国家是新国际文书的坚决推动者，坚持人类继承共同财产适用于海洋生物资源，是新国际文书制定的基本原则；而以美国、俄罗斯为代表的海洋利用大国强调公海自由原则；以欧盟为代表的环保派国家采取务实的方法和途径，积极推动新国际文书进程。

（2）各方对于具体要素深入讨论的愿望更加强烈，非政府组织的参与使国际文书谈判进程和任务更加复杂。尽管世界各利益集团和相关国家的基本立场没有根本改变，在具体问题上存在较大分歧，但会上各方表现积极，纷纷就如何"做好"这个有约束力的国际文书发表意见和建议，对新国际文书涉及的具体问题和要素阐明立场和观点。特别是哥斯达黎加、牙买加、瑙鲁共和国等发展中国家十分活跃，态度鲜明；俄罗斯、日本等发达国家也积极发言，对涉及其国家利益的问题立场坚定。此外，政府间和非政府间组织积极参与讨论，表达对新国际文书的支持或介绍其组织所做的相关工作，使新国际文书制定进程和任务更加复杂。

（3）美国对国家管辖范围以外区域海洋生物多样性问题的态度发生较大变化，增加对新国际文书适用范围讨论时间。在过去国家管辖范围以外区域海洋生物多样性特设工作组中，美国、俄罗斯等海洋强国坚持公海自由的原则，反对制定国家管辖范围以外区域海洋生物多样性新国际文书。但在预委会第一次会议上，美国表达了欢迎对如海洋保护区、环境影响评价等作为生态系统方法的一部分，解决对国家管辖范围以外区域海洋生物多样性的负面影响，强调环境影响评价是国际法的组成部分。关于海洋遗传资源，美国质疑惠益分享制度是否能成功谈判，反对破坏企业创业精神、知识产权实践和创新，强调在国家管辖范围以外区域（ABNJ）中所有的主要活动也包括渔业应该包括在新国际文书范围内，而不破坏或与现有的文书、框架和机构重复。美国的立场使得原本就有争议的新国际文书适用范围讨论更加热烈，预委会决定在 2017 年 8 月召开的第二次会议上增加一个非正式工作组，主要讨论包括范围在内的交叉和共性问题。

2.2.1 划区管理工具

海洋划区管理工具作为养护海洋生物多样性的重要手段，是基于生态系统方法，协调国际海事组织和区域渔业组织等部门基于区域的管理措施，整合在生态上目标相近或一致的海洋保护区。根据《公约》第八十九条规定，任何国家不得有效地声称将公海的任何部分置于其主权之下，即任何国家不能单方面在公海建立海洋保护区，并要求悬挂其他国家旗帜的船舶必须遵守。但根据《公约》第一一七、第一一八、第一九二、第一九四和第一九七条的规定，各国在行使各项公海自由权利时，有义务为保护和保全海洋环境以及养护公海海洋生物资源进行合作。

国际海事组织、联合国粮食及农业组织、国际海底管理局和《生物多样性公约》等在其管理领域提出了不同类型、用途的敏感区和脆弱区，从各部门、行业推动全球海洋生态环境保护。在国家管辖范围以外海域的划区管理，应基于现有框架与机制的相关管理，加强不同类型、用途的敏感区和脆弱区的协调。

欧盟及其成员国、新西兰和部分小岛屿国家要求实现《生物多样性公约》爱知目标11和2030年可持续发展目标14，①建立全球海洋保护区网络及管理、执行和监督机制。77国集团主张建立全球统一方法和机制以协调区划管理工具。俄罗斯、日本等国反对建立公海保护区，强调养护和可持续利用的平衡。中国、欧盟及其成员国、澳大利亚、冰岛、阿根廷、挪威表示要尊重沿海国的现有权利。美国强调要建立有科学支撑的保护区；澳大利亚反对建立全球海洋保护区管理和评估机制。

欧盟是海洋"环保派"国家的代表，希望通过出台国际协定，就公海保护区的设立和运行、环境影响评价制度的实施确定全球法律文书，希冀掌控全球海洋治理主导权。欧盟积累了大量的公海生物多样性调查数据和信息，在海洋保护区建设和管理方面经验丰富，通过多边国际平台积极推动公海保护区建设，在东北大西洋建有包括公海保护区在内的海洋保护区网络，在南极已建立南奥克尼群岛海洋保护区，还联合提交了东南极海洋保护区提案。欧盟环境影响评价要求和技术水平较严格，内部环境影响评价制度相对统一，试图通过环境影

---

① 到2020年前，全球海洋保护区面积至少达到全球海洋总面积的10%。

响评价设置绿色壁垒，提高国家管辖外海洋活动的环境准入技术标准。欧盟在公海保护区和环境影响评价等议题上已经拟定出相对完整和成熟的谈判方案，可能充当谈判的急先锋。

美国、俄罗斯等海洋强国是海洋利用派的代表，它们不愿对国际海洋秩序进行重大调整，希望维持目前相对宽松的国际环境，在现有国际法律制度框架内处理国家管辖范围以外区域海洋生物多样性相关问题。美国和俄罗斯等发达国家已对全球大洋洋中洋脊和裂谷之热液口的沉积物和生物样品都进行了较为系统的取样和研究。两国希望凭借强大的海上实力，维持在全球海洋的力量投射和战略布局。美国和俄罗斯虽难以阻止国际协定谈判，但维持现行的国际法律制度、防止国际海洋秩序出现激烈变革的基本立场难以改变，其与"环保派"、77国集团围绕国际协定具体制度的谈判必将开展激烈攻防。

2.2.2 海洋遗传资源

《公约》没有专门提出关于海洋遗传资源的定义，也并未将海洋遗传资源作为管理对象进行有效监管。《公约》及其第十一部分的执行协定虽然建立了"国际海底区域制度"，将位于国家管辖范围以外区域的海洋底土及其资源规定为"人类的共同继承财产"，但其关注焦点为海底矿产资源，并未将海洋遗传资源的开发利用活动纳入考虑范围，对存在于公海的海底微生物等海洋遗传资源的监管存在空白。

另外，《执行1982年12月10日〈联合国海洋法公约〉有关养护和管理跨界鱼类种群和高度洄游鱼类种群的规定的协定》的出发点是避免跨界鱼种和高度洄游鱼种的过度利用和公海渔业资源的衰退，防止所谓"公地悲剧"的产生。但是，该协定更多地从作为商业贸易的渔业资源角度考虑制定管理制度，将渔业资源作为纯粹的商品进行管制。对这些资源的开发利用属于传统的利用方式，而对鱼类体内的遗传材料、蛋白质和经过代谢自然产生的生物化合物的提取和研发则属于一种创新性利用方式，两者有本质不同。可以注意到，《南极公约》体系中的《南极海洋生物资源养护公约》也存在类似问题。

缺少海洋遗传资源定义造成的监管对象空白，将会忽略很大一部分对除核酸以外的自然分子物质的生物技术应用活动，从而导致相应的国际法律文书对这些海洋遗传资源开发利用活动疏于监管。

《公约》及其执行协定虽对"区域"内资源及活动的管理、公海渔业资源的养护与管理以及国际渔业合作进行了规定，但是，由于《公约》文本谈判时生物技术的发展仍处于初级阶段，对海洋遗传资源的开发利用也较为有限，因此，《公约》并未对海洋遗传资源的获取和惠益分享问题进行深入讨论，也并未明确提出获取与惠益分享的具体规定。

发展中国家没有开发利用环境影响评价和海洋遗传资源（MGRs）的能力，但期待从海洋遗传资源国际新规则制定中获利，坚持人类共同遗产的原则。美国、俄罗斯、日本等掌握海洋遗传资源高技术的发达国家坚持公海制度"先到先得"。欧盟及其成员国既不赞成人类共同遗产原则，也不赞成公海自由原则，主张建立基于知识产权的惠益分享制度。

多数国家认为不应为海洋遗传资源研究、开发设置障碍，鼓励发展海洋遗传资源研究和开发。欧盟及其成员国、加拿大等发达国家和阿根廷、哥斯达黎加等发展中国家表示要加强与发展中国家的合作，提高发展中国家海洋科学研究能力。

巴西指出应建立关于海洋遗传资源知识产权的法律框架；阿根廷提出借鉴《与贸易有关的知识产权协议》（Trips协议）；澳大利亚表示应移交世界知识产权等组织；泰国表示不能忽视专利权和合法者的利益，不能损害创新的积极性。

墨西哥、阿根廷等国家提出要平衡激励机制和惠益分享的关系。美国、阿根廷表示要确定分享惠益的性质，哪类活动需要分享惠益，惠益给谁以及分配惠益依据，进一步分析有关遗传资源惠益分享的相关机制，如联合国粮食及农业组织的《植物和农业植物遗传资源国际条约》《生物多样性公约》的《生物多样性公约关于获取遗传资源和公正公平分享其利用所产生惠益的名古屋议定书》、世界贸易组织等。美国指出跨部门使用的交易成本很高，可能比产生的惠益还高，难以达到惠益分享的目的。哥斯达黎加等国家提出建立诸如数据库、样本采集和开放存取的遗传库等数据共享机制。

此外，各国还普遍关注惠益分享的分配方式，包括货币和非货币、区分来源于公海和"区域"的海洋遗传资源、如何区分海洋遗传资源商业目的利用与非商业目的利用等问题。

2.2.3 海洋环境影响评价

欧盟及其成员国、澳大利亚、新西兰、墨西哥、巴西、阿根廷等国表示环境影响评价是习惯国际法的一部分，《公约》规定了沿海国进行环境影响评价的责任，沿海国有责任扭转国家管辖范围以外区域海洋环境恶化的趋势，并对海上活动进行环境影响评价。

77国集团认为需要建立新的机制框架，处理环境影响评价、战略环境影响评价和消除累积影响。欧盟则强调要建立全球统一的规则、评估程序和机制。南非、牙买加等主张全面评估以前未审查的活动和新兴海洋活动。俄罗斯、日本等国认为《公约》已对环境影响评价作出规定，关注环境影响评价的可行性，以及采取弱约束力的"Light"模式，建议由船旗国/沿海国开展环境影响评价和审查，不需要第三方决策机构。

环境影响评价作为现代环境保护的重要工具，得到国际社会的普遍接受和认可。但就国家管辖范围以外区域而言，环境影响评价是一个新兴领域，对该问题规制的研究很少。在制定国家管辖范围以外区域的环境影响评价制度的全球行动中，《公约》第二〇四条至第二〇六条构成了执行环境影响评价的基本框架。

《公约》第二〇四条规定如下：

> 对污染危险或影响的监测
>
> 1. 各国应在符合其他国家权利的情形下，在实际可行范围内，尽力直接或通过各主管国际组织，用公认的科学方法观察、测算、估计和分析海洋环境污染的危险或影响。
>
> 2. 各国特别应不断监视其所准许或从事的任何活动的影响，以便确定这些活动是否可能污染海洋环境。

《公约》第二〇六条规定如下：

> 对各种活动的可能影响的评价，各国如有合理根据认为在其管辖或控制下的计划中的活动可能对海洋环境造成重大污染或重大和有害的变化，应在实际可行范围内就这种活动对海洋环境的可能影响作出评价，并应依照第二〇五条规定的方式提送这些评价结果的报告。

上述第二〇四条、第二〇六条在谈及环境影响评价时用了"公认的科学方法""合理根据认为"以及"实际可行范围内"描述了环境影响评价的实体和程序条件，仅仅对环境影响评价作出一般性规定，即要求沿海国在其管辖或控制下的活动可能对海洋环境造成重大污染或重大和有害的影响时，应对该活动进行环境影响评价。《公约》规定的义务不具有强制执行的法律效力，所以很难保证各国都能遵守在国家管辖范围以外区域进行环境影响评价的规定。此外，也并未就环境影响评价的范围和内容进行详细说明，如海洋运输、海洋渔业、海洋倾废、海洋科学研究和铺设海底电缆和管道等传统海洋活动，以及海洋施肥、碳封存、深海旅游和海洋生物资源的勘探开发等新兴海洋活动的危害程度，以及开展环境影响评价的程序和标准等。

2.3 海洋和海洋法问题不限成员名额非正式协商进程

为了促进改善海洋事务方面的合作与协调，根据联合国大会1999年11月24日第54/33号决议，设立了一个不限成员名额的联合国海洋事务非正式协商进程（以下简称"非正式协商进程"）。非正式协商进程的唯一职责是在第7/1号决定提出的原则和实用性的基础上促进有效、建设性的审议大会现有任务。[①] 其主要作用是促进各国对秘书长关于海洋与海洋法的报告初稿进行全面讨论，以便于大会每年能通过审议秘书长关于海洋和海洋法的报告，通过提出可由大会审议的具体问题，尤其是确定必须由联合国大会审议的特定新问题，以便有效地、建设性地审查海洋事务的发展情况。非正式协商进程的工作重点放在确定需要在政府间和机构间层面加强协调与合作的领域。

2.3.1 划区管理工具

2002年，联合国在非正式协商进程第3次会议（A/57/80）建议和《约翰内斯堡执行计划》的基础上，联合国大会在其第57/141号决议中呼吁各国制定国家、区域和国际方案，遏制海洋生物多样性的消失，特别是脆弱生态系统的消失，并呼吁发展各种方法和工具，包括生态系统方法，建立符合国际法并以科学知识为基础的海洋保护区。决议还鼓励有关国际组织紧急审议如何在《公约》框架内以科学方式统筹并改善对海山及其他水下地貌的海洋生物多样性所面临的风险的管理。

2003年，非正式协商进程第4次会议（A/58/95）的重点领域包括"保护脆弱海洋生态系统"。按照本次会议的建议，联合国大会在其第58/240号决议中邀请有关的全球和区域机构根据其任务规定，紧急调查如何在科学基础上慎重行事，更好地处理国家管辖范围以外区域脆弱的和受威胁的海洋生态系统和生物多样性所面对的威胁；如何能够在这个过程中利用现有的条约和其他有关文书，而又符合国际法，特别是符合《公约》，并且符合基于生态系统的综合管理方法，包括确定应予优先注意的海洋生态系统类型；探讨保护和管理这些生态系统的各种可能办法和手段。

---

① 2009年联合国秘书长关于海洋与海洋法报告，第6页，A/64/66。

2004 年，非正式协商进程第 5 次会议（A/59/122）围绕"可持续的海洋新用途，包括国家管辖范围以外区域海洋生物多样性养护和管理"问题展开了讨论。会议表示更加关注国家管辖范围以外区域海洋生物多样性的养护不良和管理不善问题。其中一些地区富于特有的多种类物种和生态系统，其地方特性很高，而且有些地方还牵涉到国际海底区域的非生物资源。为此，联合国大会在其第 59/24 号决议中重申关切人类活动对海洋环境和生物多样性造成的不利影响，这些活动包括过度利用海洋生物资源、使用破坏性捕捞法、引进外来侵入物种，以及各种来源的海洋污染等。大会吁请各国和国际组织紧急采取行动，按照国际法处理对海洋生物多样性和包括海底山脉、热液喷口和冷水珊瑚在内的生态系统造成不利影响的破坏性做法。

2005 年 6 月，非正式协商会议第 6 次会议建议在海洋生物资源的保护和管理问题上，联合国大会应该鼓励为渔业公共管理建立标准，欢迎联合国粮食及农业组织为渔业管理建立技术性行为守则并促进相关国际组织的协调与合作。

2006 年，非正式协商进程第 7 次会议（A/61/122）围绕"生态系统方法和海洋"问题展开了讨论。联合国大会在其第 61/222 号决议中邀请各国审议协商进程建议的关于生态系统方法和海洋的一致商定的要点，特别是拟议的生态系统方法、实现执行生态系统方法的手段和改进采用生态系统方法要求的要点；鼓励各国互相合作与协调，并依据包括《公约》和其他适用文书在内的国际法，酌情开展独立或联合行动，采取一切措施处理国家管辖区域内外的海洋生态系统所受到的影响，并考虑到有关生态系统的完整性。

2011 年，非正式协商进程第 12 次会议围绕"促进联合国可持续发展会议评估执行可持续发展问题各次主要首脑会议的成果迄今取得的进展和尚存的差距，处理新的和新出现的挑战"问题展开了讨论。注意到科学知识对于健全管理和养护海洋的重要性，一些代表团表示有必要作出更大努力，加强联合国教育科学及文化组织海委会和区域组织在建设海洋科学能力方面的能力。有代表团还提到国际海底管理局是推动合作和协调促进能力建设及转让海洋技术的可能模式。有代表团提请注意欧洲联盟《海洋战略框架指示》。按照该指示，除其他外，将对管理人类活动采取生态系统方法。在这方面，从 2012 年起，欧盟成员国必须通过定期评估对海洋环境退化的代价进行评估。有代表团还着重指出透明度问题，特别是各国有必要向其参加的区域渔业组织和安排适当报告其捕鱼工作。各代表团强调有必要处理非法、未报告和无管制的捕捞活动、破坏性捕捞做法、副渔获物和弃鱼、单一鱼种管理、数据报告和无效渔业管理等问题。

若干代表团强调有必要对渔业管理采用更有效的现代养护和管理原则,如审慎方法和生态系统方法。一些代表团着重指出洄游鲸目动物的重要性和脆弱性,这些动物维持着从事商业性鲸鱼和海豚观赏业务的沿海社区。这些代表团注意到鲸目动物提供的生态系统服务,如须鲸回收有机铁并将其转变成矿物铁。有代表团指出,目前的法律和政策框架只覆盖1/5的鲸目动物。例如,对鲸鱼的保护不统一,是公平和可持续地发展海洋的一个严重障碍。他们认为,在这个问题上需要进一步开展国际合作,以期根据包括《公约》在内的可适用的国际法采用一项集体政策,以确保保护公海上的鲸目动物。一些代表团指出,海洋保护区一直被视为重要的管理工具,包括减轻和缓冲沿海和近海开发、过度捕捞、气候变化、自然事件和其他压力因素对海洋的一些影响。有代表团表示,需要采取一种生态系统方法来管理所有使用者和用途,包括旅游业、商业海运、采矿和捕捞活动。关于海洋污染,有代表团强调需要进一步开展工作,减少海洋废弃物、水下噪音和陆地活动对海洋的影响。海洋废弃物是一个跨界的问题,需要区域合作与协调。有代表团表示,应处理近海石油平台跨界污染引起的问题,并注意到在这方面进行的工作。一些代表团谈到是否能制定新的文书以处理与近碳氢化合物勘探和开发等活动有关的新出现的问题。其他代表团强调,这一问题得到保护海洋环境的国际法,包括《公约》所规定的现有义务的适当覆盖,并强调有必要充分执行这些义务。

2.3.2 海洋遗传资源

2007年,非正式协商进程第8次会议的主题是海洋遗传资源。会议重点讨论了5个方面的问题,分别是:①"认识海洋遗传资源及其脆弱性和作用",会议凸显了海洋遗传资源的范围、动态和相关活动,以及在何处发现这些资源和搜集到相关资料,所发现的有关情况普遍都对生物多样性及其脆弱性的传统观念形成挑战;②"认识同海洋遗传资源有关的活动和其他相关方面:搜集方面的经验",会议显示了在收集方面的潜在共同利益;③"认识同海洋遗传资源有关的活动和其他相关方面:商业化方面的经验",会议列示了商品化周期的现实及其风险;④"就海洋遗传资源相关问题开展国际合作和协调:当前在全球和区域两级开展的活动",会议概述了当前在各种国际场合开展的与海洋遗传资源有关的活动;⑤"就海洋遗传资源相关问题开展国际合作和协调:当前和今后的挑战",会议确定了在海洋遗传资源方面的优先行动。

与会的各个代表团在以下问题方面达成了共识:①需要对海洋遗传资源进

行海洋科学研究并分享和传播研究成果；②海洋遗传资源在调整生物地球化学进程方面的作用以及应用于商业和其他工业的收益；③与海洋遗传资源的利用有关的社会经济影响；④采取奖励措施促进养护和可持续利用海洋遗传资源的必要性；⑤从事海洋遗传资源工作的相关组织之间应开展合作。若干代表团还表示，协商进程应把讨论重点仅置于国家管辖范围以外区域的海洋遗传资源。

关于国家管辖范围以外区域的海洋遗传资源，以发展中国家为代表的阵营重申，"区域"内的所有资源，包括海洋遗传资源，均是人类的共同继承财产。这些国家主张，在国家管辖范围以外区域的深海海底所进行的与生物资源相关的所有活动，包括与海洋遗传资源相关的活动，应为了整个人类的共同利益而开展，且依据《公约》相关原则及其关于海洋科学研究和"区域"的条款。他们主张，适用于海洋遗传资源的制度不应等同于公海海洋生物资源的管理制度。这些代表团因此指出，获取和惠益分享不应依据与国家管辖范围以外区域有关的契约方法，而要依据"人类的共同继承财产"原则。应按照《公约》序言中的第四段以公正、有效地使用海洋遗传资源。

关于国家管辖范围以外区域的海洋遗传资源的相关活动，其他代表团表达了不同的意见，即，如《公约》所反映，这些活动应以国际习惯法为准绳。他们表示，海洋生物资源是必须在采矿活动中加以保护的海洋环境的一部分，除此之外，它既不在与"区域"相关的第十一部分条款范围内，也不在国际海底管理局的任务范围内。对这些国家来说，适用于海洋遗传资源的相关条款载于《公约》中关于公海的第七部分，特别是第二节第一一七条和第一一八条，以及第十二、第十三和第十四部分。

非政府组织呼吁应在《公约》的支持下磋商一个新的协定，以监管在国家管辖范围以外区域出于科学和商业目的的探测和开采深海海洋生物多样性的影响。这样一项文书应促进一种基于生态系统的、审慎的综合方式来保护公海生物多样性。

相反，美国和日本等国家并不认为建立新的国际制度来保护国家管辖范围以外区域的海洋遗传资源是必要或值得的，并强调了抑制研究工作的风险，反对可能会干涉公海自由的制度。他们指出，《公约》和其他相关文书提供的现有法律框架为养护和可持续利用海洋遗传资源提供了必要的灵活性，这些文书应在国家和部门一级得到执行。

2.3.3 能力建设和技术转让

2011年,非正式协商进程第11次会议的主题是包括海洋科学在内的海洋事务和海洋法方面的能力建设。普遍的看法认为,《公约》是处理所有的海洋问题和开展包括能力建设的与海洋有关的活动的法律框架,能力建设必须包括一系列范围广泛的援助,包括财政、人力资源、机构和科学能力,并必须具有可持续性。

2.3.4 国家管辖范围以外区域海洋生物多样性国际文书

2015年,非正式协商进程第16次会议的主题是海洋问题与可持续发展:可持续发展的环境、社会和经济三个层面的整合。本次会议虽然没有针对国家管辖范围以外区域海洋生物多样性展开讨论,但是有些报告不可避免地涉及国家管辖范围以外区域海洋生物多样性问题。会议中强调养护和可持续利用海洋及其资源并保护海洋环境和海洋生物多样性对实现可持续发展的重要意义,在《公约》框架下,应制定一个具有法律约束力的国际文书。

3 《生物多样性公约》框架下海洋生物多样性

1995年，在印度尼西亚雅加达召开了《生物多样性公约》缔约方大会第2次会议，大会对海洋生物多样性受到的严重威胁表示深度关切，认为导致海洋生物多样性的威胁包括生境改变、破坏和退化、污染以及海洋生物资源过度开发等因素。大会宣布将缔约方大会第2次会议对海洋生物多样性的共识称为"关于海洋和沿海生物多样性的雅加达任务"（Jakarta Mandate on Marine and Coastal Biological Diversity），"海洋和沿海生物多样性"也成为缔约方大会上的正式议题。

1998年5月4—15日，缔约方大会第4次会议在斯洛伐克首都布拉迪斯拉发召开，大会第Ⅳ/5号决定通过了《关于海洋和沿海生物多样性的工作方案》（以下简称《方案》），协助在国家、区域和全球层面上执行"雅加达任务"。《方案》确定了《生物多样性公约》中海洋生物多样性保护和可持续利用领域的主要业务目标和优先行动，在全球、区域、国家和地方各层面上推动采用生态系统方法（ecosystem approach），并将预先防范方法（precautionary approach）应用于所有涉及海洋和沿海生物多样性的活动。《方案》最初设计为期三年，但随着时间的推移，各国在实施《方案》的过程中进度不一，海洋生物多样性问题未能得到有效解决，且新问题不断出现，《方案》的期限不断更改，内容也在不断调整，但始终是《生物多样性公约》在处理海洋生物多样性相关问题的最主要参考。

3.1 具有重要生态或生物学意义的海洋区域

《生物多样性公约》关于"具有重要生态或生物学意义的海洋区域"（EBSAs）的谈判大致经历了蓄势准备、初步定型和持续发展三个阶段。其中，蓄势准备阶段为1998—2003年。在这一阶段，《生物多样性公约》与《联合国海洋法公约》（以下简称《公约》）的合作关系和机制尚未形成，《生物多样性公约》主要围绕《方案》的制定和完善,确定海洋和沿海生物多样性保护工作的重点领域,主张通过海洋保护区等方式保护和可持续利用海洋生物多样性。2004—2009年为初步定型阶段。《生物多样性公约》与《公约》框架下研究国家管辖以外区域的海洋生物多样性保护问题的机制逐步建立,《生物多样性公约》在国家管辖范围以外区域的海洋生物多样性问题上的谈判焦点由海洋保护区转变为具有重要生态或生物学意义的海洋区域。2010年至今为持续发展阶段。在这一阶段,具有重要生态或生物学意义的海洋区域问题成为《生物多样性公约》谈判的核心议题之一,相关进程得到快速推进。

3.1.1 发展趋势

3.1.1.1 蓄势准备阶段

1) 科学、技术和工艺咨询附属机构(SBSTA)第1次会议

1995年9月4—8日,科学、技术和工艺咨询附属机构第1次会议在法国巴黎召开。科学、技术和工艺咨询附属机构第1次会议向缔约方大会第2次会议交了关于海洋和沿海生物多样性的建议,涉及的议题包括海洋综合管理、海洋保护区、海洋生物资源可持续利用、海洋渔业、外来物种入侵,以及和联合国粮食及农业组织(FAO)等相关国际机构的合作等,并建议将海洋生物资源可持续利用、海洋渔业和海洋外来物种入侵防控作为优先事项。

2) 缔约方大会第2次会议

1995年11月6—17日,缔约方大会第2次会议在印度尼西亚雅加达召开。海洋和沿海生物多样性问题成为谈判的一个焦点。大会审议了科学、技术和工艺咨询附属机构第1次会议提交的建议,一些代表认为建议过于强调渔业问题,而不注重如海洋污染等其他问题,表达了对建议不全面的关注;一些代表则认为应突出非可持续性捕鱼对海洋和沿海生物多样性的影响。最终大会通过了第Ⅱ/10号决定,采纳了涉及具体议题的第10—19段内容,并对实施相关建议的条件进行了说明;决定编制一个海洋生物多样性专家名单,负责确定研究海洋生物多样性问题的方式,确定保护和可持续利用海洋生物多样性资源的需求,以及分析《生物多样性公约》对影响海洋生物多样性的活动产生的影响并编制报告。

3) 科学、技术和工艺咨询附属机构第2次会议

1996年9月2—6日,科学、技术和工艺咨询附属机构第2次会议在加拿大

蒙特利尔召开。会议认为，缔约方大会第 2 次会议之后，海洋生物多样性保护工作进展缓慢，应加快实施第 Ⅱ/10 号决定，敦促秘书处采取三项行动：①在印度尼西亚召开第 1 次海洋生物多样性专家会议，并为会议提供必要的信息支持；②要求专家会议辅助秘书处明确执行大会第 Ⅱ/10 号决定的方式及方法；③加强与相关国际机构和对海洋生物多样性有显著关切的国家之间的合作。

代表们基本上对建议表示支持，并鼓励缔约方提名专家候选人。谈判过程中，瑞典、巴基斯坦、韩国等认为应优先开展全球评估，英国表示反对；小岛屿国家呼吁更多听取小岛屿国家的意见，注重各区域专家的代表性和平衡；加拿大建议敦促代表们在各自领域扩大《生物多样性公约》的影响；瑞典认为秘书处应在缔约方大会之外有更大的自主性，并建议推迟进一步工作至科学、技术和工艺咨询附属机构第 4 次会议，遭到新西兰反对；日本建议开放式的专家会议，确保透明性。

4）科学、技术和工艺咨询附属机构第 3 次会议

1997 年 9 月 1—5 日，科学、技术和工艺咨询附属机构第 3 次会议在加拿大蒙特利尔召开。会议讨论了在印度尼西亚召开的第 1 次海洋生物多样性专家会议的成果以及秘书处关于海洋生物多样性保护的工作方案，最终就工作方案内容达成了一致。

许多代表对进一步工作的重点及其优先顺序发表了意见。印度尼西亚、墨西哥和韩国认为应明确将海洋综合管理定义为优先行动；在海洋保护区问题上，许多代表都表示，世界自然保护联盟（IUCN）标准在定义海洋保护区上不一定适用，美国认为，《生物多样性公约》应考虑通过对海洋保护区的管理实现其增值；澳大利亚则认为，世界自然保护联盟的保护区定义不仅适用于陆地，也适用于海洋和沿海区域；小岛屿国家则强调海洋保护区的重要性，并应对小岛屿国家能力不足和资金缺乏给予关注。加拿大和冰岛以及许多非政府组织（NGO）强调需要考虑土著和地方社区的专家参与。

会议主席组织了一个"主席之友"（friends of the Chair）小组对建议进行修订，最终在提交给缔约方大会的建议中，增加了与其他国际公约及国际机构合作的内容，删除了有关预先防范方法的部分，并删除了采用世界自然保护联盟标准划定海洋保护区的内容。

5）缔约方大会第 4 次会议

1998 年 5 月 4—15 日，缔约方大会第 4 次会议在斯洛伐克首都布拉迪斯拉

发召开。各国代表围绕缔约方大会第 2 次会议提出的"雅加达任务",以及科学、技术和工艺咨询附属机构第 2 和第 3 次会议提交的建议展开了一系列的讨论。欧盟强调加强对海洋和海岸人类活动的控制,建立海洋自然保护区并加强管理,加强包括遗传资源的海洋生物资源保护和可持续利用,消除不可持续的渔业活动等事项;葡萄牙呼吁采取预先防范方法、协调渔业和环境政策的关系;小岛屿国家代表强调应关注将小岛屿国家纳入海洋工作方案,得到了新西兰、牙买加和非洲集团的支持;以斯洛文尼亚为代表的中东欧国家,敦促《生物多样性公约》在海洋和沿海生物多样性问题上加快与《湿地公约》的合作。

大会第Ⅳ/5 号决定通过的《方案》确定了《生物多样性公约》中海洋生物多样性保护和可持续利用领域的主要业务目标和优先行动。此外,根据本次大会第Ⅳ/1B 号决定,《生物多样性公约》在全球、区域、国家和地方各级推动采用生态系统方法,并将预先防范方法应用于所有涉及海洋和沿海生物的多样性活动。

6)科学、技术和工艺咨询附属机构第 4 次会议

1999 年 6 月 21—30 日,科学、技术和工艺咨询附属机构第 4 次会议在加拿大蒙特利尔召开。会议的主要目的之一是制定科学、技术和工艺咨询附属机构未来第 5 次会议议题的方案。可以认为在这一阶段,《生物多样性公约》在海洋生物多样性问题上的研究尚未深入,因此,难以在《生物多样性公约》框架下对相关问题展开实质性的工作。

除此之外,代表们就设立特设技术专家组问题开展了激烈的讨论。虽然对成立专家组一事普遍赞成,但各国在专家组的数量上分歧严重。如挪威认为不宜设置超过两个以上的专家组,最好是设置森林和干旱区两个;澳大利亚和肯尼亚支持设置干旱区的专家组,而德国建议干旱区问题在农业生物多样性项目下解决;津巴布韦和德国提议设立生态系统方法小组;瑞典提出应设立包括海洋、森林和农业生物多样性的专家组;刚果民主共和国、巴西等国支持成立外来入侵物种专家组,而厄瓜多尔则指出已有全球外来物种项目,对此表示反对。一些代表还建议,将海洋生物多样性专家组与内陆水生物多样性专家组,以及与《湿地公约》的联合工作计划结合起来,巴西则指出《生物多样性公约》和《湿地公约》在任务和缔约方组成之间存在差异。最终会议主席建议在科学、技术和工艺咨询附属机构第 5 次会议进一步讨论特设技术专家组问题。

7)科学、技术和工艺咨询附属机构第 5 次会议

2000 年 1 月 31 日—2 月 4 日,科学、技术和工艺咨询附属机构第 5 次会议

在加拿大蒙特利尔召开。会议第 V/14 号建议向缔约方大会提议成立海洋和沿海保护区特设技术专家组。代表们就专家组的职权范围等问题集中开展了讨论，最后达成的专家组职权范围包括：

（1）根据当前筹划和正在进行的海洋保护区及类似区域的项目情况，确定《生物多样性保护公约》开展的研究和监测项目，以实现海洋和沿海生物多样性资源的可持续利用；

（2）审阅《方案》执行目标 3.1 和行动（c）要求的案头研究工作，包括由执行秘书进行的收集海洋保护区的成效和价值方面的信息；

（3）明确海洋保护区与海洋及沿海生物多样性之间的关联；

（4）制定海洋保护区相关研究的建议。

会议也对专家组的工作时间进行了限定，要求专家组应在批准成立之后立即开展工作，并在科学、技术和工艺咨询附属机构第 8 次会议之前完成任务，届时根据科学、技术和工艺咨询附属机构第 4 次会议制定的工作方案，保护区问题将成为谈判的主要交叉领域。

8）缔约方大会第 5 次会议

2000 年 5 月 15—29 日，缔约方大会第 5 次会议在肯尼亚首都内罗毕召开。大会报道了《方案》的执行情况，明确了进一步推进方案各组成部分的重点工作，主要包括：①将珊瑚礁问题纳入《方案》，并与《联合国气候变化框架公约》（UNFCCC）、《湿地公约》以及其他公约和国际组织开展合作；②请科学、技术和工艺咨询附属机构就制定海洋和沿海工作的各项标准和准则进一步开展工作；③建议科学、技术和工艺咨询附属机构审议非可持续性捕捞、海洋和沿海自然保护区、海洋生物资源的经济价值以及评估经济价值的能力等问题，并酌情将之作为优先事项。

9）联合国可持续发展大会

2002 年 8 月 26 日至 9 月 4 日，联合国可持续发展大会在南非约翰内斯堡召开，大会通过的《可持续发展问题世界首脑会议约翰内斯堡执行计划》提出，"维持重要、脆弱的海洋和沿海地区的生产力及生物多样性，包括国家管辖以内和以外区域"，同时提出"到 2012 年建立有代表性的保护区网络"的目标。受此影响，《生物多样性公约》框架下涉及国家管辖范围以外区域海洋生物多样性问题的讨论转移到"国家管辖范围以外海洋保护区"议题。科学、技术和工艺咨询附属机构下设的海洋和沿海保护区特设专家工作组提议《生物多样性公约》

缔约方大会作为紧急事项，启动与相关国际组织的沟通以便就国家管辖范围以外的海洋保护区问题确定适当的机制和责任。

10) 科学、技术和工艺咨询附属机构第 8 次会议

2003 年 3 月 10—14 日，科学、技术和工艺咨询附属机构第 8 次会议在加拿大蒙特利尔召开。海洋和沿海生物多样性特设技术专家组在会前完成了相关研究报告，代表们就报告开展了激烈的讨论。巴西呼吁认可国内立法在海洋保护区问题上的作用，阿根廷则反对与海洋法律制度相关的讨论；法国要求就海洋保护区对经济福祉和渔业活动的影响进行深入研究；挪威表示，海洋保护区应建立在区域和生态系统的基础上；冰岛要求明确海洋保护区的定义；加拿大则强调土著和地方社区的参与；美国认为海洋保护区应以科学为基础，以活动为导向，具有操作性，并符合国际法；联合国海洋事务和海洋法司认为，《公约》为海洋保护区提供了框架；世界自然基金会（WWF）建议为保护区和保护区网络的建设制定有针对性的监测机制。

关于联合国可持续发展大会的目标以及国家管辖范围以外海洋保护区，代表们同意按照国内立法和国际法建立海洋保护区，并兼顾传统文化和习惯。澳大利亚支持到 2012 年建立起全球海洋保护区网络的目标，并强调加强管理；巴西认为海洋保护区应该限定在国家管辖范围之内，遭到欧盟、澳大利亚、牙买加等的反对；土耳其提出建立海洋保护区应得到周边国家同意，许多国家代表反对，认为在自己国家管辖范围内建立海洋保护区没有必要得到邻国同意；一些国家支持在国家管辖范围以外区域建立海洋保护区，日本表示反对，德国则强调应对此类保护区的法律依据开展进一步研究；对于公海海洋保护区的管辖权，代表们一致同意应由包括《公约》在内的国际法和区域协定等来规定。

11) 科学、技术和工艺咨询附属机构第 9 次会议

2003 年科学、技术和工艺咨询附属机构第 9 次会议上，多数缔约方代表强调海洋生物多样性需要更多关注。保护区工作组建议，按照《公约》的相关规定，在公海建立保护区，仅土耳其等三个国家同意基于国际法律和科学信息在国家管辖范围以外区域建立保护区，大部分国家反对该项建议。最后，科学、技术和工艺咨询附属机构第 9 次会议就海洋保护区问题向缔约方大会建议：① 有必要在科学信息基础上，根据国际法，就包括海底山脉、热液喷口等在内的国家管辖范围以外区域设立海洋保护区；② 符合《公约》在内的国际法，探索在国家管辖范围以外区域设立海洋保护区的方式。

3.1.1.2　初步定型阶段

1）缔约方大会第 7 次会议

2004 年 2 月 9—20 日，缔约方大会第 7 次会议在马来西亚吉隆坡召开。国家管辖范围以外区域海洋生物多样性问题成为焦点议题之一。一些代表反对在国家管辖范围以外区域设置保护区并建立全球海洋保护区网络的提案，认为这属于《公约》的范围；部分代表强调海洋保护区建立必须有科技支撑；一些代表强调地方社区和传统知识在海洋生物多样性保护方面的重要性。

大会的另一个讨论焦点是海洋及沿海生物多样性扩展工作规划的文本。大会成立了一个"主席之友"小组，用以协调各方意见。决定案文最终删除了跨境和国家管辖范围以外区域建立海洋保护区需要海洋国家许诺的内容；关于国家管辖范围以外区域的生物勘探和生物多样性保护的行动目标等信息的措辞，代表们讨论后并未达成一致；欧盟提出整合以成果为导向的目标和指标，代表们一致同意，由科学、技术和工艺咨询附属机构第 10 次会议和第 11 次会议开展进一步的讨论。

大会第Ⅶ/7 号决定发布海洋及沿海生物多样性扩展工作规划。大会审查了缔约方大会第 4 次会议制定的海洋和沿海生物多样性的工作方案，认为工作方案的要点仍然符合全球性的优先事项，将这一工作方案的期限再延长 6 年至 2010 年，作为《生物多样性公约》至 2010 年多年期工作方案的一部分。工作方案明确了到 2010 年海洋及沿海生物多样性工作规划的远景目标、使命、目的和目标体系。第Ⅶ/28 号决定通过了设立保护区问题不限成员名额特设工作组，其职责也包括探索合作设立国家管辖范围以外区域海洋保护区的可能方式。

大会决定将国家管辖范围以外区域海洋生物多样性问题纳入《生物多样性公约》中海洋和沿海生物多样性问题工作计划，迫切需要开展国际合作与行动，以保护和可持续利用国家管辖范围以外区域的海洋生物多样性；承认《公约》为管理国家管辖范围以外海洋提供了法律框架，要求《公约》秘书处与联合国大会以及其他国际和区域组织合作，支持联合国大会相关工作，以确定适当机制建立和有效管理国家管辖范围以外区域的海洋保护区。大会建议缔约方最迟于 2008 年在海洋环境中采取行动，作为一项紧急任务，解决海洋生态系统在现有的国家和区域保护区网络中代表性不足的问题，同时根据适用的国际法考虑到国家管辖范围以外区域的海洋生态系统，于 2012 年建立起全面和在生态上具有代表性的海洋环境国家和区域保护区网络。大会强调了生态系统方法是《生物多样性公约》下的主要行动框架，在生态系统方法的背景下考虑建立和管理保护区制度不应只以国家为单位，而应在相关的生态系统超越国家边界时，以生态系统或生物区域为单位进行。

2) 科学、技术和工艺咨询附属机构第 10 次会议

2005 年 2 月 7—11 日，科学、技术和工艺咨询附属机构第 10 次会议在泰国曼谷召开。根据缔约方大会第 7 次会议第Ⅶ/7 号决定，代表们就 2010 年海洋生物多样性保护工作的目标和指标进行了讨论。日本要求删除国家管辖范围以外区域的内容，而另外一些代表提请注意缔约方大会第Ⅶ/30 号决定和联合国大会第 59/24 号决定，强调迫切需要保护国家管辖范围以外区域。会议没有实质性的进展。

3) 保护区工作组第 1 次会议

2005 年，保护区问题不限成员名额特设工作组第 1 次会议围绕设立国家管辖范围以外海洋保护区的可能方式展开激烈讨论。欧盟、拉丁美洲国家和加勒比集团与冰岛、日本、挪威就是否设立公海保护区、制定《公约》第三个执行协定等问题存在根本性分歧，没有达成共识。

4) 缔约方大会第 8 次会议

2006 年 3 月 20—31 日，缔约方大会第 8 次会议在巴西库里提巴召开。谈判主要围绕《生物多样性公约》与《公约》合作的问题。委内瑞拉和南非提议，在联合国大会国家管辖范围以外区域海洋生物多样性工作组的框架下采用《生物多样性公约》相关工具促进保护和可持续利用生物多样性；哥伦比亚、古巴和阿根廷倾向于向《生物多样性公约》提供技术咨询，联合国大会国家管辖范围以外区域海洋生物多样性工作组提供法律指导；挪威提议《生物多样性公约》关注生物多样性的科学信息以及生物多样性的威胁，联合国大会国家管辖范围以外区域海洋生物多样性工作组关注减缓方案；欧盟建议《生物多样性公约》重点关注生态系统途径和预先防范，在缔约方大会第 8 次会议之后建立一个联合国大会国家管辖范围以外区域海洋生物多样性工作组主持的后续进程；而非洲集团认为，《公约》中规范国家管辖范围外区域活动的条文会削弱《生物多样性公约》的规定。

大会通过了第Ⅷ/22 号决定，确认联合国大会在处理国家管辖范围以外区域海洋生物多样性问题方面的中心作用，《公约》是一切海上活动的法律框架，《生物多样性公约》为国家管辖范围以外区域海洋生物多样性问题提供科学和技

术支持。大会认为，在国家管辖范围以内和以外实施的各种工具应该统一、相容和互补，应该不影响沿海国根据国际法享有的权利和承担的义务；促请各缔约方及其他国家在相关国际和/或区域组织内开展合作，以便促进养护、管理和可持续利用国家管辖范围以外区域的海洋生物多样性；要求秘书处借鉴目前在国家、区域和全球使用的标准，完善和发展需要保护海洋区域的生态标准和生态地理分类；在缔约方大会第9次会议之前提出开阔海洋水域和深海生境需要保护、具有生态或生物学意义的海洋区域的综合科学标准的咨询建议，提交缔约方大会审议。

另外，第Ⅷ/15号决定要求开展关于《生物多样性公约》执行情况以及根据缔约方大会第6次会议第Ⅵ/26号决定制定的2010年目标的评估，并对2010年后的目标进行修订和增订，在2008年举办的缔约方大会第9次会议上对修订和增订《生物多样性战略计划》的进程进行审议。

5) 保护区工作组第2次会议与科学、技术和工艺咨询附属机构第13次大会

2008年保护区问题不限成员名额特设工作组第2次会议与科学、技术和工艺咨询附属机构第13次大会提出了划分具有重要生态或生物学意义的海洋区域的标准，各国对此产生了严重的分歧。冰岛、美国、古巴、阿根廷建议删除相关技术准则，加拿大、荷兰、澳大利亚、斯洛文尼亚等国反对，谈判一度陷入僵局。经过反复讨论，与会代表同意保留技术准则，但措辞方面未能达成一致，技术准则相关的三个附件内容也有待进一步磋商。

6) 缔约方大会第9次会议

2008年5月19—30日，缔约方大会第9次会议在德国波恩召开。大会在科学、技术和工艺咨询附属机构第13次会议谈判的基础上继续围绕具有重要生态或生物学意义的海洋区域开展讨论。大会重申联合国大会在处理与保护和可持续利用国家管辖范围以外区域海洋生物多样性问题的核心作用，《公约》规定了进行各种海洋活动必须遵循的法律框架，《生物多样性公约》起辅助作用，提供科学和技术方面的咨询意见。

大会第Ⅸ/20号决定通过了《确定公海水域和深海生境中需要加以保护的具有重要生态或生物学意义的海域的科学准则》（以下简称《科学准则》）和《建立包括公海和深海生境在内的代表性海洋保护区网的选址的科学指导意见》（以下简称《指导意见》），设计具有代表性的海洋保护区网络，并要求执行秘

书将《科学准则》和《指导意见》转交联合国大会相关进程。为帮助各国或相关组织在国家管辖以外区域选定具有重要生态或生物学意义的海洋区域,要求秘书处召开一次研讨班,强调研讨班不讨论与保护区管理有关的问题,仅提供科学和技术方面的信息和指导,并在缔约方大会第 10 次会议之前提交科学、技术和工艺咨询附属机构审议。

3.1.1.3　持续发展阶段

1) 缔约方大会第 10 次会议

2010 年 10 月 18—29 日,缔约方大会第 10 次会议在日本名古屋举办。大会发布了第三版《全球生物多样性展望》,并深入审查了执行缔约方大会第 7 次会议通过的海洋和沿海生物多样性详细工作方案所取得的进展,表示这些努力没有能够防止海洋和沿海生物多样性以及生态系统服务的严重衰退。

缔约方大会第 10 次会议关于海洋和沿海生物多样性议题的谈判主要围绕两个问题:拟议设立《生物多样性公约》的全球具有重要生态或生物学意义的海洋区域清单,以及在国家管辖范围以外区域选定海洋保护区。关于具有重要生态或生物学意义的海洋区域,墨西哥、巴西和牙买加反对建立在国家管辖范围以外的具有重要生态或生物学意义的海洋区域清单,欧盟、海洋生物普查(CoML)、世界自然基金会则表示支持,欧盟建议由全球环境基金(GEF)对此进行资助。最终代表们同意建立有关具有重要生态或生物学意义的海洋区域科学描述和其他相关国家和国际协定的科学和技术信息库。墨西哥、巴西、加拿大、印度、洪都拉斯、危地马拉、乌克兰、格鲁吉亚和俄罗斯倾向于强调联合国大会在应用《生物多样性公约》标准建立具有重要生态或生物学意义的海洋区域方面的作用,而非洲集团、海地和委内瑞拉强调《生物多样性公约》的作用;泰国、斐济和埃及希望两个方案结合,挪威强调区域主管组织的作用。代表们最终同意,《生物多样性公约》应用科学标准鉴定具有重要生态或生物学意义的海洋区域是科学和技术工作的程序,而选择和管理具有重要生态或生物学意义的海洋区域则是主管国家和政府间组织的问题。关于海洋保护区,挪威、委内瑞拉和巴西反对在国家管辖范围以外区域划定海洋保护区的进程,而非洲集团支持在联合国大会框架下开展相关进程。最终代表们同意请联合国大会及其下属工作组加快审议海洋保护区问题的工作议程。

大会通过了海洋和沿海生物多样性保护的第 X/29 号决定,重申《生物多样性公约》在国家管辖范围以外区域海洋保护区问题上的科学和技术支持作用,进一步明确适应具有重要生态或生物学意义的海洋区域标准的工作仅仅是科学和技术性质。大会确定查明具有重要生态或生物学意义的海洋区域以及选择养护和管理措施应由国家和主管政府间组织遵循《公约》在内的国际法处理。鼓励各缔约国、其他国家政府和主管政府间组织，查明和保护开阔海洋水域和深海生境内需要保护的具有重要生态或生物学意义的海洋区域，根据包括《公约》在内的国际法和现有最佳科学信息，建立有代表性的海洋保护区网络，并向联合国大会内的相关进程通报。决定召开一系列区域研讨会，根据缔约方大会第 9 次会议第 IX/20 号决定制定的标准，推动在国家管辖范围以外区域描述具有重要生态或生物学意义的海洋区域；邀请联合国大会秘书长于 2011 年举行不限成员名额的特设工作组会议，加快审议在保护和可持续利用国家管辖区以外区域海洋生物多样性方面促进国际合作和协调的各种方式，并加快审议海洋保护区问题，缔约方大会第 9 次会议敦促各缔约方采取必要行动推进该工作组的工作。

2）缔约方大会第 11 次会议

2012 年 10 月 8—19 日，缔约方大会第 11 次会议在印度海德拉巴举办。大会审议了秘书处提交的《关于确定符合具有生态或生物学重要意义科学准则的区域的简要报告》，包括西南太平洋、大加勒比海和中大西洋西部等区域研讨班成果，代表们就报告进行了长时间的讨论。澳大利亚、挪威和欧盟希望缔约方大会核可报告并将其列入具有重要生态或生物学意义的海洋区域库，欧盟还希望大会在核可报告后进一步开展具有重要生态或生物学意义的海洋区域识别和划定，并敦促区域性组织在《公约》实施的一项新的协议下划定国家管辖范围以外区域海洋保护区。绿色和平组织、世界自然保护联盟等机构也希望《生物多样性公约》尽快就具有重要生态或生物学意义的海洋区域问题与联合国大会及其相关工作组进行交流合作。中国、日本、秘鲁对报告倾向于用"注意到"的措辞；对于有关方想要大会核可报告并将报告转交联合国大会及其下属工作组的进程，中国、俄罗斯和冰岛质疑这是否违背了缔约方大会第 10 次会议制定的程序。经过非正式磋商，代表们最终同意请秘书处进一步完善报告，以提交至未来的缔约方大会会议，并纳入数据库。我国要求在大会报告中反映缔约方大会没有通过该报告。

此外，虽然 2004 年提出的到 2012 年建立有代表性的海洋保护区网络的目标距离实现有很大差距，各方纷纷选择了沉默，该议题成为《生物多样性公约》的禁忌，但欧盟仍然希望在《公约》框架下开展海洋保护区的相关工作。

大会第 XI/3 号决定通过了可用于评估 2011—2020 年《生物多样性战略计

划》和爱知生物多样性目标中各项目标进展情况的指示性指标清单，邀请缔约方在可行时酌情优先在国家和全球一级现成可用的指标；并决定编制第四版《全球生物多样性展望》，在 2014 年缔约方大会第 12 次会议上对实现爱知生物多样性目标的进展情况展开一次中期审查。

第XI/17 号决定介绍了各地区描述具有重要生态或生物学意义的海洋区域的进展，通过了《关于描述符合具有重要生态或生物学意义的海洋区域的科学标准的区域的汇总报告（草案）》，对西南太平洋地区、大加勒比和中大西洋西部地区、地中海地区符合具有重要生态或生物学意义的海洋区域标准的区域进行了描述。大会请执行秘书进一步同各缔约方、其他国家政府、各有关组织及全球和区域倡议，与联合国大会特设全体工作组、国际海事组织、联合国粮食及农业组织、各区域海洋公约和行动计划等协作，也包括土著和地方社区的参与，举办讲习班，为描述具有重要生态或生物学意义的海洋区域和进一步描述已经描述过的地区提供便利，并提供报告供科学、技术和工艺咨询附属机构审议，科学、技术和工艺咨询附属机构的汇总报告将提供今后的缔约方大会会议审议。大会提供了具有重要生态或生物学意义的海洋区域登记册和信息分享机制的原始版本，鼓励各缔约方、其他国家政府和政府间组织，建立区域的元数据信息料登记册，酌情顾及其保密性，并同信息共享机制和其他相关数据资源链接。请秘书处加快具有重要生态或生物学意义的海洋区域培训手册和模块的编制和修订，加强具有重要生态或生物学意义的海洋区域的能力建设，并邀请缔约方、其他国家政府、主管政府间组织以及相关土著和地方社区在描述具有重要生态或生物学意义的海洋区域以及制定保护和管理措施时，纳入土著和地方社区的传统、科学、技术和工艺知识的具体要点及社会和文化标准。

3）科学、技术和工艺咨询附属机构第 18 次会议

2014 年，缔约方在科学、技术和工艺咨询附属机构第 18 次会议上关于具有重要生态或生物学意义的海洋区域的谈判，对以下问题产生了分歧。

(1) 关于描述国家管辖范围内的具有重要生态或生物学意义的海洋区域。小岛屿国家表示支持，认为小岛屿国家保护能力不足，需要国际层面的指导；英国、德国、比利时、瑞典、葡萄牙等国已开展了相关工作，表示支持；而挪威、冰岛、法国、巴西等国对此表示质疑，认为不应干涉国家在管辖范围内行使描述具有重要生态或生物学意义的海洋区域的主权。

(2) 对于缔约方大会第 9 次会议第 20 号决定关于在描述过程中考虑社会经济及文化标准。非洲集团和墨西哥表示具有重要生态或生物学意义的海洋区域

描述进程应考虑社会经济影响，亚太岛国表示应重视传统知识在描述具有重要生态或生物学意义的海洋区域中的作用，加拿大认为具有重要生态或生物学意义的海洋区域描述标准应是"混合知识体系"，强调具有重要生态或生物学意义的海洋区域对经济和文化的重要性；日本对该议题表示质疑，认为与科学和技术有关，使用传统知识对具有重要生态或生物学意义的海洋区域进行描述需限定范围。

（3）关于对具有重要生态或生物学意义的海洋区域内与人类活动类别和程度相关的生物多样性现状进行评估，英国、德国、比利时、瑞典、葡萄牙等国表示支持，认为相关评估有利于促进公海生物多样性保护，而巴西、秘鲁、阿根廷等国认为评估超出了缔约方大会对科学、技术和工艺咨询附属机构的授权，要求将该内容删除。

4）缔约方大会第 12 次会议

2014 年 10 月，缔约方大会第 12 次会议在韩国平昌举办。2014 年，《生物多样性公约》发布了第四版《全球生物多样性展望》，对 2011—2020 年《生物多样性战略计划》及其爱知目标进行了中期评估，并对 2020 年进展趋势进行了预测。大会重申了联合国大会在解决与保护和可持续利用国家管辖范围以外海洋区域的生物多样性相关问题的核心作用，通过了南印度洋、东部太平洋热带和温带、北太平洋、东南大西洋、北极、西北大西洋和地中海七个区域的具有重要生态或生物学意义的海洋区域汇总报告。截至目前，《生物多样性公约》秘书处已经完成 207 处符合具有重要生态或生物学意义的海洋区域科学标准的描述工作，其中有 57 处涉及国家管辖范围外区域（不包括地中海的 17 处），覆盖面积达到全球海洋面积的 70% 以上。

具有重要生态或生物学意义的海洋区域下一步的工作是缔约方大会第 12 次会议谈判的焦点。代表们形成了三种意见：南非、埃及、非洲集团、俄罗斯、挪威、澳大利亚、加拿大、厄瓜多尔、马尔代夫等国支持请求秘书处记录具有重要生态或生物学意义的海洋区域的人类活动类型和强度；哥斯达黎加、马来西亚和欧盟请求秘书处进一步分析具有重要生态或生物学意义的海洋区域的人类活动类型和强度与这些地区的海洋和沿海生物多样性之间的关系；太平洋小岛屿国家、哥伦比亚、墨西哥、印度、阿根廷、斐济、中国、也门、土耳其、巴西和其他国家倾向于暂不进一步开展工作，墨西哥认为这超出了《生物多样性公约》的任务，中国和巴西呼吁在所有区域的具有重要生态或生物学意义的海洋区域描述完成之前不开展进一步的工作。最后大会通过的第Ⅻ/22 号决定邀请各缔约方和其他国家政府酌情开展国家管辖范围内的具有重要生态或生物学意义的海洋区域，并没有提及具有重要生态或生物学意义的海洋区域进一步的工作。

5) 科学、技术和工艺咨询附属机构第 20 次会议

科学、技术和工艺咨询附属机构第 20 次会议通过了 2015 年东北印度洋、西北印度洋和东亚海三个区域符合具有重要生态或生物学意义的海洋区域标准的区域的审议，将提交 2016 年 12 月在墨西哥坎昆举办的《生物多样性公约》缔约方第 13 届大会审查，并决定是否纳入具有重要生态或生物学意义的海洋区域登记册以及提交联合国大会及其国家管辖范围以外区域海洋生物多样性问题预委会、相关缔约方和国际组织。

3.1.2 各方观点

3.1.2.1 欧盟和英联邦发达国家

欧洲是两次世界大战的主战场，战后欧洲及许多发达国家又完成了工业化的进程，其生态环境和生物多样性遭受过严重的破坏，虽然 20 世纪后半段以来采取了积极的修复和恢复措施，但至今仍面临着生物多样性进一步损失的风险。虽然欧洲内部建立了"自然 2000 网络"，建成了相对完善的区域性保护区体系，但仍有超过 65%的重要生态区没有得到有效保护、25%的动物物种可能灭绝。在海洋生物多样性方面，欧洲面临着污染、过度捕捞、外来物种入侵和气候变化等多种威胁，尤其在地中海和黑海海域，超过 90%的海域存在过度捕捞，仅 4%的海域控制在可持续范围。与此同时，欧盟对生物多样性服务的价值评估也在不断深入。据研究，欧盟仅传粉昆虫为植物授粉提供的服务价值就达到 150 亿欧元，而维持整个"自然 2000 网络"的支出则是每年大约 58 亿欧元。经历了生物多样性丧失的剧痛，同时对生物多样性价值的认识不断提高，是欧盟和许多发达国家积极履行和推进《生物多样性公约》的主要动力。与欧盟国家态度相似的还包括加拿大、澳大利亚和新西兰等国。

作为一个以发达国家为主的区域经济一体化组织，欧盟在国家管辖范围以外区域的海洋环境管理方面已积累了较丰富的经验，在其"自然 2000 网络"框架下已建成了若干国家管辖范围以外海洋生境保护区（http://www.charlie-gibbs.org/charlie/node/7）；类似的，加拿大、澳大利亚和新西兰等国在海洋科技和海洋保护区建设方面也积累了相对丰富的经验。可以认为，这些国家在积极

推动海洋生物多样性保护进程的主要目的，除了避免生物多样性遭到进一步损害之外，也包含了对自身经验和标准的推广，从而实现技术和服务的输出。该阵营不仅树立了良好的国际形象，也在谈判中掌握了更多的主动权和话语权。

另外，在开展国家管辖范围以内区域的具有重要生态或生物学意义的海洋区域评估方面，欧盟国家已经开展了一定的基础研究，因此赞成推进该进程，开展具有重要生态或生物学意义的海洋区域内人类活动与生物多样性之间关系的研究和评估。

3.1.2.2 非洲集团

非洲以丰富的生物多样性和保存完整的生态系统著称，与生物多样性相关的产业也促进了非洲国家经济的快速增长。如受益于生物多样性及物种栖息地的保护，自然旅游业成为非洲增长最快的行业之一，相应的商业和服务价值达到非洲全球经济交易量的3.5%左右，在赞比亚等国家，旅游业占其国内生产总值（GDP）比例甚至高达10%。非洲同样拥有丰富的海洋生物多样性资源，基于海洋生物多样性的旅游业和渔业也是非洲沿海国家的主要经济支柱。而除了全球气候变化和人为导致的污染，过度捕捞和非目标物种的捕捞则成为非洲海洋生物多样性面临的最大威胁。

基于经济增长和可持续发展的需求，非洲集团在海洋和沿海生物多样性保护方面也较积极，但由于海洋生物多样性降低的威胁并不是特别显著，且受限于自身能力的不足，其积极程度不如欧盟，在推动议题发展方面的力度也不如欧盟等国。纵观海洋保护区和具有重要生态或生物学意义的海洋区域相关议题的谈判历程，非洲集团在关键问题上并没有明显的立场，主要是为了通过支持相关进程，从各渠道获取加强能力建设的援助。

在国家管辖范围以外区域，非洲集团实际上能够涉足的程度十分有限，因此选择随国际主流，支持《生物多样性公约》在海洋生物多样性保护的标准和技术方面的重要性，同时强调在《公约》和联合国大会框架下开展国家管辖范围以外海洋保护区的建设。由于利益相关海域的具有重要生态或生物学意义的海洋区域已在各方支持下评估完毕，并列入全球具有重要生态或生物学意义的海洋区域清单，非洲集团支持《生物多样性公约》和秘书处就具有重要生态或生物学意义的海洋区域开展下一步的工作。但与欧盟阵营不同，非洲集团并不赞成尽快开展具有重要生态或生物学意义的海洋区域内人类活动与生物多样性之间关系的研究和评估，而是倾向于请秘书处记录具有重要生态或生物学意义的海洋区域内的人类活动,主要是考虑到能力的不足和不增加履约的负担。

3.1.2.3 小岛屿国家

相比非洲集团,小岛屿国家对旅游业的依赖程度更甚,部分国家的旅游服务业占国内生产总值比例甚至高达30%~60%,而小岛屿国家的旅游业基本上依托其自然生态环境,对保护海洋生物多样性有强烈的需求。小岛屿国家认为海底勘探、采矿、深海拖网捕捞等行为对海洋生物多样性造成了严重影响,极大地威胁其国家利益。同时,小岛屿国家大多国力弱小,在国家管辖范围以外区域海洋生物多样性问题上能够开展的实际行动十分有限,因此,小岛屿国家主要为取缔、停止、暂停国家管辖范围以外区域海洋资源开发活动,尤其是为非法过量和未申报捕鱼行为而奔走呼吁。另外,小岛屿国家对开展国家管辖或控制范围内的具有重要生态或生物学意义的海洋区域评估兴致较高,希望《生物多样性公约》通过各种机制援助其提升能力。

3.1.2.4 美国和日本

美国和日本是典型的海洋强国,具有发达的海洋科研和开发能力,其在国家管辖范围以外海洋区域有极大的利益诉求。美国最直接的利害关系体现在美军为保障美国在全球各地的利益,对自由航行的需求;而日本是全球为数不多的还保留商业捕鲸的国家,设置国家管辖范围以外区域具有重要生态或生物学意义的海洋区域显然有损其远洋捕鱼产业。由于美国不是缔约方,因此在许多场合,往往通过日本表达其观点。在蓄势准备阶段,日本多次在谈判中反对在国家管辖范围以外区域建立海洋保护区;在制定具有重要生态或生物学意义的海洋区域标准的过程中,日本也数次提议删除国家管辖范围以外区域评估具有重要生态或生物学意义的海洋区域的标准,试图阻碍《生物多样性公约》在国家管辖范围以外区域海洋生物多样性问题上的进展。然而海洋生物多样性保护的大趋势不可避免,在成功举办缔约方大会第10次会议后,日本认识到有必要采取一定的措施展现其在生物多样性保护方面的示范作用,成立了日本生物多样性基金,包括西南太平洋、南印度洋、热带和温带太平洋东部地区等区域的具有重要生态或生物学意义的海洋区域评估都得到了该基金的支持。

3.1.2.5 其他国家

其他国家由于在海洋科研方面的科技和研究的差距以及各自的利益诉求不同,在谈判中表达出许多不同的观点。但随着相关谈判的进行,以区域性大国为代表,越来越多的国家开始重视对具有重要生态或生物学意义的海洋区域的研究和投入。这些国家的立场表现在两方面：一方面需要减缓发达国家开发公海资源的脚步，确保自身在公海的利益；另一方面要为日后自己的开发活动做铺垫，防止《生物多样性公约》达成的决定束缚住自己的手脚。因此，这些区域性大国在谈判中，会根据自身情况，有选择地推进一些进程，同时有选择地限制一些进程。

3.2 海洋环境影响评价

环境影响评价也是《生物多样性公约》体系下的主要议题之一。在《生物多样性公约》谈判进程中，海洋环境影响评价主要经历了两个阶段，以2008年召开的缔约方大会第9次会议为界。在第一个阶段，《生物多样性公约》主要致力于将生物多样性纳入环境影响评价和战略环境影响评价的工作；在第二阶段，随着具有重要生态或生物学意义的海洋区域标准的发布，海洋环境影响评价相关进程快速发展，成为《生物多样性公约》海洋和沿海生物多样性问题中的重要议题。

3.2.1 发展趋势

3.2.1.1 第一阶段

1）科学、技术和工艺咨询附属机构第4次会议

1999年6月召开的科学、技术和工艺咨询附属机构第4次会议首次讨论了将生物多样性因素纳入环境影响评价的问题，代表们承认环境影响评价对生物多样性保护有重要作用。在讨论将生物多样性问题引入环境影响评价方面，一些发展中国家强调能力建设和财政支援对实施环境影响评价的重要性；加拿大强调需将传统知识等内容纳入环境影响评价；墨西哥强调生物多样性与人类健康；法国及一些国家提出开展跨境环评的重要性，同时指出相关政策、计划和战略同样重要，光靠开展项目并不能解决问题；许多国家强调战略环评的重要性。

出于各自利益的考虑，大部分国家不愿意在其国家报告中细述环境影响评价的经验；此外，代表们在建立环评和生物多样性专家工作组、建立专家名册、制定环评战略、与其他机构特别是国际环境影响评价协会（International Association for Impact Assessment，IAIA）合作等问题上，均未达成一致。

2) 缔约方大会第 5 次会议

2000 年召开了缔约方大会第 5 次会议。在谈判中，缔约方就将生物多样性纳入环境影响评价问题取得了一致，一些发展中国家要求信息共享和能力建设。大会通过了第 V/18 号决定，邀请缔约方、各政府和组织将环境影响评价纳入相关领域的工作方案，并在立法、规划和制定决策等方面考虑生物多样性，邀请缔约方在国家报告中提供其环境影响评价和战略环境影响评价的方法、制度和经验。大会还决定请科学、技术和工艺咨询附属机构于缔约方大会第 6 次会议之前完成将生物多样性纳入环境影响评价和战略环境影响评价的指导准则的制定。

3) 科学、技术和工艺咨询附属机构第 7 次会议

2001 年 11 月召开的科学、技术和工艺咨询附属机构第 7 次会议讨论了《关于把生物多样性相关问题纳入环境影响评价和战略环境影响评价的准则（草案）》。国际环境影响评价协会对准则给予高度评价，认为草案是一个重要的开始，许多国家对此表示赞同，几个代表团支持建立与国际环境影响评价协会合作的工作方案；非洲集团多个国家强调需要能力建设；澳大利亚、美国和瑞士呼吁扩大公众参与；加拿大呼吁土著人民的参与，并与第 8（j）工作组进一步磋商；瑞士则强调要与国家生物多样性战略行动计划结合。最终代表们修改了语言表述后通过了该草案，在提交缔约方大会的建议中，建议核可该草案，并明确下一步工作的方向和方式。

4) 缔约方大会第 6 次会议

2002 年，缔约方大会第 6 次会议核可了《关于把生物多样性相关问题纳入环境影响评价和战略环境影响评价的准则（草案）》，删除了审查潜在指标的内容，并做了细微修正后，在大会第 VI/7 号决定通过了该准则。决定还促请缔约国在履行《生物多样性公约》第 14 条第 1 款时运用这些准则并交流经验，同时请执行秘书汇编已有纳入生物多样性的环境影响评价经验，进一步完善此准则。

5) 缔约方大会第 8 次会议

2006 年召开的缔约方大会第 8 次会议上，各方主要就《关于涵盖生物多样性各个方面的影响评估的自愿性准则》展开了讨论，欧盟呼吁各国在案例研究和最佳实践方面提供经验，一些代表呼吁与国际环境影响评价协会合作。大会通过了第 VIII/28 号决定，批准了该准则，鼓励已认可缔约方大会第 7 次会议通过的《关于把生物多样性相关问题纳入环境影响评价和战略环境影响评价的准则》

的各多边环境协议认可该准则,并邀请其他多边环境协议注意该准则,在适当情况下核可准则。同时,与国际环境影响评价协会等组织合作,加强环境影响评价的能力建设。此外,邀请各缔约方在履行《生物多样性公约》第 14 条第 1 款时酌情执行该准则并分享经验,由秘书处将这些经验进行整理。

大会还核可了《关于涵盖生物多样性各个方面的战略环境影响评价的准则(草案)》。

3.2.1.2 第二阶段

1) 缔约方大会第 9 次会议

2008 年,缔约方大会第 9 次会议在海洋和沿海生物多样性议题下就海洋环境影响评价问题进行了讨论,谈判主要围绕国家管辖范围以外区域。在谈判中,日本和一些国家要求删除有关成立国家管辖范围以外区域海洋环境影响评价专家工作组的内容,遭到欧盟和其他一些国家的反对。

大会通过了海洋和沿海生物多样性的第IX/20 号决定,邀请缔约方、其他各国政府和相关组织,合作推动制定科学和技术准则,指导在国家管辖或控制范围内发生、并对国家管辖范围以外区域的海洋生物多样性可能造成重大不利影响的活动和进程进行环境影响评价和战略环境影响评价,并就这方面的进展向缔约方大会第 10 次会议提出报告。大会决定由秘书处召集国家管辖范围以外区域的环境影响评价有关的科学和技术问题研讨班,讨论与在国家管辖范围以外区域的环境影响评价有关的科学和技术问题,推动制定此种科学和技术准则。大会还决定邀请各缔约方、其他各国政府和相关组织进行合作,进一步制定并运用切实有效地防止和减轻人类活动对特定海底生境不利影响的备选方案,并将制定和运用这些备选方案的有关经验和案例研究予以公布,并要求执行秘书与相关组织合作,汇编和传播这些信息。

2) 科学、技术和工艺咨询附属机构第 16 次会议

科学、技术和工艺咨询附属机构第 16 次会议于 2012 年 5 月召开,会上,代表们就《海洋和沿海地区环境影响评价和战略环境影响评价的自愿性准则(草案)》进行了讨论。大多数代表对准则草案表示支持,但有部分代表认为准则草案不适用于国家管辖范围以外区域,并建议在措辞方面使用"注意到",而不是"核可"。一些代表们还呼吁为国家管辖范围以外区域海洋环境影响评价制定一项国际协议,并指出,准则草案将需要根据这样的协议再修订。

由于代表们没能对准则草案的文字取得一致意见,最终所有的内容都放在

方括号中。会议对缔约方大会建议，要求秘书处对文字进一步提炼，在2012年6月前完成并提交缔约方大会第11次会议。

3) 缔约方大会第11次会议

缔约方大会第11次会议通过了《海洋和沿海地区环境影响评价和战略环境影响评价的自愿性准则》。大会达成了第XI/18号决定，认为准则适用于包括国家管辖范围以外的海洋区域，并且对规范缺少环境影响评价的无管制活动而言非常有用。请秘书处将准则提供缔约方、政府国际组织和联合国大会机构和相关进程作为参考，并强调准则不妨碍联合国大会有关海洋生物多样性的工作进程。邀请缔约方和各国政府酌情使用该准则，并将使用准则的信息纳入第五次和往后的国家报告，分享信息。

4) 缔约方大会第12次会议

缔约方大会第12次会议在海洋环境影响评价方面主要针对人为水下噪声进行。2014年2月，国际海事组织（IMO）举办了水下噪声及其对海洋和沿海生物多样性影响的专家讲习班，缔约方大会对讲习班报告表示欢迎。讨论中，塞内加尔和印度尼西亚等发展中国家呼吁在发展中国家开展研究；巴西呼吁与《保护迁徙野生动物物种公约》（Convention on Migratory Species，CMS）及国际海事组织合作；挪威和欧盟指出，人为水下噪声的影响评估和监测以及标准制定具有一定的难度。

大会通过的第XII/23号决定鼓励缔约方及其他利益相关方，根据国家法律和国际法酌情在其任务范围内采取适当措施，邀请各政府间组织和多边环境协议酌情在其任务范围内采取适当措施，并协助各国和政府间组织采取仅限于各自主管范围内的措施，以避免、减少和缓解人为水下噪音对海洋和沿海生物多样性可能造成的重大负面影响。决定还请执行秘书进一步协助各缔约方、其他国家政府和相关组织开展相应措施进行协作；汇编相关科学和技术信息以及各方采取的有关措施的信息，并将信息汇编作为资料提供给科学、技术和工艺咨询附属机构在缔约方大会第13次会议前举行的一次会议，通过信息交换机制和其他方式宣传相关活动的结果，并分享经验。

3.2.2 各方观点

缔约方在环境影响评价问题上基本不存在太大的利益冲突，各方一致认同将生物多样性纳入环境影响评价的意义。整体而言，发达国家和发展中国家在推进海洋环境影响评价的进程中发挥的作用有所区别。部分发达国家，如欧盟、加拿大、澳大利亚和新西兰等，对缔约方大会决定发布的各项标准和准则表示欢迎，并在国家报告中积极分享经验；而以日本为代表的海洋强国，为保障其远洋捕鱼业的既得利益和公海航行自由等方面的便利，不赞成推进相关进程；大部分发展中国家强调能力建设对使用相关准则和标准的重要性，部分国家也强调应根据国家实际情况，自愿实施相关准则和标准，不加重履约的负担。

3.3 遗传资源获取和惠益分享

《生物多样性公约》框架下关于海洋遗传资源获取和惠益分享问题的谈判最早从1995年科学、技术和工艺咨询附属机构第1次会议开始，但始终未有实质性进展。为实现《生物多样性公约》第三个目标，各方开展了漫长而激烈的谈判。根据《生物多样性公约》在获取和惠益分享（ABS）问题上取得的进展，本研究将议题发展分为三个阶段：①制定《关于获取遗传资源并公正和公平分享通过其利用所产生的惠益的波恩准则》（以下简称《波恩准则》）；②由无法律约束力的《波恩准则》到《生物多样性公约关于获取遗传资源和公正公平分享其利用所产生惠益的名古屋议定书》（以下简称《名古屋议定书》）通过；③《名古屋议定书》生效后。其中，从《波恩准则》到《名古屋议定书》这段历程，集中反映了各方的立场和利益冲突。

3.3.1 发展趋势

3.3.1.1《波恩准则》

1）获取和惠益分享问题不限成员名额特设专家工作组第一次会议

2001年，获取和惠益分享问题不限成员名额特设专家工作组第一次会议在德国波恩召开，参会代表完成了《波恩准则》草案制定，部分问题如使用条件、衍生物和准则附件等未能确定，需要缔约方大会第6次会议进一步解决。

2）缔约方大会第6次会议

2002年，缔约方大会第6次会议第Ⅵ/24号决定通过了《波恩准则》。《波恩准则》为促进缔约方和利益相关方获取遗传资源和公平分享惠益提供了透明的框架，包括向发展中国家提供能力建设、加强遗传资源获取和惠益分享的信息交换，协助缔约方建立保护土著和地方社区知识、创新和实践的机制及其相关获取和惠益分享制度。部分国家不满足于自愿性的导则,希望制定具有国际约束力的文书;另一部分强调准则的自愿性,其不能代替国内立法;发展中国家希望准则能够将衍生物和产品包括在内,而发达国家及欧盟则建议将之纳入共同商定条件。

3.3.1.2 《波恩准则》到《名古屋议定书》

1) 缔约方大会第 7 次会议

2004 年,在缔约方大会第 7 次会议上,欧盟及部分发达国家倾向于进一步落实《波恩准则》,以帮助确定问题和空缺,并增加相关内容谈判的经验;而非洲集团则支持具有法律约束力的制度,从而在获取与惠益之间进行平衡。大会最终通过第Ⅶ/19D 号决定,授权获取和惠益分享问题不限成员名额特设专家工作组同第 8 (j) 条和相关条款工作组合作,在确保土著和地方社区、非政府组织、行业和科学与学术机构以及政府间组织参与的情况下,开展《名古屋议定书》的编制工作。

2) 科学、技术和工艺咨询附属机构第 11 次会议

2005 年 12 月,科学、技术和工艺咨询附属机构第 11 次会议就国家管辖范围以外深海遗传资源保护的技术方案,以及规范相关活动的法律框架等焦点问题展开了谈判。一些代表提出,《公约》是解决国家管辖范围以外深海遗传资源问题的适当平台,而方案将会影响联合国大会下设的国家管辖范围以外区域海洋生物多样性养护和可持续利用不限成员名额非正式特设工作组(以下简称"特设工作组")的成果。另外一些代表强调《生物多样性公约》的作用。许多国家呼吁建立海洋保护区,而中国和泰国认为为时尚早。加纳共和国提出建议联合国大会及《公约》解决建立海洋保护区的法律问题;基里巴斯、帕劳等小岛屿国家再次呼吁暂停国家管辖范围以外海底的各项活动。一些代表强调海底生物多样性的意识提升,并呼吁便利发展中国家获取深海勘探的信息和技术。中国强调保护和可持续利用国家管辖范围内的海洋资源。非洲集团和欧盟强调生物勘探的潜在威胁,敦促使用预先防范原则。从谈判结果来看,一些缔约方不愿意采取行动,等待 2006 年特设工作组会议的成果,表现了《生物多样性公约》和《公约》各自任务之间的不确定性。尽管如此,科学、技术和工艺咨询附属机构还是同意将深海海床遗传资源的科学报告转发给特设工作组。

3) 获取和惠益分享问题不限成员名额特设专家工作组第五次会议

2007 年 10 月,在获取和惠益分享问题不限成员名额特设专家工作组第五次

会议上,非洲集团提出了"全球多边惠益分享机制"(GMBSM)的问题,其最初目的是试图解决跨界情况下不能授权或获得事先知情同意权等特殊情况下利用遗传资源和传统知识所产生惠益的分享问题,引起了谈判各方的关注。2008年1月,获取和惠益分享问题不限成员名额特设专家工作组第六次会议继续就全球多边惠益分享机制等问题开展磋商和谈判。遗传资源提供国和使用国逐渐意识到该问题在技术上存在许多难点,主要包括时间范围、地理范围、来源不清且跨境存在的相关传统知识、病原体、从非商业研究中偶然发现的遗传资源利用价值等未决问题,未能解决的问题留到了缔约方大会第9次会议。

4) 缔约方大会第9次会议

2008年5月,缔约方大会第9次会议审议了获取和惠益分享问题不限成员名额特设专家工作组第五和第六次会议的报告,通过了第Ⅸ/12号决定,决定设立①履约、②概念、术语、工作定义和部门方式以及③与遗传资源相关的传统知识三个技术和法律专家组,进一步推进《名古屋议定书》的谈判和制定,要求特设专家工作组早于缔约方大会第10次会议之前完成拟订和谈判工作,将议定书定稿并提交至缔约方大会第10次会议。谈判分成了几大利益集团,包括以77国集团和中国为主的提供国代表集团、以发达国家为主的使用国集团以及其他一些小团体,各利益相关方都坚持自己的利益,谈判进程十分困难。大会最终决定设立一个不限成员名额非正式协商小组,协调各方的谈判。

5) 获取和惠益分享问题不限成员名额特设专家工作组第七、第八次会议

2009年,获取和惠益分享问题不限成员特设专家工作组第七、第八次会议期间,遗传资源使用国和提供国进行了密集磋商,但均无果而终。2010年3月,获取和惠益分享问题不限成员特设专家工作组第九次会议及其复会上,遗传资源提供国和使用国双方试图将这些未解决问题以案文的形式表述出来,这进一步增加了问题的复杂程度。作为一个交叉议题(cross-cutting issue),全球多边惠益分享机制焦点在多数案文的讨论中都有所涉及,双方观点碰撞更加激烈,立场分析完全显现,直接导致谈判陷入僵局。

6) 缔约方大会第10次会议

2010年缔约方大会第10次会议是缔约方大会约定的《名古屋议定书》制定期限。然而谈判期间,遗传资源提供国和使用国未能达成一致,谈判濒临破裂。为避免这种情况,以日本、欧盟为代表的遗传资源使用国集团向非洲集团等资源提供国承诺,将以项目形式支持提供国继续开展全球多边惠益分享机制研究,

并继续就有关问题进行讨论和磋商。出于维护《生物多样性公约》进程考虑，提供国进行了妥协。双方约定，在议定书文本中加入第 10 条，规定 "缔约方应考虑制定全球多边惠益分享机制的必要性及相关模式，以便处理在跨境的情况下或无法准予获得事先知情同意的情况下由利用遗传资源和与遗传资源相关的传统知识的使用者通过这一机制所分享的惠益，应该用于支持全球生物多样性保护及其组成部分的可持续利用"。该条巧妙地回避了双方长期争执不下的未决问题，为最终形成所谓 "平衡案文" 扫清了道路。最终，缔约方大会第 10 次会议通过了具有里程碑意义的《名古屋议定书》。由于《名古屋议定书》在最后关头的谈判是由少数国家以闭门会议形式主导的，牺牲了透明度、法律确定性和平衡性，部分发展中国家公开表达了不满。

3.3.1.3 《名古屋议定书》生效之后

2013 年 9 月，《名古屋议定书》第 10 条专家组会议在加拿大蒙特利尔举行。来自中国、墨西哥、欧盟、瑞士、澳大利亚、新西兰、加拿大、波兰、日本、韩国、喀麦隆、纳米比亚、肯尼亚等国的专家以及土著和地方社区及科研学术团体的代表参加了此次会议，美国以观察员身份参加了会议。参会专家就以下三项事项进行了磋商：①回顾《名古屋议定书》第 10 条在线讨论综合报告；②讨论可以形成共识的潜在领域；③确定需要进一步探讨的领域，但对下一步工作的探讨没能达成一致，将问题留到《名古屋议定书》第 1 次缔约方大会。

2014 年 2 月，《名古屋议定书》第 3 次缔约方大会在韩国举行。各方在此次会上就专家组会议报告发表了观点和意见，并就下一步如何开展全球多边惠益分享机制进行了讨论。专家主要达成了以下共识：①全球多边惠益分享机制的建立不能妨碍国家对遗传资源的主权；②全球多边惠益分享机制应当是《名古屋议定书》双边模式的补充；③全球多边惠益分享机制有关讨论应当限定于《名古屋议定书》第 10 条范围，而不能影响《名古屋议定书》其他条款的施行。

全球多边惠益分享机制是《名古屋议定书》缔约方大会第 1 次大会的关键议题。秘书处在 2014 年 10 月 13 日的会上介绍了相关决定的草案。印度尼西亚要求秘书处与《粮食和农业植物遗传资源国际条约》（ITPGR）框架下的类似获取和惠益分享机制，以及其他国家管辖范围以外区域遗传资源的相关机制紧密合作；南非呼吁建立一个试验阶段的全球多边惠益分享机制；埃及及其他一些国家表达了对召开相关研究和一次专家组会议的要求，而欧盟则强调这受限于资金是否允许。

3.3.2 各方观点

3.3.2.1 欧盟

欧盟等发达国家意识到遗传资源获取方面存在法律制度的空缺，希望制定完善的法律体系。同时，受利益影响，欧盟阵营又有所保留，体现在：《波恩准则》通过后，其希望将衍生物纳入共同商定条件，而不是准则涵盖的范围；赞同推进没有约束力的《波恩准则》，并不着急制定《名古屋议定书》；在《名古屋议定书》的谈判过程中，欧盟阵营也为了自身利益一度不肯退让，最终为了议定书的通过不得不作出让步。议定书通过后，欧盟阵营将致力于完善相关法律框架和运行机制。

3.3.2.2 美国和日本

美国和日本在海洋遗传资源利用方面处于世界领先地位，以海洋药物为例，两国的专利数量为全球第一位和第二位，占全球海洋药物专利数的近70%。对美国和日本两国而言，遗传资源惠益分享极大地损害了其既得利益，因此其坚持海洋遗传资源适用于公海制度，各国享有"先到先得"的开发自由。美国虽不是《生物多样性公约》的缔约方，但经常通过一些盟友在谈判中表达其立场。

3.3.2.3 77国集团和中国

77国集团和中国认为，公海和深海海底遗传资源属于全人类的共同财产，这些遗传资源的开发利用应向全人类分享惠益；该阵营在遗传资源获取和惠益分享方面要求打破遗传资源使用国的技术和专利垄断、生物剽窃等行为。此外，该阵营在全球多边惠益分享机制方面立场坚定，海洋生物资源和遗传资源分布的跨境问题也在该机制的讨论范围之内。

3.4 其他问题

3.4.1 海洋空间规划（Marine Spatial Planning）

海洋资源，尤其是国家管辖范围以外区域海洋资源往往被认为是免费的公共资源，因此往往导致对资源的无序开发，超出了海洋区域的承载能力，导致海洋生物多样性受到严重威胁。随着公众对海洋生物多样性认识的提升，海洋作为生物栖息地的功能和价值越来越被重视，海洋资源的综合管理成为一个大趋势。海洋空间规划是海洋资源综合管理的一个工具，通过分析和分配人类活动在海洋区域的时空分布，实现生态、经济和社会利益的最优化组合。自缔约方大会第10次会议以来，为配合海洋环境影响评价等问题，完善海洋空间规划工具并推广成为一个热点。

在科学、技术和工艺咨询附属机构第16次会议上，各方代表就关于海洋空间规划方面经验和利用情况的综合文件（UNEP/CBD/SBSTTA/16/INF/18）进行了讨论，建议缔约方大会第11次会议就海洋空间规划作出决定。缔约方大会第11次会议第XI/18C号决定表示赞同相关文件内容，请执行秘书在资金允许的情况下，与缔约方和其他利益相关方开展合作，开发一个网络信息共享系统，通过网络分享关于海洋空间规划的现有资料；举办一次专家讲习班，提供落实海洋空间规划的综合实用指南和工具包，推动将生态系统方法用于海洋和沿海地区的综合管理。

缔约方大会第12次会议通过了第XII/23号决定，认为海洋空间规划是对海洋和沿海区域管理使用生态系统方法的有效工具，请执行秘书邀请相关组织推进关于加强海洋空间规划的方法和工具；通过帮助描述具有重要生态或生物学意义的海洋区域，支持缔约方和主管政府间组织在国家和区域层面上利用海洋空间规划的工作。此外，决定还请秘书处在资金允许的情况下开展海洋空间规划的讲习班，并邀请各方为发展中国家，特别是最不发达国家、小岛屿国家和经济转型国家提供能力建设支持。

由于海洋空间规划主要是配合海洋环境影响评价工作的一项工具，因此各方在海洋环境影响评价问题上的态度基本上包括了对海洋空间规划的态度，包括海洋空间规划工具的进一步完善、信息分享和经验交流、发展中国家的能力建设援助等。值得注意的是，作为缔约方大会第12次会议的主办国，韩国政府在相关工作上表现出很高的积极性，将日本在缔约方大会第10次会议提出的可持续海洋倡议（Sustainable Ocean Initiative）纳入缔约方大会第12次会议决定，并推动海洋空间规划在此框架下实施。

3.4.2 海洋肥沃化（Ocean fertilization）

海洋肥沃化的目的是通过工程手段，减缓气候变化造成的影响。海洋肥沃化采用的技术主要有：①向海洋中施加铁元素，促进浮游生物大量生长，提高固定二氧化碳的能力；②向海洋中施加氮、磷等营养元素，加快浮游生物的代谢过程，加速二氧化碳沉淀到海底的速率；③将深层海水抽到表层，向海洋表层提供营养元素，同时加快表层的碳固定到海底的速率。20世纪90年代以来，全球至少进行了13个大规模的海洋施肥实验，涉及海域超过1400平方千米，参与的国家包括美国、加拿大、澳大利亚、英国、法国、巴西、墨西哥、日本、菲律宾、荷兰和中国等，但均由于各种原因没有推广和持续。随着气候变化问题在《生物多样性公约》谈判中的热度不断提升，海洋肥沃化及地球工程相关问题在缔约方大会第9次会议到缔约方大会第11次会议上开展了一系列讨论。

1）缔约方大会第9次会议

海洋肥沃化是缔约方大会第9次会议谈判中的一个热点问题。大部分国家支持对海洋肥沃化活动采取预警方法，而欧盟和一些海洋国家希望在明确其对生物多样性的影响之前，暂停所有海洋肥沃化的活动；美国认为应将此限定在科学研究的范围内，最终大会决定将海洋肥沃化问题放在气候变化的相关议题下讨论。

大会第Ⅸ/16号决定，表明了缔约方对海洋肥沃化的态度，要求各缔约方并促请其他国家政府遵循预警原则，在取得足够科学依据之前，不进行海洋肥沃活动，除在沿海水域进行的小规模科学研究活动外，并为海洋肥沃化相关活动建立全球层面上的透明和有效的控制和管理机制；在进行研究之前，还必须彻底评估研究活动对海洋环境的潜在影响。此外，研究活动应受到严格控制，不得用来制造和出售碳排放指标，也不得用来实现任何其他商业目的。

2）缔约方大会第10次会议

大会第X/33号决定回顾了关于海洋肥沃化问题的第Ⅸ/16决定，重申预先防范的方针，认为鉴于科学上的不确定性，对于大规模海洋肥沃化对海洋生态系统的结构与功能的有意与无意的潜在影响，存在着重大关切，并请各缔约方执行第Ⅸ/16号决定C段，确保除合法的科学研究外，海洋肥沃化不会发生。

3）缔约方大会第11次会议

缔约方大会第11次会议通过了第Ⅺ/20号决定，重申第X/33号决定，并强调与气候相关的地球工程主要是在《联合国气候变化框架公约》下开展的活动，对地球工程对生物多样性的影响的认识仍然不足，且缺乏一个基于科学的、全球性的、透明和有效的控制和监管机制。决定还请执行秘书与相关组织合作，更新关于地球工程技术对生物多样性的潜在影响和关于涉及《生物多样性公约》的气候相关地球工程管理框架的信息。

海洋肥沃化问题不是近期谈判的热点问题，且缔约方的立场较为一致，同意在深入掌握相关活动对生物多样性的影响之前，不开展海洋肥沃化活动。但值得注意的是，海洋肥沃化以外的地球工程，包括碳捕获和储存等二氧化碳移除技术、平流层气溶胶和云层白化等太阳辐射管理技术的应用，在气候变化议题的谈判中仍然是热点。支持地球工程的国家主要包括英国、美国、日本等发达国家，其目的是通过资助国内开展相关研究，转移用于减排和缓解气候变化的资金，而非用于支持发展中国家提高能力建设，从而逃避其减排义务。以欧盟为代表的发达国家对此表示强烈反对，发展中国家也对开展大规模的地球工程表示反对，并强调发达国家不能因开展地球工程研究逃避其减排和帮助发展中国家减缓气候变化对生物多样性影响的义务。

4 其他国际组织关于海洋生物多样性保护与可持续利用

4.1 国际海事组织框架下的海洋环境保护

4.1.1 特殊区域

"特殊区域"（Special Area, SA）是《国际防止船舶造成污染公约》（MARPOL）所提出的概念，指在海洋学和生态学方面有特殊性，并考虑到其海上交通方面的特征，出于公认的技术原因，需要采取特殊强制措施以防止油类、有毒液体物质、生活污水、垃圾等造成污染的特定海域。实际上，《国际防止船舶造成污染公约》并没有对"特殊区域"进行统一定义，而是在各附则中分别进行针对性的定义。而且，不是每个附则下都包含"特殊区域"的概念，在不同的附则下，这个概念的表达也不完全一致。例如，在《国际防止船舶造成污染公约》附则Ⅰ中，"特殊区域"的定义是："在海洋学和生态学方面有特殊性，并考虑到其海上交通方面的特征，出于公认的技术原因，需要采取特殊强制措施以防止油类造成污染的指定海域"；附则Ⅳ与附则Ⅴ中对"特殊区域"的定义与之类似，但所针对的污染物不同。附则Ⅱ中没有对"特殊区域"进行专门定义，但实质上有明确的条款针对南极区域的排放提出了更加严格的研究，因此将南极区域视为附则Ⅱ下的"特殊区域"。由于附则Ⅵ是针对船舶大气污染的规定，如硫氧化物、氮氧化物排放控制等，因此在附则中的"特殊区域"被称为"排放控制区"（Emission Control Area, ECA）①。此外，由于附则Ⅲ是针对包装有害物质污染，其规定主要涉及货物的包装、标志、船上积载等，不涉及污染物排放或处理，所以在该附则下没有指定"特殊区域"。

---

① 如无特别指明，本书所指"特殊区域"均包括"排放控制区"。

4.1.2 特别敏感海域

国际航运活动会对海洋环境及生物资源造成危险和损害，而这种损害对那些环境或生态敏感的海域的影响更加严重。随着全球贸易的增长，国际航运活动也日益频繁，因此也就酝酿了对海洋环境更大的潜在不利影响和损害。在航运过程中，意外的或故意的排污行为会释放大量的有害物质，这将会直接或间接地影响国际海洋环境，对海洋生物及其栖息地造成重大损害。正是为了防止、降低甚至避免这种损害，保护那些相对脆弱敏感的海洋区域，特别敏感海域（Particular Sensitive Sea Area，PSSA）制度诞生了。

特别敏感海域是指需要通过国际海事组织（IMO）的行动特别保护的海洋区域，这些区域经过确认在生态、社会经济、科学特征等方面具有特殊意义，而这些特征又特别容易受到国际航运活动的破坏。在确认特别敏感海域时，相关的满足法律条款要求的保护措施必须得到国际海事组织的批准或采纳，从而防止、减少或消除对环境的威胁及保护环境的脆弱性。[1]

特别敏感海域概念起源于 1978 年 2 月 6—17 日在伦敦召开的油轮安全和防止污染联席会议的第 9 号决议（TSPP resolution 9）。国际海事组织的主要下属机构——海上环境保护委员会（Maritime Environment Protection Committee，MEPC）是负责研究特别敏感海域制度的机构，并于 1986 年的第 23 届会议起着手相关工作。1991 年，国际海事组织通过了《关于制定特殊区域和确定特别敏感海域指南》的第 A.720（17）号大会决议。该指南的规定较为冗长、混乱，虽广泛地列出了认定特别敏感海域的考虑因素，但对认定的程序问题并未作出规定。因此，1998 年，国际海事组织的海上环境保护委员会第 41 届会议指示关于此事项的联络小组重新审议该决议，起草一个附录，对指南的第三章第二节"确定特别敏感海域的程序"和第 5 节"因环境原因采纳船舶定线措施的程序"加以澄清。国际海事组织于 1999 年 12 月 25 日在其第 21 次大会上通过了 A.885（21）号决议，采纳了以美国提交的修正案为蓝本的《特别敏感海域鉴定和相关保护措施采用的程序》（以下简称《1998 年程序》），以替代 A.720（17）号决议中有关鉴定特别敏感海域的程序。海上环境保护委员会第 44 届会议对上述两项大会决议又开始了新一轮审议。第 46 届会议在秘书处准备的文件基础上最后确定

---

[1] International Maritime Organization. Resolution A.982（24）Revised Guidelines for the Identification and Designation of Particular Sensitive Sea Areas. London：IMO，2005-12-1，paragraph 1.2.

了一个关于"特殊区域和特别敏感海域的确定和保护"的大会决议草案,2011年11月29日,国际海事组织第22次大会批准了该草案,以 A.927(22)号决议形式通过了《关于 MARPOL 73/78 公约下特殊区域的指定指南和关于特别敏感海域的鉴定和指定指南》(以下简称《2001 年指南》),并决定由 A.927(22)号决议取代第 A.720(17)号和 A.885(21)号决议。[①] 2005 年 12 月 1 日,国际海事组织第 24 次大会通过了 A.982(24)号决议,即《修订的特别敏感海域鉴定和指定指南》(以下简称《2005 年指南》),以替代《2001 年指南》。该决议是目前关于特别敏感海域鉴定和指定的最新指导性文件。[②]《2005 年指南》的主要目的在于为成员国在申请特别敏感海域时提供指导,鉴于该区域易受来自国际航运活动的影响,应采取相关保护措施(Associated Protective Measure, APM)以防止该影响,确保在整个过程中,在相关科学、技术、经济、环境信息等方面,各方的利益都被充分地考虑,并为国际海事组织评估这些申请提供指导。[③]

4.2 联合国粮食及农业组织框架下的生物资源养护

4.2.1 深海渔业资源

4.2.1.1 深海底生境及深海鱼类

目前对于"深海"没有一个统一的定义或深度标准。传统上把 200 米作为浅海与深海的分界线;[④] 向下到 4000 米称为半深海(bathyal),4000~6000 米称为深渊(abyssal),6000 米以上称为海沟(hadal)。世界深海物种注册机构(World Register of Deep-Sea Species, WoRDSS)统计了深度为 500 米以上海域的物种数量;目前有 2 万多种深海物种,分四个界:动物界、细菌界、藻物界和原

[①] International Maritime Organization. Resolution A.927 (22). Guidelines for the Designation of Special Areas under MARPOL 73/78 and Guidelines for the Identification and Designation of Particularly Sensitive Sea Areas, London: IMO, 2002-8-10.

[②] International Maritime Organization. Resolution A.982 (24) Revised Guidelines for the Identification and Designation of Particular Sensitive Sea Areas, London: IMO, 2005-12-1.

[③] Ibd②, paragraph 1.4.

[④] Gage J D, Tyler P A. Deep-Sea Biology: A Natural History of Organisms at the Deep-sea Floor. Cambridge: Cambridge University Press, p.504.

生动物界。①

深海捕捞作业的主要渔法有延绳钓、中层拖网、底拖网、流刺网和笼壶类，其中拖网作业是主要的作业方式。根据统计，2006年全球约有285艘渔船从事深海底层渔业生产活动，估计总渔获量为25万吨，60种鱼类。在东北大西洋，捕捞对象有蓝鳕、圆突吻鳕、黑鳍叉尾带鱼、单鳍鳕，有时也会兼捕一些鲨鱼。在西北大西洋，捕捞对象有格陵兰庸鲽、北方长额虾、大西洋鲑和鳐等。主要作业方式是底拖网、中层拖网，也有少量的延绳钓作业。在南大洋，即南极附近海域，主要是用延绳钓的作业方式捕捞两种犬牙鱼，即细鳞犬牙鱼和犬牙南极鱼。在太平洋和印度洋，渔场主要发生在海山和海脊附近，如利用底拖网捕捞棘胸鲷，中层拖网捕捞金眼鲷，延绳钓在南太平洋捕捞石鲈、南极栉鲳、唇指䱵科、细长拟五棘鲷等渔业。在北太平洋还有捕捞深海蟹的笼壶作业。②

2004年，深海渔业活动对海底生境以及对深海鱼类的过度利用等问题首次进入联合国大会决议。第59/25号决议要求，各国以及相关区域渔业管理组织采取紧急行为，以科学为依据，遵循预防性措施，"考虑暂时禁止破坏性捕捞法，包括有损于国家管辖范围以外的脆弱海洋生态系统，包括海底山脉、热液喷口和冷水珊瑚的底拖网捕捞法，直至依照国际法的规定制定适当的养护和管理措施"。同时，呼吁有权管理这些底拖网作业的区域渔业管理组织"依照国际法的规定，在各自的监管区内采取适当的养护和管理措施，以解决破坏性捕捞法，包括有损于脆弱海洋生态系统的底拖网捕捞法所造成的影响，并确保这些措施得到遵守。"③

海山，是独特的环境，具有生物多样性和地方特性，是极具生态价值的脆弱生态系统；全世界几千座海山中，只有约300座依照科学标准进行了彻底抽样调查。④ 热液喷口，是相对较小且具有地方性的海洋地貌，通常存在于各大洋和

---

① http://www.marinespecies.org/deepsea/.

② Alexis Bensch, Matthew Gianni, Dominique Gréboval, et al. Worldwide Review of Bottom Fisheries in the High Seas, FAO Fisheries and Aquaculture Technical Paper 522 Rev.1, Rome, FAO, 2009. See also, FAO, Fisheries Resources Monitoring System (FIRMS), http://firms.fao.org/firms/fishery/755/en#FisheryArea, accessed on July 25, 2014.

③ United Nations. General Assembly Resolution on Sustainable Fisheries, A/RES/59/25, 17 January 2005, paragraphs 66-67.

④ United Nations. Report of the Secretary-General on Actions taken by States and Regional Fisheries Management Organizations and Arrangements in Response to Paragraphs 80 and 83 to 87 of General Assembly Resolution 61/105 and Paragraphs 113 to 117 and 119 to 127 of General Assembly Resolution 64/72 on Sustainable Fisheries, Addressing the Impacts of Bottom Fishing on Vulnerable Marine Ecosystems and the Long-term Sustainability of Deep-sea Fish Stocks (hereinafter as Report of the Secretary-General on VMEs), A/66/307, 15 August 2011, paragraph 8.

各纬度分离型板块边界（海洋中脊）和存在弧后扩张中心的汇聚型板块；虽然喷口生物群落多样性低，但地方特有性强，生物的生命史特征差异可能也较大。① 冷泉，存在于底拖网捕捞和石油化工开采活动更普遍的软底大陆架和斜坡区，比栖息于热液喷口的群落更易受人类活动的干扰。② 冷水珊瑚和水螅虫，是可能或已形成森林、花园和珊瑚礁的品种，是脆弱群落的成员和指示生物，由这些物种组成的生境构成了脆弱海洋生态系统。③

4.2.1.2 联合国大会决议

2006年联合国大会第61/105号决议"欢迎各国和有权监管底鱼捕捞活动的区域渔业管理组织或安排在执行第59/25号决议第66至第69段方面取得进展，并除其他外，就建立新的区域渔业管理组织或安排展开谈判，处理捕捞活动对脆弱海洋生态系统的影响问题确认急需采取进一步行动"。除此之外，该决议还制定了具体措施，即各区域渔业管理组织或安排应根据预防性方法、生态系统方法和国际法等，在2008年12月31日之前采取以下措施：

（1）根据现有最佳科学资料，评估各项底鱼捕捞活动是否会对脆弱海洋生态系统产生重大不利影响，并确保如评估表明这些活动将产生重大不利影响，则对其进行管理以防止这种影响，或不批准进行这些活动；

（2）查明脆弱海洋生态系统，通过改进科学研究及数据收集和分享，并通过新的试探性捕捞，确定底鱼捕捞活动是否会对这些生态系统和深海鱼类种群的长期可持续性造成重大不利影响；

（3）对于根据现有最佳科学资料，确知存在或有可能存在包括海底山脉、热液喷口和冷水珊瑚在内的脆弱海洋生态系统的地区，不对底鱼捕捞开放这些地区，并确保在建立养护和管理措施以防止对脆弱海洋生态系统产生重大不利影响之前，不进行这类活动；

（4）要求区域渔业管理组织或安排的成员规定悬挂本国国旗的船只，在捕捞作业过程中遇到脆弱海洋生态系统的地区，停止底鱼捕捞活动，并报告所遇到的情况，以便能够在相关地点采取适当措施。④

2009年，联合国大会第64/72号决议要求，"2011年进一步审查各国及区域

---

① United Nations. Report of the Secretary-General on VMEs, A/66/307, 15 August 2011, paragraph 12.
② Ibd①, paragraph 13.
③ Ibd①, paragraph 14.
④ United Nations. General Assembly Resolution on Sustainable Fisheries, A/RES/61/105, 6 March 2007, paragraphs 82-83.

渔业管理组织和安排针对第 61/105 号决议第 80 和第 83 至第 87 段及本决议第 117 和第 119 至第 127 段所采取的各项行动,以确保有效执行各项措施,并视需要提出进一步建议"。2011 年联合国大会第 66/68 号决议认为:"尽管取得了进展……要求的紧急行动没有在所有情况下得到充分实施……加强持续执行工作……并吁请参与旨在建立此类组织或安排的谈判的国家以及船旗国,就国家管辖范围以外区域底鱼捕捞采取一些紧急行动。"① "决定 2015 年进一步审查各国和区域渔业管理组织……采取的行动,以确保其中所载措施得到有效实施,并且必要时提出进一步建议。"②

各国和欧洲联盟报告,破坏性捕捞活动对脆弱海洋生态系统的影响是一个严重问题,第 61/105 号和第 64/72 号决议以及联合国粮食及农业组织准则是保护脆弱海洋生态系统不受破坏性捕捞活动所产生的重大不利影响和确保深海鱼类种群的长期可持续性不可或缺的工具(加拿大、挪威、美国)。第 61/105 号决议被视为公海渔业历史上一个分水岭和渔业管理制度的转变。

4.2.1.3 脆弱海洋生态系统

2004 年,联合国大会通过第 59/25 号决议后,2005 年,联合国粮食及农业组织渔业委员会(COFI)第 26 届会议提出为深海渔业制定行为守则和技术指南。2007 年 3 月,联合国粮食及农业组织渔业委员会会议响应 2006 年联合国大会第 61/105 号决议,同意在 2007 年 8 月之前召开专家磋商会,起草《公海深海渔业管理国际准则(草案)》;在 2008 年初完成技术磋商,以使区域渔业管理组织和相关船旗国根据第 61/105 号决议在 2008 年 12 月 31 日前制定相应措施。③为此,联合国粮食及农业组织共召集了 7 次会议,其中专家磋商会 2 次、技术磋商会 2 次、破坏性捕捞研讨会 1 次、深海渔业知识和数据研讨会 1 次以及船长与船队管理者研讨会 1 次。最后于 2008 年 8 月 25—29 日的技术磋商会审议并通过《公海深海渔业管理国际准则》(以下简称《准则》)。《准则》虽属于自愿性准则,但遭到国际水产团体联合会的强烈抵制,该联合会反对在全球公海暂停或禁止底拖网渔业。

---

① Ibd①, A/RES/66/68, 28 March 2012, paragraph 129.
② Ibd①, A/RES/66/68, 28 March 2012, paragraph 137.
③ FAO. Report of the Twenty-Seventh Session of the Committee on Fisheries, 5-9 March 2007, FAO Fisheries Report No. 830, Rome, FAO, 2007, p. 12, paragraph 77.

4.2.2 粮食和农业植物遗传资源

4.2.2.1 《粮食和农业遗传资源国际条约》

粮食和农业植物遗传资源（以下简称"粮农植物遗传资源"）是全球粮食安全的生物基础，它直接或间接地维持着地球上每一个人的生计。粮农植物遗传资源由包含在传统品种、现代栽培品种、作物的野生亲缘种以及其他可食用的野生植物物种中的遗传物质的多样性构成。粮农植物遗传资源是通过农民选育、传统植物育种或现代生物技术等方法进行作物遗传改良不可或缺的原材料，并对于适应无法预测的环境变化以及满足人类未来的需要至为关键。

20 世纪 70 年代末，由于第三世界国家不满西方工业化国家采取的日渐强化的控制植物遗传资源的举措，以及受到全球作物遗传多样性快速消失和植物育种技术进步等因素的激励，联合国粮食及农业组织发起了制定一份专门针对植物遗传资源的国际法律文书的行动。虽然文书草案中的核心规定遭到了部分工业化国家的反对，但联合国粮食及农业组织在 1983 年通过了第一个专门解决植物遗传资源问题的国际文书——《植物遗传资源国际约定》（以下简称《国际约定》）。这是一份自愿的、不具有法律约束力的国际文书，包括有关植物遗传资源的考察、保护、评价、文献记录、获得以及国际合作和安排、财政安全等事项的规定，共计 11 条。《国际约定》的目标是确保具有经济和（或）社会重要性的植物遗传资源，特别是农业植物遗传资源可为植物育种和科学目的而被考察、保护、评价和获得。《国际约定》以普遍接受的原则作为基础，即植物遗传资源是人类遗产，因此可被无限制地获得。根据该原则，控制植物遗传资源的政府和机构，当申请者为科学研究、植物育种或保存的目的而提出请求时，应允许获取这些资源的样本以及允许其出口，样本的获取将是免费的，并以相互交换和共同商定的条件作为基础。

为了吸引更多的国家签署《国际约定》，以及回应来自南北双方的不同关注，从 1985 年开始，联合国粮食及农业组织所属的植物遗传资源委员会（后更名为粮食和农业遗传资源委员会）先后通过了三份决议，从而对《国际约定》的争议部分作出了符合南北双方意愿的解释和澄清。这包括：强调了保护植物新品种国际联盟所规定的"植物育种者权"（即植物新品种权）与《国际约定》不相冲突；提出了"农民权利"的概念，其指源自过去、现在和将来的，农民在保护、改进和取得遗传资源，特别是原产地中心和多样性中心的遗传资源的过程中所做出的贡献的权利；确认了国家对其植物遗传资源拥有主权权利等。

在《国际约定》不断发展和完善的同时，国际社会针对全球生物多样性及其组成部分的保护和可持续利用的谈判取得了重大突破。1992年5月，在联合国环境规划署的主持下，《生物多样性公约》在肯尼亚内罗毕召开的通过生物多样性公约议定文本会议上获得通过，并且在同年6月举行的联合国环境和发展大会上开放供各国签署。除《生物多样性公约》之外，内罗毕会议还通过了第3号决议。该决议特别强调了粮农植物遗传资源的重要性，并竭力主张应当探索各种方式和措施以发展《生物多样性公约》与"粮农植物遗传资源保护和可持续利用全球系统"之间的互补和合作关系。该决议最后指出，"未依据《生物多样性公约》所取得的非原生境收集品的获取问题"和"农民权利"问题是应当在"粮农植物遗传资源保护和可持续利用全球系统"内寻求解决对策的突出问题。

联合国粮食及农业组织对于以上提议和要求给予了积极的回应。1993年12月，联合国粮食及农业组织第27届大会一致通过了第7/93号决议，该决议要求根据与《生物多样性公约》相协调的原则修改《国际约定》。1994年11月，粮食和农业遗传资源委员会召开了第一次特别会议，修改《国际约定》的谈判正式启动。修改《国际约定》的谈判是在粮食和农业遗传资源委员会的主持下，经由该委员会召开的特别会议、例会以及其他专门会议而展开的。谈判中的焦点主要集中在粮农植物遗传资源的获取问题和"农民权利"问题之上。在获取问题上，谈判各方充分考虑到了粮农植物遗传资源的重要性和特殊性，提出了建立一个透明和高效的多边系统的方案，从而便利获取粮农植物遗传资源。然而，各方在多边系统应当包含哪些作物遗传资源的问题上持有的立场相差很大，最后经过艰难谈判商定了一份由64种作物组成的有限作物清单。在"农民权利"的问题上，各方就这一权利的实现方式存在较大分歧。为了推动谈判尽早完成，有关方面提出了易于被各方接受的方案，即实现"农民权利"的责任由各国政府承担，各国在实现"农民权利"的过程中拥有较大的自由度。各方对这一方案未提出任何反对的意见。

经过七年不懈的努力，2001年11月3日，修改《国际约定》谈判的最终成果——《粮食和农业植物遗传资源国际条约》（以下简称《条约》）在联合国粮食及农业组织第31届大会上以116票赞成、0票反对和2票弃权的投票结果获得通过。

《条约》是国际社会针对粮农植物遗传资源的保存、可持续利用及便利获取和惠益分享等问题达成的第一份具有法律约束力的多边条约。2004年6月29日，《条约》正式生效。截至目前，《条约》的实施已经走过了十多年的历程。在这十多年间，《条约》的缔约方数量增加到了131个，其确立的主要制度的实施取得了显著的进展，《条约》对于保障粮食安全和农业可持续发展所具有的重要作用正在不断地显现出来。

4.2.2.2 各方观点

德国对于《条约》实施的态度比较积极，这与其重视农业生物多样性保护以及相关产业的发展有着密切的关系。但是，德国并没有为《条约》的实施制定专门的国内法律，已有的法律框架为其实施活动提供了必要的法律依据。德国采取了一些行政性措施，以推动《条约》在其国内的实施。一个重要的措施就是，为了促进多边系统中的便利获取的实现，德国将其持有的108 675份材料纳入了多边系统，并通过"协定"进行转让。

荷兰和德国一样，也没有制定专门的有关获取和惠益分享的国内法律制度，其在获取和惠益分享多边系统的实施上采取的是行政性措施。2007年，荷兰推出了一个举措，即在获取荷兰遗传资源中心的收集品时必须使用《条约》管理机构已经通过的"协定"。2008年，荷兰通知《条约》秘书处，其国内四个保存机构的18 510份材料被纳入了《条约》的多边系统。

挪威、丹麦、冰岛、芬兰及瑞典这5个北欧国家通过北欧遗传资源中心向多边系统纳入了24 713份材料，这些材料的转让将通过"协定"加以安排。此外，挪威还将《条约》附件一所列并且属于挪威政府所有的材料纳入了多边系统，并通过"协定"进行分发。在融资战略的实施上，挪威开创了一个捐款的先河，其宣布从2009年起，每年将向"惠益分享基金"捐赠其国内所有已售种子年收入的0.1%。

埃塞俄比亚拥有极为丰富的生物多样性，其在《生物多样性公约》和《条约》的实施上采取了立法性措施。2006年，埃塞俄比亚颁布了一部名为"关于获取遗传资源和社区知识，以及社区权利的第482/2006号公告"的法律。该部法律第三部分"获取的条件"第15条"特别获取许可证"包含一条与《条约》中获取和惠益分享多边系统的实施有关的重要规定。该规定的内容为："在埃塞俄比亚作为一方的获取多边系统下的遗传资源的获取应根据明确规定的条件和程序而进行。实施多边系统中的遗传资源的获取所依据的条件和程序应由条例加以决定。"这条规定实际上是一个授权性规定，但它为《条约》多边系统在埃塞俄比亚的实施创设了必要的法律空间。

巴西作为生物多样性极其丰富的发展中国家，在其实施《生物多样性公约》的国内立法中就已经考虑到作为缔约方在未来实施《条约》的需要，即使《条约》当时尚未正式缔结。巴西关于获取和惠益分享的第2.186-16号临时措施（2001年）第19条规定："在巴西作为缔约国的国际协定（包括有关粮食安全的协定）中便利交换的物种的某个遗传遗产成分样本的发送应当根据上述协定规定的条件而进行。"巴西的国内立法在此体现出了一定的前瞻性，它也反映了巴西对于《条约》的实施持有比较积极的态度。2009年5月，巴西农业研究集团通知《条约》秘书处，其所维持的5个不同收集品种的2377份种质从通知之日起被纳入多边系统，关于这些种质的基本信息和请求样本的程序通过网站可以获得。

印度是世界上生物多样性非常丰富的国家之一，其在国际论坛上对制止发达国家不当利用其遗传资源和传统知识，以及阻止农业生物多样性消失的问题相当关注。印度在实施《条约》关于"农民权利"的规定方面取得了很大的进展。2001年印度颁布了《植物品种和农民权利保护法》，这部法律对与"育种者品种"同等重要的"农民品种"的登记作出了规定。根据规定，申请登记的"农民品种"被要求满足特异性、一致性和稳定性的标准（但未被要求满足新颖性的要求）。该法要求育种者或任何申请某个植物品种登记的人应当宣示其为开发新品种所获得材料是合法取得的，以及披露在开发该品种的过程中所使用的由部落或农村家庭保存的遗传材料。该法还确保对于根据本法所登记的植物品种的开发做出贡献的任何村落或当地社区获得应有的补偿，这种补偿将被存入国家遗传基金。该法的另一个重要规定是，认可和奖励通过选择和保持对地方品种和经济植物野生近缘种的遗传资源加以保存的农民，这种奖励将由国家遗传基金支付。在获取和惠益分享多边系统的实施方面，印度还未推出立法性措施，但其已拟定了一个包含26 563份材料的清单，这些材料将被纳入多边系统并通过"协定"予以转让。

在区域性层面上，一些区域性机构或组织正在采取协调性的行动，从而实施《条约》获取和惠益分享多边系统，这以欧洲区域、阿拉伯农业发展组织以及太平洋共同体为代表。

45个欧洲国家在欧洲建立了一个保存和可持续利用粮农植物遗传资源的区域合作体系，这一新的体系被称为"欧洲遗传库一体化体系"。该体系是在"欧洲植物遗传资源合作计划"的框架下所开发的，它促成了一个欧洲遗传库的建立，该遗传库包括由每个国家指定的并经筛选的样品。被指定作为欧洲遗传库组成部分的材料继续由相关国家保存，但是将根据商定的质量标准加以维持，并且在欧洲范围内和范围外遵照《条约》所列条款和条件以及使用"协定"自由提供。通过以上措施，欧洲国家计划分担与粮农植物遗传资源的保存和可持续利用有关的责任，并因此在欧洲开发了一个更加高效的区域体系。《条约》附件一所列以及未被附件一所列的材料都可能被指定为欧洲遗传库的组成部分。

为了实施《条约》，阿拉伯农业发展组织已经制定了一部示范性的法律文件——《管理粮食和农业植物遗传资源之新示范法》。这部示范性法律已经向阿拉伯联盟22个成员国发布，以便它们在实施《条约》的过程中予以考虑。

太平洋共同体秘书处与太平洋岛屿国家针对多边系统的实施达成了一份行政性计划——《任命太平洋共同体秘书处作为处理〈条约〉获取和惠益分享多边系统中的材料请求的协议》。这份计划授权太平洋共同体秘书处在实施多边系统的过程中作为太平洋岛屿国家的代理人，代理它们处理来自本区域之外的获取请求以及获取本区域之外的其他国家材料的请求。

4.3　国际海底管理局

国际海底管理局代表《联合国海洋法公约》（以下简称《公约》）缔约国负责管理"区域"内矿物资源，包括这些资源的探矿、勘探和开发活动。作为国际海底管理局责任的一部分，其负责采取必要措施，以确保有效保护海洋环境，使其免受这类活动可能产生的有害影响。为此目的，国际海底管理局必须制定适当的规则、规章和程序，以实现下列目标：

（1）防止、减少和控制对包括海岸在内的海洋环境的污染和其他危害，并防止干扰海洋环境的生态平衡，特别注意使其不受诸如钻探、挖泥、挖凿、废物处置等活动，以及建造和操作或维修与这种活动有关的设施、管道和其他装置所产生的有害影响；

（2）保护和养护"区域"的自然资源，并防止对海洋环境中动植物的损害。

联合国大会在关于海洋和海洋法的各项决议中重申，国际海底管理局必须按照《公约》第一四五条继续拟订规则、规章和程序，以确保切实保护海洋环境，保护和养护"区域"的自然资源，防止"区域"内活动可能产生的有害影响对"区域"动植物造成损害。大会在这些决议中注意到《公约》第一四三和第一四五条赋予国际海底管理局的责任的重要性，这两条分别涉及海洋科学研究和海洋环境保护问题。

国际海底管理局在 2000 年、2010 年和 2012 年就国际海底区域内的三种矿产资源，即多金属结核、多金属硫化物和富钴铁锰结壳，先后通过了三个"探矿和勘探规章"——《"区域"内多金属结核探矿和勘探规章》《"区域"内多金属硫化物探矿和勘探规章》和《"区域"内富钴铁锰结壳探矿和勘探规章》，对参与深海底采矿的探矿和勘探阶段活动的国家和国家赞助实体规定全面的环境保护义务。在有关"区域"的每一活动阶段，探矿者和承包者有实质责任，评估和监测他们的业务活动对"区域"海洋环境的影响。在要求国际海底管理局批准探寻多金属结核矿床时，勘探者必须在其通知书中包括令人满意的书面承诺，表明探矿者会遵守《公约》和有关保护和保全海洋环境的国际海底管理局相关规则、规章和程序。探矿者还必须提交关于探矿活动情况的年度报告，在报告中提供资料说明其对国际海底管理局关于保护和保全海洋环境的规章的遵守情况。

法律和技术委员会在 2011 年第十七届会议上，向理事会提交了克拉里昂-克利珀顿区的环境管理计划。2012 年，国际海底管理局审议通过首个区域环境保护计划——《克拉里昂-克利珀顿区环境管理计划》（以下简称《管理计划》），该计划包括设立 9 个有特别环境关注的区域，以保护克拉里昂-克利珀顿区（以下简称"C-C 区"）的生物多样性、生态系统结构和功能不受海底采矿的潜在影响，这是落实国际海底管理局及其承包者的环保责任的一种管理措施。在设计特别环境关注区（Areas of Particular Environmental Interest，APEIs）时，具有重要生态或生物学意义的海洋区域科学标准尚未制定出台，但考虑了：①脆弱海洋生态系统；②足以代表各不同生物地理区域的所有各种生态系统、生境、群落和物种的地区；③面积足以确保选定保护的地貌的生态活力和完整性的地区。

4.4 世界贸易组织

4.4.1 发展趋势

世界贸易组织（WTO）成立于 1995 年，是通过在成员国中实施贸易协定来规范国际贸易的国际组织。世界贸易组织的其中一项协定——《与贸易有关的知识产权协定》（TRIPs）提出了与《生物多样性公约》有关的问题，特别是获取和惠益分享的问题。

《与贸易有关的知识产权协定》于 1994 年通过,是世界贸易组织的支柱之一,把知识产权规则引入到了多边贸易系统内。《与贸易有关的知识产权协定》的一些规定,特别是第 27 条的规定在实施《生物多样性公约关于获取遗传资源和公正公平分享其利用所产生惠益的名古屋议定书》(以下简称《名古屋议定书》)过程中应予以考虑。第 27 条规定了成员国有义务给予哪些发明专利保护,哪些可以排除在可专利范围之外。专利是由一个国家授予给申请人在一定时间内拥有的一项知识产权,以使该发明能够向公众公开。通常专利权给予专利持有人排他性的权利,可以禁止非经专利权人许可的人制造、使用、销售或分发受专利保护的发明。

根据《与贸易有关的知识产权协定》第 27 条第 1 款,可以获得专利保护的发明包括所有领域的技术的产品和方法。另外,该发明应符合专利的三项基本要求:①新颖性,是指该产品或方法必须是新的;②创造性,即该发明非显而易见或足够创新;③工业实用性,即该发明必须是有用的。

专利对于利用遗传资源及其相关传统知识的使用者用来保护其研究和发明获得的产品或方法是非常有用的工具,也就是说,专利对于保护遗传资源利用者的创新和投资是非常重要的。但同时,资源提供国很担心事先知情同意、共同商定条件和公平、公正分享惠益等原则是否在专利过程中得到了尊重。

《与贸易有关的知识产权协定》第 27 条第 3 款(b)项规定了植物和动物发明,以及植物品种的可专利性和不可专利性。成员国被允许排除一些发明在专利范围之外,比如植物、动物和其他生物过程,但微生物和非生物过程应纳入可专利范围。植物品种应可以获得专利或特殊形式,或两者皆有的保护。

有关《名古屋议定书》和世界贸易组织条款关系的争议主要集中在遗传资源和与遗传资源有关的传统知识的来源披露,以及遵守原产国获取和惠益分享法律的问题上。这些问题根据《与贸易有关的知识产权协定》目前的规定都不是获得专利保护应符合的条件。因此,是否应该修改《与贸易有关的知识产权协定》,使之有类似的专利要求的规定以促进《与贸易有关的知识产权协定》和《名古屋议定书》相互支持的问题正在被讨论。

4.4.2 各方观点

不少国家提出了使《名古屋议定书》和《与贸易有关的知识产权协定》实现相互支持的方案。玻利维亚、巴西、哥伦比亚、古巴、多米尼加共和国、厄瓜多尔、印度、秘鲁和泰国要求修改《与贸易有关的知识产权协定》的规定，加入来源披露的强制性要求在专利申请中，申请人有义务披露所获得遗传资源及其传统知识的原产国，若申请人未能提供，将不予受理申请。

瑞士提出知识产权问题应该在世界知识产权组织框架下解决，要求修改世界知识产权组织的专利合作条约，可以包括在专利申请中披露来源的义务——即授予遗传资源获取和/或与遗传资源相关的传统知识获取并参与了分享因其所利用产生的惠益的政府机构。专利合作条约中的处罚条款可以用于来源披露的违法情况。欧盟则主张专利申请人可以被要求披露在发明中所使用的遗传资源或传统知识的地域来源。但是这一义务不同于获得专利的要求，违反来源披露义务的法律后果也可以不同于获得专利程序。

美国提出基于《生物多样性公约》和《与贸易有关的知识产权协定》并没有冲突的理解，制定与专利制度区分开来的国内立法可能可以同时促进《生物多样性公约》和《与贸易有关的知识产权协定》的目标的实现。惠益分享可以通过基于国内的立法与合同规定来实现，合同的条款可包括来源披露的义务。

4.5 世界知识产权组织

4.5.1 发展趋势

"世界知识产权组织"（The World Intellectual Property Organization，WIPO）是联合国下有关知识产权的组织，直到 2014 年 4 月为止，有 187 个成员国。总部设在瑞士日内瓦的世界知识产权组织，是联合国组织系统中的 16 个专门机构之一。它管理着涉及知识产权保护各个方面的 24 项（16 部关于工业产权，7 部关于版权，加上《建立世界知识产权组织公约》）国际条约。其中，与专利相关的条约有：《专利法条约》（Patent Law Treaty）、《保护工业产权巴黎公约》（Paris Convention for the Protection of Industrial Property）。

2000 年 9 月 26 日至 10 月 3 日举行的世界知识产权组织第 26 届成员国大会上建立了一个关于知识产权与遗传资源、传统知识和民间文学艺术政府间委员会（IGC），主要任务是拟定一部或多部国际法律文书的案文，以确保传统知识（TK）、传统文化表现形式（TCE）和遗传资源（GR）得到有效保护。

尽管该委员会自成立之初就致力于制定有关遗传资源来源信息披露的可行的运作机制，但是由于发达国家与发展中国家的尖锐对立，前者支持自愿披露制度，而后者则强烈要求强制披露以保护自身的遗传资源，世界知识产权组织有关遗产资源的知识产权的问题的讨论仍然停留在理论层面，并没有形成相关的有约束力的文件。从历届大会制作的文件来看，有关遗传资源及相关传统知识产权的讨论至今仍然停留在务虚阶段，即其讨论成果仍然停留在建议阶段，并未能真正进入修改国际专利制度的实质过程。

4.5.2 各方观点

知识产权与遗传资源、传统知识和民间文学艺术政府间委员会第28次会议通过关于遗传资源与知识产权的成果文件，包括：①2014年6月2日关于知识产权与遗传资源的合并文件；[1] ②2014年5月9日关于遗传资源及相关传统知识的联合建议；[2] ③2014年5月9日关于由世界知识产权组织秘书处对避免错误授予专利和遵守现有获取与惠益分享制度的相关措施进行研究的职责范围提案。[3]

就"关于知识产权与遗传资源的合并文件"而言，以及结合历届大会文件来看，其最大的成果在于进一步巩固了有关遗传资源的专业术语的概念。比如，"'遗传材料'是指来自植物、动物、微生物或其他来源的任何含有遗传功能单位的材料""'遗传资源'是具有实际或潜在价值的遗传材料"。

而对"关于遗传资源及相关传统知识的联合建议"来说，其在某种程度上是对世界知识产权组织第27届成员国大会中就该问题作出的讨论的否定。实际上，该联合建议已经在上届大会上做过讨论，但是美国、韩国以及加拿大等国家代表团再次向世界知识产权组织国际局提出请求，要求对联合建议再次讨论。就其内容而言，联合建议总体上肯定了大会前27届的努力成果，但不可否认的是，该建议倾向于现行的国际知识产权体系。比如，建议提出"保持专利制度提供的创新激励机制"，换言之，就是要求对专利信息保密，使获得遗传资源专利者可以垄断身份获得巨大利润，其实质上是反对建立遗传资源的强制披露制度。所谓"创新激励机制"，一定程度上等于对专利信息不公开。既然联合建议在第27届大会上已经作出讨论，那么，上述国家代表团再次提请讨论，其用意不言自明，就是反对通过专利制度来实施遗传资源来源披露义务。

关于由世界知识产权组织秘书处对避免错误授予专利和遵守现有获取和惠益分享制度的相关措施进行研究的职责范围提案，就提案内容而言，其主要对

---

[1] WIPO/GRTKF/IC/28/4.
[2] WIPO/GRTKF/IC/28/7.
[3] WIPO/GRTKF/IC/28/9.

遗传资源来源披露制度提出质疑。例如，提案提出，公开要求对遵守遗传资源获取与惠益分享机制有何影响？对于不同利益攸关方和全社会，公开要求对专利制度的公信力有何影响？总而言之，该提案虽然都是以问题的方式提出，但从其提问的角度可以发现，提案也是反对建立遗传资源来源披露制度的。

从上述三份文件不难看出，在知识产权与遗传资源、传统知识和民间文学艺术政府间委员会的讨论中，可以说支持现有的世界知识产权体系的发达国家是占优势的。尽管大会文件并没有肯定发达国家的意见，但是文件中却少有支持建立遗传资源来源披露制度的国家的声音。

此外，所有这些成果大多只是停留在建议或是草案阶段，其很难甚至不能对现行的国际专利制度产生任何影响。因此，世界知识产权组织框架下的知识产权与遗传资源、传统知识和民间文学艺术政府间委员会在一定程度上只是一个研究机构，其目前主要的职能在于讨论有关遗传资源与知识产权的问题，实际影响有限。至于对于建立知识产权披露制度而言，知识产权与遗传资源、传统知识及民间文学艺术政府间委员会更多的是无能为力。

5 划区管理工具

5.1 公海保护区

通常认为公海保护区（High Seas Marine Protected Areas）是为保护和有效管理海洋资源、环境、生物多样性或历史遗迹等而在国家管辖范围以外区域设立的海洋保护区。公海保护区与一般保护区的最主要区别在于：一般的海洋保护区在沿海国的主权或管辖权范围内，而公海保护区不受任何沿海国的独立管辖。

区域海洋管理组织依据区域性的海洋公约在其所辖公海或国际海底区域设立保护区。此类公海保护区在设立目的、管理形式等方面均与一般意义的海洋保护区无异，是严格意义的公海保护区。国际社会重点讨论的公海保护区一般指这类。直至目前，此类保护区只有三个：

（1）意大利、法国和摩洛哥根据《为海洋哺乳动物建立地中海保护区的条约》于2002年在地中海设立派拉格斯（Pelagos）海洋保护区；

（2）奥斯陆—巴黎委员会根据《保护东北大西洋海洋环境公约》（也称《奥斯陆—巴黎公约》，OSPAR）于2010年在大西洋设立的奥斯陆—巴黎海洋保护区网络；

（3）根据《南极海洋生物资源养护公约》于2009年设立的南奥克尼群岛（South Orkneys）海洋保护区。

5.1.1 派拉格斯海洋保护区

2005年，地中海综合渔业委员会（General Fisheries Commission for the Mediterranean，GFCM）[①]通过建议，要求成员在深度大于1000米的地区禁止使用拖曳船和拖网进行渔业活动。2006年，地中海综合渔业委员会宣布了三个具体地区已作为渔业禁区，以保护珊瑚，冷油气渗漏（cold hydrocarbon seeps）和海山。

---

① http://www.fao.org/gfcm/en/.

而法国、意大利和摩纳哥派拉格斯公海保护区是一个典型的试验。

5.1.1.1 保护区的建立

1976年《地中海防止污染公约》于1995年6月修订为《保护地中海海洋环境和沿海区域公约》，即《巴塞罗那公约》（Barcelona Convention），同时通过了《特殊保护区域议定书》（Protocol on Specially Protected Areas to the Barcelona Convention）。该议定书于1999年生效，适用于整个地中海区域，包括其海底、底土和公海。据此议定书建立地中海包括公海在内的具有重要性的特别保护区域（Specially Protected Areas of Mediterranean Importance，SPAMIs）清单。如果该区域部分地方或全部位于公海，则公海保护区的建立由相关的两个或更多毗邻国家建立。经过十年的讨论和信息共享，1999年11月25日，法国、意大利和摩纳哥在罗马签署了《建立地中海海洋哺乳动物保护区协议》，该协议自三国批准后于2002年2月21日生效。根据该协议，由三国共同建立了地中海派拉格斯海洋保护区。该保护区是世界上第一个涵盖公海海域的海洋保护区，西部是Point Escampobariou（Giens半岛西部：43°01′70″N，06°05′90″E）与Cape Falcone（位于撒丁岛西海岸：40°58′00″N，08°12′00″E）连线；东部是Cape Ferro（位于撒丁岛东北海岸：41°09′18″N，09°31′18″E）与Fosso Chiarone（位于意大利西部海岸：42°21′24″N，11°31′00″E）连线。保护区面积为87 500平方千米，相当于两个瑞士的国土面积，覆盖法国、意大利和摩纳哥水域及部分公海，其中约53%位于周边国家管辖海域范围之外。

2001年，该保护区被列入具有重要性的特别保护区域名单中，从实际上说明了关于地中海特别保护区和地中海生物多样性的协议的创新性质。将该保护区列入名单获得了针对地中海保护的《巴塞罗那公约》签约国的官方认可。

5.1.1.2 目标和行动计划

派格拉斯公海保护区是为了保护海洋哺乳动物免受各种形式人类活动的干扰而设立的，涉及的主要物种是海豚和鲸鱼，保护区的目标是协调社会经济活动的和谐发展与对生境和物种的保护。[①] 为此目的，每个协议缔约方都与其他各方，也与其他组织协商其政策和管理项目。保护区的战略之一是要实现各种技术、科学、教育和法律资源的协同配合，用于协调海区内的社会经济和生态利益。

---

① 派格拉斯公海保护区是海豚的主要捕食区，它们的密度比地中海其他海域要高2~4倍，所以设立保护区将为鲸和海豚等海洋濒危物种提供良好的保护。

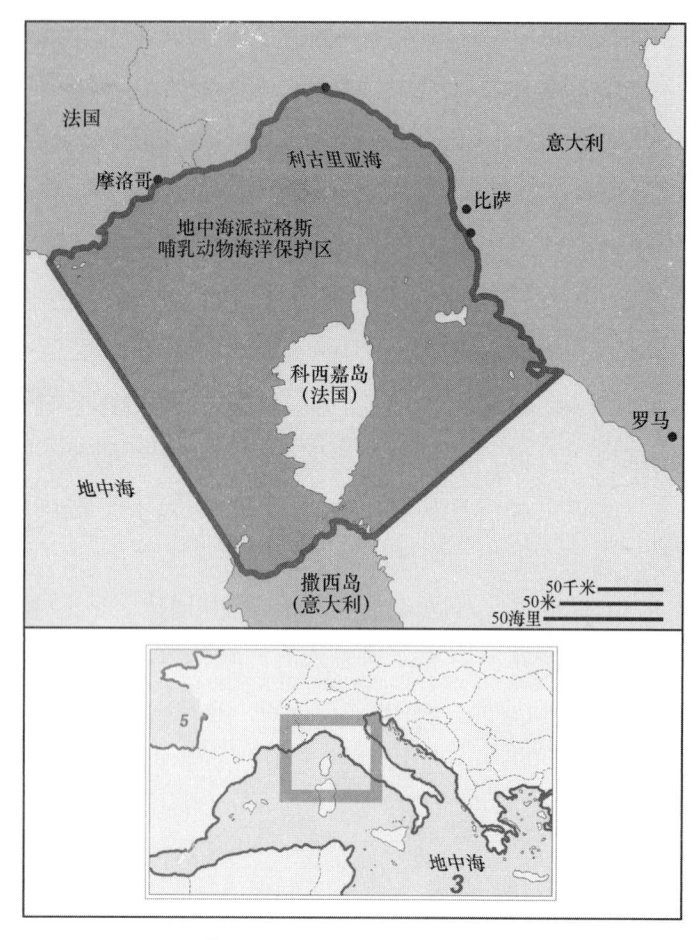

派拉格斯公海保护区的地理位置

根据《建立地中海海洋哺乳动物保护区协议》，保护区由法国、意大利和摩纳哥三个国家共同协调对该海域进行监管。保护区设有常设秘书处，秘书处于2006年设立，帮助缔约各方执行相关管理计划，并通过确定重要主题的联合会议协调各方行动。2007年，秘书处搬至位于意大利利古里亚区腹地的热那亚。根据《特殊保护区域议定书》，三国具有决定采取何种管理形式。根据《建立地中海海洋哺乳动物保护区协议》，三国可采取适当的措施，通过保护海洋哺乳动物及其生境防止任何由于人类活动导致的直接或间接的消极影响，以确保养护现状。为此，保护区的管理从以下几个方面展开：首先，各缔约方之间以及与其他有关组织之间政策和管理项目的协商及协调，有关组织包括《黑海和地中海鲸保护协议》（Agreement on the Conservation of Cetaceans of the Black and Mediterranean Seas, ACCOBAMS）、地中海综合渔业委员会等。保护区也是旨在实现各种技术、科学、教育和法律资源的协同配合，协调海区内广泛的经济和自然利益。其次，缔约方之间的信息交流。为了确保协议所包含的措施的实施，缔约方呼吁，特别是对海洋污染负有责任的机构，同意交换所有有关的记录信息。再次，制订更具体的行动计划。已经建立综合性的《派拉格斯保护区管理计划》（the Pelagos Sanctuary Management Plan），并配合以相应的执行计划（Implementation Plan）、监测计划（Monitoring Plan）、生态学和社会—经济研究项目等予以实际贯彻以及进行有效性的评估。《派拉格斯保护区管理计划》基于更广泛的生态系统一级的管理理念，强调不仅要对包括局地鲸数量及其生境有明确的认知，还要对包括鲸数量生态学及其生命支持系统形成的认识。为此，保护区管理计划紧密结合《黑海和地中海鲸保护协议》考虑其管辖以内及以外的所有面临的威胁和受到的影响。此外，该管理计划还致力于加强了解，即这些物理生物学相互作用是如何一年一年的影响生态系统结构及物种分布的。《派拉格斯保护区管理计划》明确说明了保护区的目标。这些目标是涉及领域广泛的总体目标，为保护区的管理设置了一个有形的目标，有助于引导保护区的执行计划和为评估保护区的有效性制订监测计划。重要行动计划包括：海上监控方协调管理人类活动、建立三国数据库、建立网站、鲸类监控与海豚共游和海豚治疗、渔业捕捞和养殖、海上交通和商业海洋运输、科学研究和监控、鲸类统计和人口估算。这构成了满足派拉格斯保护区管理目标的协同有效行动的基础。法国、意大利和摩纳哥还发行了一个宣传册，并通过了《鲸类监控行为法》，而且缔约方还召开了多次会议，以便更广泛地宣传保护区。

根据上述文件，该保护区内采取的主要保护措施包括：①加强对保护区内污染源的控制，将对污染和噪声采取更严格的防范措施；②对捕鱼业的规定更严厉，特别是要禁止使用拖网；③协议各方合作，旨在阶段性地对海洋哺乳动物状况及其生境等进行评估；④协议各方应当在保护区内开展监测活动，加强对各种污染形式的抵制；⑤其他措施，例如，禁止有意地捕获或故意干扰、其他休闲类活动的控制。

虽然在如此大的面积内和在大量开发的环境内对鲸类种群提供保护是一件艰巨的工作，但派拉格斯保护区已经取得了许多积极的成果，包括：①采取对于建立和实施管理计划来说是罕见的但必要的步骤；②保护区成立约15年后，派拉格斯保护区的实施过程从最初具有保护理念的个人和组织所推动的"设想"阶段过渡到"行政—体制"阶段，目前，正在积极完善管理机制和管理机构。海洋保护区的管理比保护问题更重要。现在的问题是确定由谁管理和怎样管理。

5.1.1.3 意义

首先,地中海派拉格斯海洋保护区的设立对地中海公海生物资源保护的示范效应。它为大范围区域保护、以生态系统为基础的管理、公海保护区、区域海洋协定效用、物种的利用和宣传保护理念提供了一个样板。《派拉格斯保护区管理计划》中规定的目标最初是保护海洋哺乳动物种群及其生境,但是有可能扩展到该地区鲸类的保护,以及与利古里亚海物理—生物过程的生产力提升有关的更广泛的生态系统一级的保护。生态系统一级管理目标的确认,为该保护区的管理提供了切实的方向,从而有助于执行计划以及评估其有效性的监测计划的设计、调整。除了《派拉格斯保护区管理计划》预想的生态学项目和社会—经济研究项目外,还需要建立比上述一般的保护区目的更可量化的切实的目标。由此,使得更宽泛的管理目标与现场监测计划联系起来,这些可量化的目标将有助于帮助确认那些对达到管理目标有重要意义的生境、过程和威胁。同时,这项工作将促成在更宽泛的地中海范围内的研究。因此,《派拉格斯保护区管理计划》和可量化的监测计划的建立对于确保该保护区的有效管理,以及利古里亚海鲸类的长期保护非常重要。这种双重措施将为保护区的长期管理,以及评估保护区有效性的指导方针提供必需的信息基础。此外,相关的海洋学、生态学和社会经济因素的大量信息也使派拉格斯保护区与区外其他鲸类和生态系统的保护形成一体,从而未来的利古里亚海长期的鲸类保护,或者说是对公海生态一级的有效管理将受益于此。换句话说,派拉格斯保护区的管理机制为公海生物资源的保护提供了一种潜在模式。

其次,生态利益的维护。建立海洋保护区有利于提升公众意识,促使三国政府采取自主措施以尽量减少对该区域内的环境影响,能潜在地增加保护区内的生物数量,提高物种的平均体积大小,并通过使物种达到更大体积来增加繁殖产量。具有相当说服力的证据表明,封闭区的物种丰度和生物量有所增加。派拉格斯海洋保护区的成立就是基于在利古里亚海中发现大量长须鲸和许多其他的鲸种类,且现有鲸类正面临巨大的威胁。海洋保护区通过减少对营养结构的影响,提高栖息地的环境质量,增加社会整体的稳定,创建或加强生态旅游等非开采性用途,减少资源用户之间的冲突,并创建具有内在价值的领域和为科学研究提供基线系统。

再次,经济利益的提升。海洋保护区如果保护得当,这里的鱼类数量会逐渐复苏,临近海域的海鲜产量也会增加,并拉动本地社区经济的发展。事实证明，海洋保护区的建立可以拉动包括渔业、旅游业等在内的本地区经济的发展。

最后，相关国家权益的有效维护。派拉格斯保护区位于地中海，这个海域资源丰富，地理位置独特。地中海所有沿海国家由于其领海所占面积而管辖地中海40%的区域，而余下的60%为公共区域。如果地中海的每个沿海国都主张其专属经济区，那么地中海的每一部分都会处于国家管辖范围内，因而就不会有真正意义上的公海。因此，超出地中海各沿海国领海范围以外的区域可以暂时成为所有相关国家的共同领域。在该海域建立公海保护区，有利于更好地维护法国、意大利和摩纳哥在地中海管辖海域及公关海域的科学研究活动、渔业资源保护和海上运输等海洋权益。

5.1.2 东北大西洋公海保护区

为了保护东北大西洋的海洋环境和海洋生物多样性，西欧、北欧国家于1992年缔结了《奥斯陆—巴黎公约》，[①] 该公约覆盖的水域有三分之二属于公海水域，并设立了奥斯陆—巴黎委员会，[②] 由其具体负责保护策略的制定和实施。

2010年，奥斯陆—巴黎委员会设立了奥斯陆—巴黎海洋保护区网络。该网络由6个公海保护区构成，分别是查理·吉布斯破碎带南段（位于"区域"）、亚速尔群岛以北大西洋中脊（位于外大陆架）、米尔恩海山区（位于公海）、阿尔泰海山区（位于公海）、安蒂阿尔泰海山区（位于公海）以及约瑟芬海山区（位于公海），保护区总面积约45万平方千米。2012年，奥斯陆—巴黎委员会在北大西洋北部海域新设立了面积约为18万平方千米的查理·吉布斯北部公海保护区。查理·吉布斯北部公海保护区位于冷暖水团的交汇处，具有很高的生产力，同时是深水鲨鱼、蓝鲸、棱皮龟和大西洋胸棘鲷等濒危物种的栖息地。该保护区的保护对象是保护区范围内的水体，暂不包括海床和底土。

奥斯陆—巴黎委员会已经建立了7个公海保护区。这些海洋保护区与国家管辖范围内海洋保护区网络相结合，占《奥斯陆—巴黎公约》总覆盖面积的3.1%。这些区域位于东北大西洋沿岸国家管辖以外的海域，组成了大西洋第一个国家管辖海域以外的公海海洋保护区网络。上述7个保护区均位于沿海国200

---

① 东北大西洋和北海区域的沿岸国有丹麦、芬兰、法国、德国、冰岛、英国、爱尔兰、挪威、荷兰、瑞典、西班牙、葡萄牙、比利时等国。这个区域的沿岸国于1972年签订《防止船舶和飞机倾弃废物污染海洋公约》，于1974年签订《防止陆源海洋污染公约》。1992年，两个公约的缔约国签订了《保护东北大西洋海洋环境公约》以取代这两个公约。

② 奥斯陆—巴黎委员会由15个成员国的代表和欧洲欧盟委员会的代表组成，以与欧盟共同渔业政策相协调。

海里范围以外,但有些保护区还位于沿海国主张的 200 海里以外大陆架上。根据其位置和保护对象的不同,这些保护区可被分为三类:①查理·吉布斯南部保护区和米尔恩海山保护区的保护对象包括保护区范围内的海床、底土和水体,它们均完全在国家管辖范围以外;②亚速尔群岛北部大西洋中脊保护区、阿尔泰海山保护区、安蒂阿尔泰保护区和约瑟芬海山保护区的保护对象也包括保护区范围内的海床、底土和水体,其海床和底土部分是葡萄牙主张的外大陆架,葡萄牙将负责采取必要的措施对海底的生境进行管理,其水体部分属于公海,奥斯陆—巴黎委员会将在受葡萄牙邀请的前提下,承担对这些水体部分的保护责任;③查理·吉布斯北部保护区的保护对象只是保护区范围内的水体部分,水体以下的海床和底土是冰岛主张的外大陆架,不在保护之列。

东北大西洋公海保护区

编　号	名　称	生效日期
OSPAR 10/23/1-E, Annex 34	米尔恩海山区	2011 年 4 月 12 日
OSPAR 10/23/1-E, Annex 36	查理·吉布斯南部保护区	2011 年 4 月 12 日
OSPAR 10/23/1-E, Annex 38	阿尔泰公海海山区	2011 年 4 月 12 日
OSPAR 10/23/1-E, Annex 40	安蒂阿尔泰公海海山区	2011 年 4 月 12 日
OSPAR 10/23/1-E, Annex 42	约瑟芬公海海山区	2011 年 4 月 12 日
OSPAR 10/23/1-E, Annex 44	亚速尔群岛公海以北大西洋中脊	2011 年 4 月 12 日
OSPAR 12/22/1, Annex 6	查理·吉布斯北部公海保护区	2013 年 1 月 14 日

5.1.2.1　建立的过程

第一个过程基于三个不同的阶段:①可能地点的确认;②用于选定的地点确立优先性;③运用一系列标准,以求符合奥斯陆—巴黎海洋保护区网络的目标。这类过程高度依赖于各个缔约方所提供的科学知识和数据。

在确认具有可能性的地点方面,依赖于以下几个因素。

第一,将奥斯陆—巴黎委员会在海洋保护区确认和选择方面提供的指导原则,随后又予以更新的那些生态标准和考虑予以界定和细化。如果一个地区符合系文件中所确立的若干标准,则符合选择的基本要求。这些标准包括:受威胁的或者正在衰落的物种和栖息地、群落环境;重要的物种和栖息地、群落环境;具有生态学意义;高度自然的生物多样性;代表性;敏感性;自然性。对于生态相容性的进一步评估于 2006 年进行,经确认的主要标准为代表性、联结性、复制性和充足性/变化性。这些新标准也已经被波罗的海海上环境保护委员会网络所采用，以达到更好协调的目的。

生态标准与考虑因素

一个地区如果能符合下列标准中的数个（不必是全部），就有资格作为一个海洋保护区的备选地。对于这些标准的考虑和评估应当基于最佳可得的专业科学技术和知识。

1. 受威胁的或者正在衰落的物种和栖息地、群落环境

《奥斯陆—巴黎公约》在 Texel-Faial 选择的过程中确认，如果一个地点存在着直接处于威胁之下或者正在迅速衰落的物种和栖息地、群落环境和生态过程，此类地区的重要性极为重要。

2. 重要的物种和栖息地、群落环境

《奥斯陆—巴黎公约》在 Texel-Faial 选择的过程中也确认，如果一个地区与其他地区相比，在物种和栖息地、群落生态环境方面具有更加重要的意义，则该因素会被考虑。

3. 生态学意义

有关地区如果拥有以下特征，也会被考虑：

（1）某一栖息地、群落生态环境的类型或者某一处于生命循环任何阶段的物种的生物地理种群量具有较高比例；

（2）重要的喂养、繁殖、过冬或休憩地区；

（3）重要的养殖、育雏或产卵地区；

（4）代表性的物种或特征，具有较高的自然生物生产力。

4. 高度自然的生物多样性

即一个地区与别处同样的栖息地、群落生态环境相比较，自然地拥有较高的生物多样性，或者与别处同样的栖息地、群落生态环境相比较，包括了广泛多样的栖息地、群落生态环境。

5. 代表性

有关地区包含若干栖息地、群落生态环境类型，而栖息地、群落生态环境的复杂性、物种、声带过程或者其他自然特性，可以代表作为一个整体的奥斯陆—巴黎海洋地区或者可以代表其不同的生物地理区域和次区域。

6. 敏感性

有关地区包含较高比例极其敏感的栖息地、群落生态环境或物种。

7. 自然性

有关地区包含较高程度的自然性，其所具有的物种和栖息地、群落生态环境类型仍然处于非常自然的状态，并没有被人类活动所干扰而造成退化。

第二，确立选定的地点优先性主要考虑的仍然是生态标准，但同时也会参照实践标准和因素。它们包括了规模、重建的潜力等标志性标准。这一步骤的主要目标是确认实现网络目标最为合适的地点。

实践标准与考虑因素

1. 规模

一个地点的规模应当适合于指定该地区的特定目的，包括保持其完整性，还应当使对该地区进行有效管理成为可能。

2. 重建的潜力

该地区具有较高的潜力，可在适当管理的情况下恢复为更为自然的状态。

3. 接受的程度

该海洋保护区的简介，从利益相关者支持和政治接受的角度来看，具有较高的潜在水平。

4. 管理措施成功的潜力

在以下方面具有很大的潜能：有关的管理措施和通过立法、相关组织机构、投资和科学知识落实这些措施的能力将会符合指定的目标。

5. 人类活动对该地区的潜在危害

在这一地区，短期内可能发生人类活动而导致重大危害。

6. 科学价值

该地区对于科学研究和检测而言具有很高的价值。

第三，最后的步骤是所界定的标准与奥斯陆—巴黎海洋保护区网络目标之间的相互关系研究，也就是确认网络的最终组成是否符合整体目标。

奥斯陆—巴黎海洋保护区网络发展的进一步步骤：奥斯陆—巴黎海洋保护区网络仍处于网络化的初期阶段，其目标在于根据选择保护区的标准而填补各个海洋保护区在空间上留下的空白。在海洋保护区确认和选择之后，奥斯陆—巴黎委员会进一步界定采取的新步骤，即通过三个主要的阶段来评估有关网络的代表性，此种安排见于奥斯陆—巴黎委员会的一份指导文件。这些阶段主要检验该网络的代表性，特别是在以下方面。

(1) 空间分布。

(2) 相关生物地理分区。有学者主要采用温度、深度和洋流等因素来确定奥斯陆—巴黎海洋区域之内若干在生物、地理上具有决定意义，并且已经有生态数据加以证明的区域，其所提议的生物地理区域应当反映构成保护区网络内生物地理变化的初步框架。

(3) 受威胁的或者衰落的栖息地或者物种。

一旦能够保证相当数量、良好分布的海洋保护区，就开始根据奥斯陆—巴黎委员会界定的目标所提出的要求，启动有效的网络安排，包括对网络的有效管理，各方有义务随之依据奥斯陆—巴黎管理指导原则来发展管理计划，以实现位置选择有关地区的那些目的。它们还必须参照那些指导原则来决定采取哪些管理措施才是适当的。

奥斯陆—巴黎海洋保护区网络的评估：奥斯陆—巴黎委员会每年都会就其海洋保护区网络的状况作出一份评估报告。此种评估报告会展示奥斯陆—巴黎网络建立更新的信息。

5.1.2.2　保护区网络的关键指标

从《奥斯陆—巴黎公约》所设立的主要公海海洋保护区的情况看，其主要关注的方面有以下内容。

(1) 通用信息，包括海洋保护区名称、原有海洋保护区名称、相关语言称谓、指定类型、世界自然保护联盟（IUCN）分类、报告海域面积、计算海域面积、获得保护状态的年份、管理机关等。

(2) 指定区域的维护宗旨与目标。基本都表述为维护、保护或恢复处于法律保护状态的生物多样性、自然遗产、栖息地、物种或景观；维护、保护或恢复未处于法律保护状态的生物多样性、自然遗产、栖息地、物种或景观；维护关键生态功能（产卵区、幼仔养护区、饲养区、栖息区、高生产力区域等）。

(3) 补充的维护宗旨与目标，包括促进社会与经济活动的可持续管理、可持续发展，管理天然资源的利用，开展环境方面的教育并提升公众认知，培养科学研究。

(4) 海洋物种与生境。一般都会详细列出处于保护状态的物种，包括其分类、WoRMS代码、呈现物种（指定该保护区的保护目标），还会列出现有栖息物种（指定该保护区的保护目标）、《奥斯陆—巴黎公约》列出的栖息地等。

(5) 使用与活动。一般会列举目前已知在该区域内发生的人类活动，包括科学研究、非生物资源的提取（例如聚集体、石油和天然气等）、人造结构的施工建设（例如电缆、管道）、废物排放、航运交通、专业远洋拖网、专业海底拖网、专业的刺网捕捞、专业的三层渔网（缠刺网）捕捞、专业长航线捕鱼（远洋）、专业海底长航线捕鱼、专业围网捕鱼等。

（6）治理手段。包括海洋保护区边界内所采取的措施、国际签署了"集体安排"的组织、该海洋保护区应用的物理领域，关于这些，《奥斯陆—巴黎公约》的相应数据一般都处于空白阶段。

（7）配备资源（人员、设施和资金支持）。包括永久工作人员数、季节性工作人员数、折算每年全职工作人员数、有权强制执行海洋保护区规章的海洋保护区管理人员数、可供使用的设备和设施、平均年度预算——过去5年间平均年度实施工作方面的预算、过去5年间平均年度设备方面的预算、过去5年间平均年度外部支持方面的预算、资金来源，这方面的信息也辅助阙如。

（8）管理计划信息。主要列出的问题包括：①海洋保护区的管理是否有存档记录；②试图达到保护目标的措施是否在实施之中；③如果措施有效的话，监督是否就位；④海洋保护区是否朝着它的保护目标发展。通过这些问题来了解该海洋保护区的管理计划状态。就现在的情况来看，大多公海海洋保护区缺乏此种管理计划。

（9）规范化管理。主要包括国内法律状态（一般公海海洋保护区不涉及此项），作为其基础的国内海洋保护区、国际法律状态；作为其基础的国际海洋保护区、海洋保护区内实施方式类型、海洋保护区内服从规范化管理的人类使用与活动等。

（10）监督。列出已实施的监督方式类型，现有资料均为出于环境和/或生物多样性目的而进行不定期的监督。

（11）《奥斯陆—巴黎公约》指定该区域的标准。涉及生态意义、生物多样性层次、代表性层次、敏感性层次、自然性层次、恢复潜力、利益相关方对于海洋保护区的接受程度、管理措施成功的可能性、本区域未来被人类活动破坏的可能性、科学价值，相关数据大多处于未报告的状态。

5.1.3　南奥克尼群岛公海保护区

2009年，南极海洋生物资源养护委员会（CCAMLR）提出，为了实现2012年在南大洋建立一个典型的海洋保护区网络这一目标的工作计划，开始确定11个优先领域，完成表征地区数据的收集，包括生物多样性的格局、生态系统过程、物理环境特征与人类活动。这 11 个南大洋区域包括了作为南极保护区网络的备选评估区域，南奥克尼群岛南部水域即是其中之一。2009 年 11 月，第 28 届南极海洋生的资源养护委员会大会在澳大利亚召开，会上通过了一项措施，在公海上设立一个海洋保护区——南奥克尼群岛南大陆架海洋保护区。英国在建立区域海洋保护区的讨论中起到了主要作用，其提出了一项建立世界上第一个"公海"海洋保护区的提议，该提议得到了大会的同意。2010 年 5 月，南奥克尼群岛南大陆架海洋保护区正式建立。该保护区是一个凹形区域，具体位置在南极半岛西部的凹形区域（Western Antarctic Peninsula–South Scotia Arc domain，WAPSSA）内，面积约 94 000 平方千米。这一保护区覆盖了南大洋的大片区域，是南极海洋生物资源养护委员会区域内最大的保护区，并且是一个完全位于国家管辖以外的公海保护区。

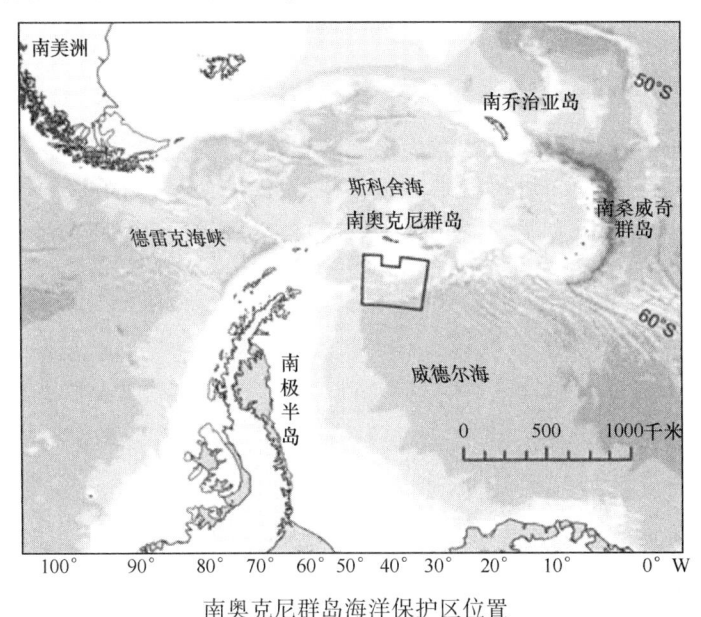

南奥克尼群岛海洋保护区位置

该保护区主要保护南极海洋生物资源养护委员会渔业分区第 48.2 分区内的海洋生物多样性。这一保护区将保护独特的海洋学特征和信天翁、海燕、企鹅的重要觅食区。南奥克尼高地东部的海山群符合物种高富集区域的标准。之前南奥克尼群岛内就存在跨陆地和海洋的两个保护区，即 Southern Powell 群岛及其邻接岛屿、North Coronation 岛。前者因其丰富的植被和相当可观的鸟类和哺乳动物群而受到保护。该区域是南奥克尼群岛自然生态学的代表，包括了核心资源不断扩大的南极海狗群。后者由于其海岸无冰且有大型的海鸟群落，覆盖苔藓的悬崖和永久冰原，构成了南极海洋环境典型的近海滩生态系统。

南奥克尼群岛海洋保护区的建立体现着诸多潜在的战略利益。

（1）生态利益。如何确保更好地管理南大洋磷虾种群是南极海洋生物资源养护委员会面临的重要议题。磷虾渔业需要分配更广泛的区域，而不是集中在一个地区。作为保护措施之一就产生了南奥克尼群岛南大陆架海洋保护区。从长期确保渔业捕捞活动不对磷虾种群和捕食者产生不利影响来看，保护区的建立是一个重要的步骤。

（2）海洋科研利益。保护区的建立有望为磷虾渔业提供足够的数据，以用于评估磷虾渔业对脆弱的南极生态系统的影响。因此，海洋保护区也有潜在地为研究自然生态系统的变化提供科学数据的作用，并提供机会了解南极海洋生态系统的自然动态。

（3）国际合作利益。保护区的建立与管理很好地体现着南极海洋环境保护方面的合作精神。2002 年，联合国可持续发展世界首脑会议确认了要在 2012 年前建立有代表性的保护区网络的目标。南奥克尼群岛南大陆架海洋保护区的建立对于为实现这一目标而进行的南极海洋生物资源保护的努力是一个重大贡献。但是，以上的潜在战略利益还有一定的有限性，例如，南极保护区的科学研究利益范围有限，主要局限于磷虾资源。

南极海洋生物资源养护委员会是保护区措施的制定者、实施者和管理者。据此，南奥克尼群岛公海保护区作为养护措施之一（《南极海洋生物资源养护公约》第 9 条第 2 款第 7 项），南极海洋生物资源养护委员会需要对保护区措施执行的有效性进行持续跟踪。由南极海洋生物资源养护科学委员会（以下简称"科学委员会"）依要求或主动向南极海洋生物资源养护委员会提交对实施《南极海洋生物资源养护公约》目的的措施和研究进行的评估、分析、报告和建议；[1] 据此，科学委员会每 5 年进行一次评估。同时，为检查依据《南极海洋生物资源养护公约》建立的保护区措施的遵守情况，南极海洋生物资源养护委员会成员国指派观察员和检查员依委员会制定的条款和条件，在《南极海洋生物资源养护公约》适用区内从事海洋生物资源科学研究或捕捞的船舶上进行观察和检查。[2] 针对南奥克尼群岛公海保护区，南极海洋生物资源养护委员会制订了管理计划。

---

[1] 《南极海洋生物资源养护公约》第 15 条第 2 和第 5 款。
[2] 《南极海洋生物资源养护公约》第 24 条第 2 款第 2 项。

（1）规定该保护区采取的保护措施包括：整理数据以描述11个重点海域的生物多样性情况和生态系统过程、物理环境特征和人类活动；召开研讨会审议不同的选址方法，供科学委员会进一步审议。

（2）南奥克尼群岛周围的48.2分区禁止捕鱼（主要是南极半岛以北的所有鳍鱼物种）和一切渔船的一切排污；禁止一切渔业船只（包括渔船、对渔船进行支撑的船只、渔业加工船只、渔业运输船只等）在该区进行任何形式的倾废排污；禁止实施与任何渔业船只有关的转运活动；为监测保护区内的交通情况，鼓励渔业船只在途经该区前将其船旗国、船只大小、国际海事组织（IMO）编号、途经路线等信息通知南极海洋生物资源养护委员会秘书处；为监测或其他目的，参考科学委员会的意见，在南极海洋生物资源养护委员会同意的前提下，与渔业有关的科研活动才能实施，同时该科研活动必须符合保护措施的要求；涉及海上人员安全的紧急情况时，保护措施不适用；南极海洋生物资源养护委员会提请其国民或船只在《南极海洋生物资源养护公约》范围内活动的非缔约国注意本保护措施的实施；有关南奥克尼群岛南大陆架海洋保护区的内容应在南极条约协商会议上传达；基于科学委员会的意见，本保护措施由委员会在2014年常规会议上回顾评议，此后，每隔5年评议一次。

5.2 具有重要生态或生物学意义的海洋区域

5.2.1 科学标准与程序

2009年，《生物多样性公约》缔约方大会第9次会议采纳科学标准确定具有重要生态或生物学意义的海洋区域（EBSAs）以保护公海和深海栖息地。

具有重要生态或生物学意义的海洋区域的科学标准有：①独特性或稀缺性；②对物种生长阶段的特别重要性；③对受威、并未或数目减少物种和（或）生境的重要性；④易受伤害性、脆弱性、敏感性或恢复缓慢；⑤生物生产力；⑥生物多样性；⑦自然性。

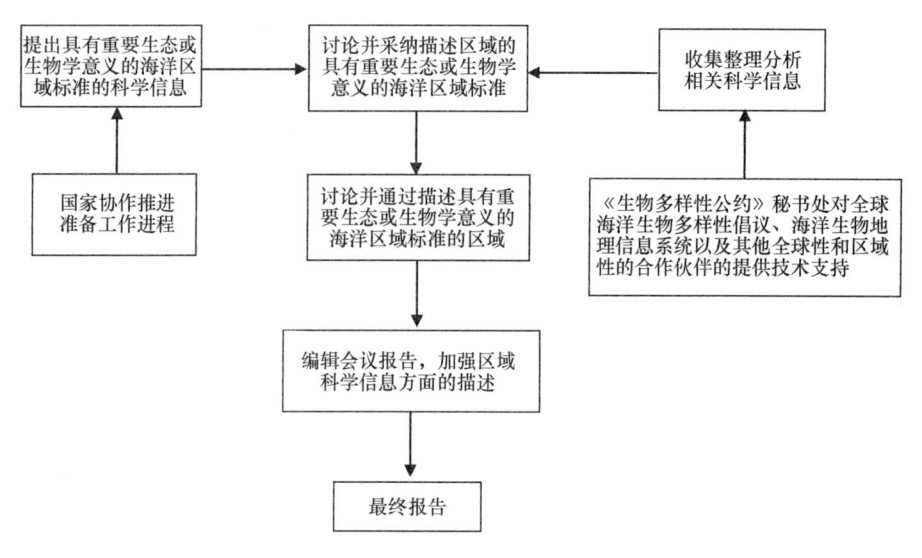

确定具有重要生态或生物学意义的海洋区域流程

5.2.2 描述进程

从《生物多样性公约》缔约方大会的讨论情况来看，认可联合国大会在处理国家管辖范围以外区域海洋生物多样性问题方面的中心作用，《联合国海洋法公约》（以下简称《公约》）是一切海上活动的法律框架，《生物多样性公约》为联合国大会国家管辖范围以外区域海洋生物多样性问题的磋商提供科学和技术支持，但具有重要生态或生物学意义的海洋区域作为公海保护区选划重要的备选方案。

《生物多样性公约》秘书处共召集了涉及12个海洋区域的具有重要生态或生物学意义的海洋区域讲习班，覆盖全球近74%的海洋区域（不包括南极海洋生物资源养护委员会规定的海洋区域），符合具有重要生态或生物学意义的海洋区域标准的区域共有284处，其中国家管辖范围以内有234处，涉及国家管辖范围以外有79处。考虑到地理范围的全覆盖，秘书处还将组织黑海和里海的区域讲习班，并敦促东北大西洋海洋环境保护委员会和东北大西洋渔业委员会的描述符合具有重要生态或生物学意义的海洋区域。

5 划区管理工具

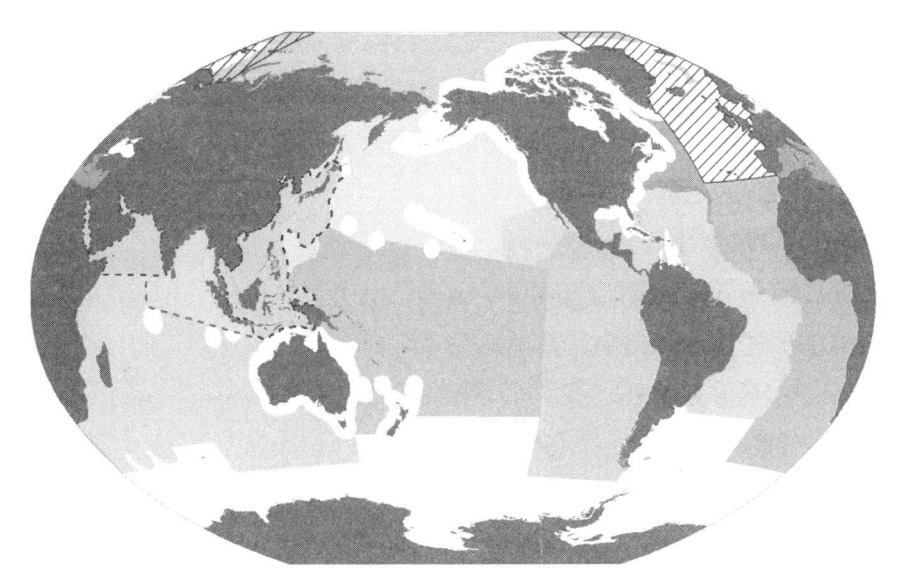

全球已开展具有重要生态或生物学意义的海洋区域讲习班的区域

图中色斑表示已举办讲习班的海洋区域;虚线区域表示科学、技术和工艺咨询附属机构(SBSTTA)第18次会议以来召开的最近三个讲习班;东北大西洋的影线部分表示其目前关于具有重要生态或生物学意义的海洋区域的进程

《生物多样性公约》秘书举办的描述具有重要生态或生物学意义的
海洋区域科学标准的区域讲习班

序号	区域研讨会	时间与主办国	国家	国际组织	符合具有重要生态或生物学意义的海洋区域	含国家管辖范围以内具有重要生态或生物学意义的海洋区域	含国家管辖范围以外具有重要生态或生物学意义的海洋区域	备注
1	西南太平洋	2011年11月斐济	15	10	26	22	11	由科学、技术和工艺咨询附属机构第16次会议和缔约方大会第11次会议审查
2	大加勒比海和中大西洋西部	2012年2—3月巴西	23	15	21	21	5	

107

续表

序号	区域研讨会	时间与主办国	国家	国际组织	符合具有重要生态或生物学意义的海洋区域	含国家管辖范围以内具有重要生态或生物学意义的海洋区域	含国家管辖范围以外具有重要生态或生物学意义的海洋区域	备注
3	南印度洋	2012年7—8月毛里求斯	16	20	39	30	13	
4	东太平洋热带和温带地区	2012年8月厄瓜多尔	13	12	21	18	7	由科学、技术和工艺咨询附属机构第18次会议和缔约方大会第12次会议审查
5	北太平洋	2013年2—3月俄罗斯	8	7	20	15	5	
6	东南大西洋	2013年4月纳米比亚	17	15	45	42	7	
7	北极区域	2014年3月芬兰	7	13	11	9	2	
8	西北大西洋	2014年3月加拿大	2	5	7	0	7	
9	地中海	2014年4月西班牙	21	16	17	0	17	
10	东北印度洋	2015年2月斯里兰卡	5	7	10	10	2	科学、技术和工艺咨询附属机构第20次会议审查将由缔约方大会第13次会议审查
11	西北印度洋	2015年3月阿联酋	14	16	31	32	2	
12	东亚海	2015年4月中国	12	6	36	35	1	
合计			153	142	284	234	79	

确定公海水域和深海生境中需要加以保护的具有重要生态或生物学意义的海域的科学准则

标准	定义	理由	实例	应用时应考虑的因素
独特或稀缺	这些地区具有①独特（"仅此唯一"）、稀有（只出现在少数地方）或本地特有物种、种群或群落，和/或②独特、稀有或特有的生境或生态系统；和/或③独特或不同寻常的地理形态或海洋学特征	不可替代性；其损失都意味着多样性和其一种特征很可能永远消失，或多样性出现任何程度的减少	公海：马尾藻海、泰勒柱、持久性冰隙；深海生境：水底环礁周围的本地特有的群落；热液喷口；海下山脉；准海凹	观察到的独特性有可能持有偏见，这依是否能获得有关信息而定；特征必须具有规模：在一种规模上是独有的特征，在另一规模上就可能是很通常的，因此必须从全球和区域的角度来看
对物种生命各阶段具有特殊重要性	种群生存和繁育所需的地区	各种生物和非生物条件加上具体物种特有的生理局限和喜好使得海域的某些地方比其他地方更适于某些生命阶段和功能	该地区具有①繁殖地、产卵场、育养区、幼仔栖息地或对于物种各生命阶段具有重要性的其他地区；或②洄游物种栖息地（觅食、过冬或休息地，繁殖、蜕壳、洄游路径）	生命各阶段之间的联系和各地区之间的联系；摄食相互作用、有形运输、物理海洋学、物种生命各阶段；资料来源包括：遥感、卫星追踪、历史渔获量和副渔获物数据、渔船监测系统数据等；物种的空间和时间分布和或聚集
对受威胁、濒危或衰落物种和/或生境具有重要性	具有受威胁、濒危或衰落物种的生存和恢复所需的生境的地区，或有大量此类物种聚集的地区。	为确保这些物种和生境的复原和恢复	对受威胁、濒危或衰落物种和/或生境至关重要的地区具有①繁殖地、产卵场、育养区、幼仔栖息地或对于物种各生命阶段具有重要性的其他地区；或②洄游物种栖息地（觅食、过冬或休息地，繁殖、蜕壳、洄游路径）	包括地理分布区非常广的物种；在许多情况下，恢复物种需在其历史分布区内进行；资料来源包括：遥感、卫星追踪、历史渔获量和副渔获物数据、渔船监测系统数据等

续表

标准	定义	理由	实例	应用时应考虑的因素
易受伤害、脆弱、敏感或恢复缓慢	在这些地区，功能脆弱（人类活动或自然事件极易造成其退化或耗竭）或恢复缓慢的敏感生境、群落生境或物种的比例较高	该标准表明，若在这些地区或其中某一部分人类活动或自然事件不能得到有效管理，或以不可持续的速度开展，可能出现何种风险	物种脆弱性：从其他类似地区的物种或种群对各种侵扰作何种反应的历史进行推断；繁殖力低、生长缓慢、性成熟期长、长寿的物种（例如鲨鱼等）；具有提供生物源生境结构的物种，例如珊瑚、海绵和苔藓虫等；深海物种 生境脆弱性：冰封地区易受船舶污染的影响；海洋酸化可能使深海生境比其他生境更容易受损害，并更容易受人类引起的变化的影响	易受人类影响的特性与自然事件的互动关系； 现有的定义侧重于具体针对保护点的概念，需考虑到流动性大的物种； 该标准可单独使用或与其他标准结合使用
生物生产力	这些地区具有生物自然生产力相对较高的物种、种群或群落	在加强生态系统和提高生物增长速度及其繁殖能力方面具有重要作用	峰面； 涌升流； 热液喷口； 海山缝隙	可通过用光合作用固定无机碳，或通过消化被捕食动物的情况、已分解的有机物或微粒有机物，来测量海洋生物及其种群的生长速度； 可从遥感结果（例如海洋的颜色或基于进程的模型）进行推断； 可使用时间序列渔业数据，但需谨慎

续表

标准	定义	理由	实例	应用时应考虑的因素
生物多样性	有相对较高的生态系统、生境、种群或物种多样性的地区，或有较高的遗传多样性的地区	对海洋物种和生态系统的进化和维持其复原力具有重要意义	海山；沿海和会聚区；冷珊瑚种群；深海海绵种群	需联系四周的环境来看多样性；多样性指数不受物种演替的影响；多样性指数不关心哪些物种可能有助于增加该指数的价值，因此不会特别注意对诸如濒危物种等特别令人关注的物种具有重要性的地区；在尚未大量采集生物多样性样品的地区，可用生境的异质性，即多样性，取代物种多样性成为作出推断的依据
自然状态	由于没有人类活动引起的干扰或退化或此种干扰或退化程度较低而保持了相对较高自然状态的地区	用接近自然状态的结构、进程和功能保护这些地区；维持这些地区，将其作为参照地；保护和加强生态系统的复原力	大多数生态系统和生境都具有不同程度的自然状态的实例，该标准的目的是挑选自然状态保留较好的实例	应优先注意哪些与四周环境相比受干扰少的地区；在已没有自然状态区域的地方，应考虑已成功进行恢复（包括恢复物种）的地区；该标准可单独使用或与其他标准结合使用

建立包括公海和深海生境在内的代表性海洋保护区网络的选址的科学指导意见

网络应有的特性和构成部分	定义	适用于具体地点的考虑因素（除其他外）
具有重要生态或生物学意义的地区	具有重要生态或生物意义的地区指地理上或海洋地理上不相连的地区，这些地区同其他周边地区或具有类似生态特点的地区相比，为一个生态系统中的一个或多个物种/种群或整个生态系统提供重要的服务，或在其他方面满足了"建立包括公海和深海生境在内的代表性海洋保护区网的选址的科学指导意见"中确定的标准	独特或稀缺；对对物种的生命各阶段具有特殊重要性；对受威胁、濒危或衰落物种和/或生境具有重要意义；易受影响、脆弱、敏感或恢复缓慢；生物生产力；生物多样性；自然状态

续表

网络应有的特性和构成部分	定义	适用于具体地点的考虑因素（除其他外）
代表性	代表性是指网络中包含代表全球海洋和区域各不同生物地理亚组成部分的区域，合理地反映了所有各种生态系统，包括这些海洋生态系统的生物和生境多样性	具有关于一种生物地理生境、或种群分类的所有各类例子；物种和种群相对健康；生境的相对完好；处于自然状态
关联性	网络设计若具有关联性，各保护区就能相互联系，从而使保护地受益于与网络中其他地点的幼虫和/或物种交换和功能联系。在相互连接的网络中，各保护地彼此受益	洋流、涡旋、地形瓶颈、洄游路径、物种疏散、岩屑、功能联系。也可包括孤立的保护点，如孤立的海山区
生态特征重复出现	生态特征重复出现是指在某一生物地理区中不止一个地点具有某一特征的例子。"特征"这一用语指在某一生物地理区中自然出现的"物种、生境和生态进程"	考虑到不确定性、自然变异和可能的灾难性事件，那些较少表现出自然变异或定义精确的特征，与本身具有高度可变性或只有非常宽泛定义的特征相比，所需的重复出现可能较少
适当和有活力的保护点	适当和有活力的保护点是指网络中的所有地点的规模和保护程度应足以确保选择这些地点所依据的特征能保持其生态活力和完整性	适当和有活力将取决于大小、形状、缓冲区、特征的持续性、受到的威胁、周边环境（背景）、地形局限、特征/进程的规模、溢出/紧密性

5 划区管理工具

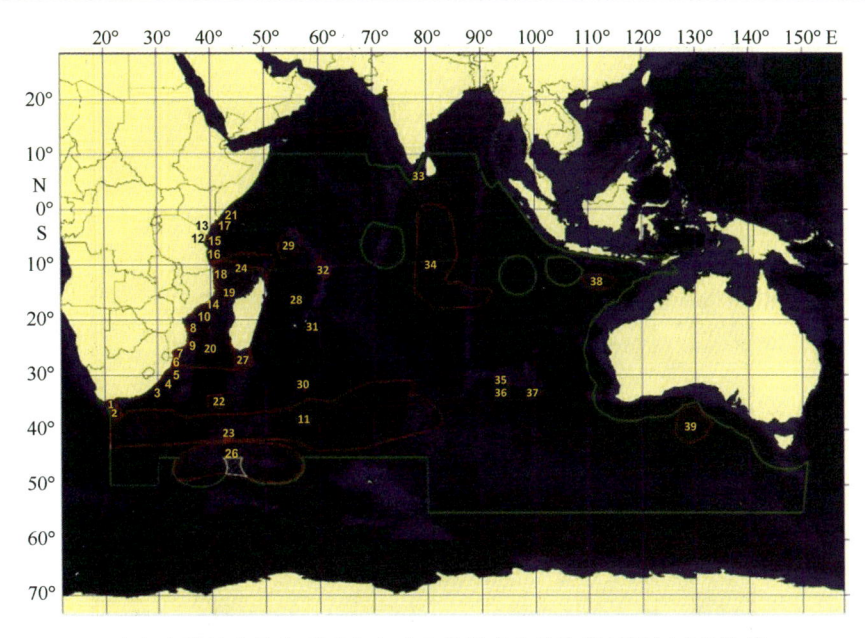

南印度洋符合具有重要生态或生物学意义的海洋区域标准的海域

说明：已确定的区域包括：1. 厄加勒斯浅滩繁殖区（Agulhas Bank Nursery Area）；2. 厄加勒斯的斜坡和海底山（Agulhas Slope and Seamounts）；3. 伊丽莎白港的近海地区（Offshore of Port Elizabeth）；4. 霸王花海堤和沙丁鱼路线（Protea Banks and Sardine Route）；5. 纳塔尔湾（Natal Bight）；6. 科马提河到蓬塔-杜欧鲁（莫桑比克南部）[Incomati River to Ponta do Ouro (Southern Mozambique)]；7. 德拉戈亚大陆架边缘、峡谷和斜坡（Delagoa Shelf Edge, Canyons and Slope）8. 萨韦河到蓬塔—圣塞瓦斯蒂安（莫桑比克中部）[Save River to San Sebastian (Central Mozambique)]；9. 莫伦贝内到扎沃拉角湾（莫桑比克南部）[Morrumbene to Zavora Bay (Southern Mozambique)]；10. 克利马内到祖尼河（赞比西河三角洲）[Quelimane to Zuni River (Zambezi River Delta)]；11. 阿古拉斯锋（Agulhas Front）12. 坦噶腔棘鱼海洋公园（Tanga Coelacanth Marine Park）；13. 奔巴—希莫尼—基西特（Pemba-Shimoni-Kisite）；14. 普里梅拉斯岛和塞贡达斯岛（Baixo Pinda-Pebane）；15. 桑给巴尔岛（安古迦岛）—萨阿达尼（Zanzibar (Unguja) -Saadani）；16. 鲁菲吉—马菲亚—基卢瓦（Rufiji - Mafia- Kilwa）；17. 瓦塔穆区（Watamu Area）；18. 奔巴湾—姆特瓦拉（莫桑比克海峡的一部分）[Pemba Bay-Mtwara (part of the Mozambique Channel)]；19. 莫桑比克海峡（Mozambique Channel）；20. 法属印度洋诸岛（莫桑比克海峡的一部分）[The Iles Éparses (part of the Mozambique Channel)]；21. 拉穆—基温加区域（Lamu-Kiunga Area）；22. 沃尔特斯浅滩（Walters Shoals）；23. 珊瑚海山和断裂带特征（Coral Seamount and Fracture Zone Feature）；24. 莫桑比克海峡北部（Northern Mozambique Channel）；25. 莫埃利海洋公园（Moheli Marine Park）；26. 爱德华王子岛、德尔卡诺海隆和克罗泽群岛（Prince Edward Islands, Del Cano Rise and Crozet Islands）；27. 马达加斯加岛南部（莫桑比克海峡的一部分）[Southern Madagascar (part of the Mozambique Channel)]；28. 特罗姆林岛（Tromelin Island）；29. 马赫岛、阿尔丰斯和阿米兰特高原（Mahe, Alphonse and Amirantes Plateau）；30. 亚特兰蒂斯海底山（Atlantis Seamount）；31. 蓝湾海洋公园（Blue Bay Marine Park）；32. 撒雅德玛哈浅滩（Saya de Malha Bank）；33. 斯里兰卡一侧的马纳尔湾（Bule Bay marine Park, Mauritius）；34. 印度洋中部盆地（Central Indian Ocean Basin）；35. Rusky；36. 福尔斯平地（Fool's Flat）；37. 盖奥特东断脊（East Broken Ridge Guyot）；38. 爪哇岛南部（South of Java Island）；39. 大澳大利亚湾南部（Due South of Great Australian Bight）。

未来考虑的区域有：Coco de Mer *、北塞舌尔海洋盆地 *（North Seychelles Oceanic Basin）、Saint André to Androka *、圣布兰登 *（Saint Brandon）。其中，* 表示科学描述包含在已经确定的区域内

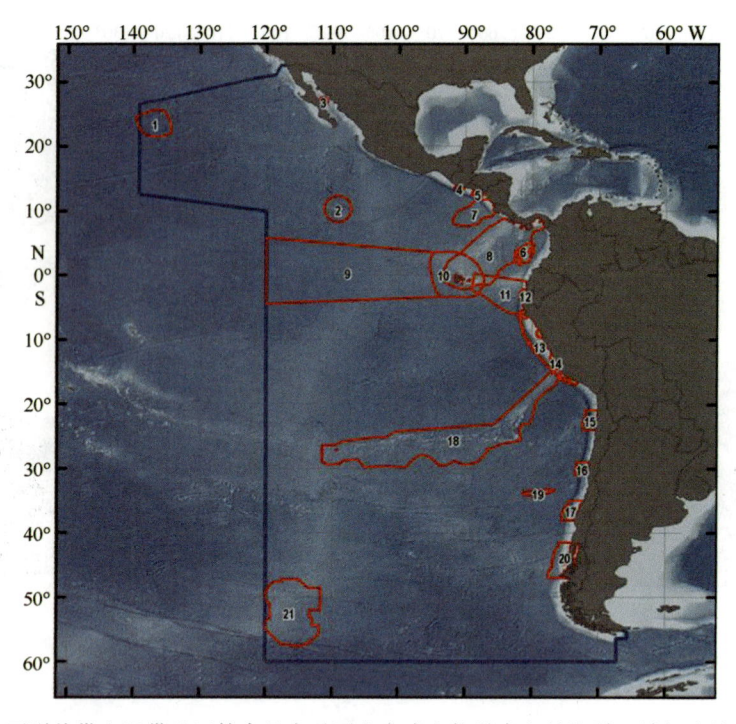

东太平洋热带和温带地区符合具有重要生态或生物学意义的海洋区域标准的海域

说明：已确定的区域包括：1. 东北太平洋白鲨海洋聚集区（North-East Pacific White Shark Offshore Aggregation Area）；2. 克利珀顿环礁（Clipperton Atoll）；3. 瓜伊马斯盆地热液喷口保护区［Santuario Ventilas Hidrotermales de la Cuenca De Guaymas（Guaymas Basin Hydrothermal Vents Sanctuary）］；4. 危地马拉 Sipacate-Cañón 圣何塞海洋生态系统（Ecosistema Marino Sipacate-Cañón，San José（Sipacate-Cañón Marine Ecosystem of San José））；5. 丰塞卡湾［Golfo de Fonseca（Gulf of Fonseca）］；6. 马尔佩洛海岭［Dorsal Submarina de Malpelo（Malpelo Ridge）］；7. 帕帕卡约和毗邻区的上升流系统［Domo Térmico del Pacifico Tropical Oriental（Thermal Dome in the Eastern Tropical Pacific）］；8. 东部太平洋热带地区海洋走廊［Corredor Marino del Pacifico Oriental Tropical（Eastern Tropical Pacific Marine Corridor）］；9. 赤道高生产力区［Zona Ecuatorial de Alta Productividad（Equatorial High-Productivity Zone）］；10. 加拉帕戈斯群岛及其西向延伸地带（Galápagos Archipelago and its Western Extension）；11. 卡内基海岭—赤道锋［Cordillera de Carnegie - Frente Ecuatorial（Carnegie Ridge-Equatorial Front）］；12. 瓜亚基尔湾［Golfo de Guayaquil（Gulf of Guayaquil）］；13. 秘鲁洪堡上升流系统（Humboldt Current Upwelling System in Peru）；14. 秘鲁洪堡上升流系统的持续上升流核心和重要鸟区（Permanent Upwelling Cores and Important Seabird Areas of the Humboldt Current in Peru）；15. 智利北部洪堡上升流系统（Northern Chile Humboldt Current Upwelling System）；16. 智利中部洪堡上升流系统（Central Chile Humboldt Current Upwelling System）；17. 智利南部洪堡上升流系统（Southern Chile Humboldt Current Upwelling System）；18. 萨拉·戈麦斯和纳斯卡海岭［Dorsal de Nazca y de Salas y Gómez（Salas y Gómez and Nazca Ridges）］；19. 侏恩费南迪储海岭的海山［Montes Submarinos en el Cordón de Juan Fernández（Juan Fernández Ridge Seamounts）］；20. 西风漂流交汇处［Convergencia de la Deriva del Oeste（West Wind Drift Convergence）］；21. 东南太平洋海隆灰色海燕喂养区（Grey Petrel Feeding Area in the South-East Pacific Rise）。

未来考虑的区域有：1. Ocos-Manchón Guamuchal；2. 中央海沟的 Tehuantepec-Papagayo 区（Central Trench Tehuantepec-Papagayo sector）；3. 东太平洋暖池（The Eastern Tropical Pacific Warm Pool）；4. 迭戈拉米雷斯海鸟觅食区（Seabird feeding areas around Diego Ramirez）；5. 南太平洋中部环流（Central South Pacific Gyre）；6. 热带辐合带（Subtropical Convergence Zone）；7. 东太平洋热液喷口和冷泉区（Hydrothermal vents and methane infiltrations in the Eastern Pacific）；8. Coles 角，秘鲁（Punta Coles，Peru）

5 划区管理工具

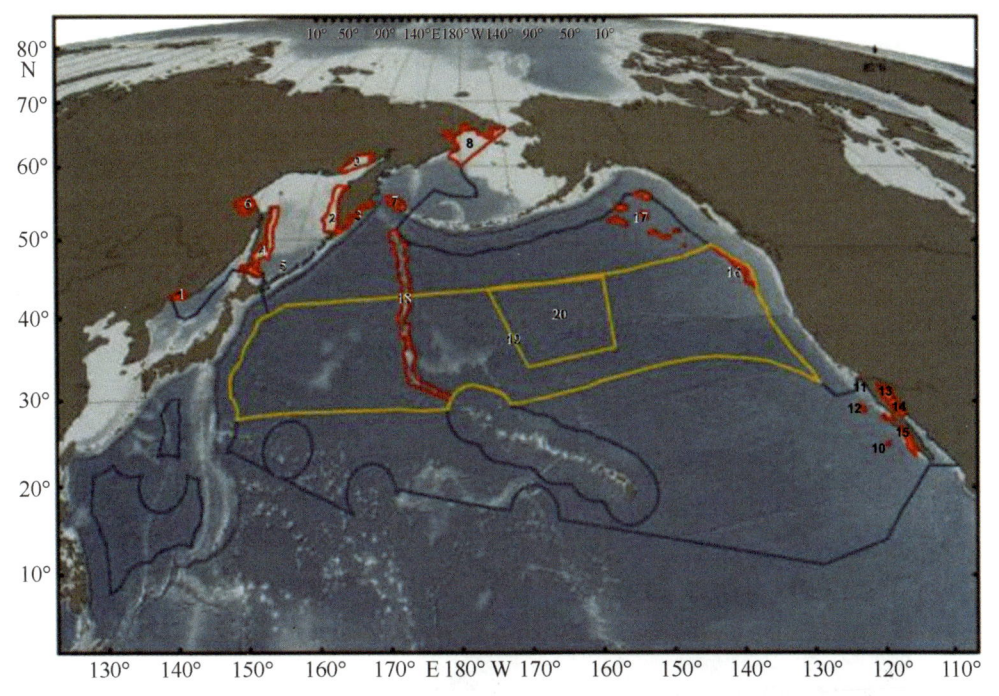

北太平洋符合具有重要生态或生物学意义的海洋区域标准的海域

说明：已确定的区域包括：1. 彼得大帝湾（Peter the Great Bay）；2. 西堪察加大陆架（West Kamchatka Shelf）；3. 堪察加半岛东南沿海水域（Southeast Kamchatka Coastal Waters）；4. 库页岛东部大陆架（Eastern Shelf of Sakhalin Island）；5. 莫涅龙岛岛架（Moneron Island Shelf）；6. 尚塔尔群岛岛架、阿穆尔湾和图古尔湾（Shantary Islands Shelf，Amur and Tugur Bays）；7. 指挥官群岛（科曼多尔群岛）架和岛坡（Commander Islands Shelf and Slope）；8. 楚科奇半岛东部和南部海岸（East and South Chukotka Coast）；9. 雅姆斯基群岛和舍利霍夫湾西部（Yamskie Islands and Western Shelikhov Bay）；10. 阿利霍斯群岛（Alijos Islands）；11. 科罗纳多群岛（Coronado Islands）；12. 瓜达卢佩岛（Guadalupe Island）；13. 加利福尼亚湾上游地区（Upper Gulf of California Region）；14. 米德列夫群岛地区（Midriff Islands Region）；15. 下加利福尼亚州沿海海域（Coastal Waters Off Baja California）；16. 胡安德富卡海岭热液喷口（Juan de Fuca Ridge Hydrothermal Vents）；17. 东北太平洋海山（North-east Pacific Ocean Seamounts）；18. 皇帝海山链和北夏威夷海岭（Emperor Seamount Chain and Northern Hawaiian Ridge）；19. 北太平洋过渡带（North Pacific Transition Zone）；20. 夏威夷信天翁产蛋和孵化期间的主要觅食区（Focal Foraging Areas For Hawaiian Albatrosses During Egg-Laying And Incubation）。

未来考虑的区域有：1. 东北夏威夷海山区（The seamount group northeast of Hawaii）；2. 中部太平洋海山（The Mid-Pacific Mountains）；3. 西北太平洋海山 Kuril-Kamchatka 海沟（Seamounts in the Northwest Pacific rim off the Kuril-Kamchatka Trench）

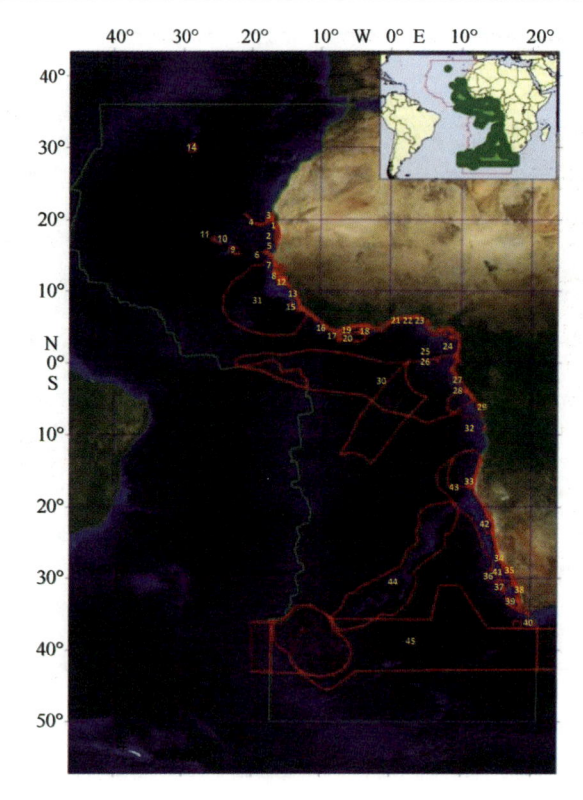

说明：已确定的区域包括：1. 毛里塔尼亚沿岸浅海区和塞内加尔最北部的沿海生境（Habitats côtiers de la zone néritique de Mauritanie et l'extrême nord du Sénégal）；2. 努瓦克肖特外侧的冷水珊瑚礁（Cold-water coral reefs off Nouakchott）；3. 毛里塔尼亚北部的永久上升流（Permanent upwelling cell in northern Mauritania）；4. 迪米里斯峡谷系统（Timiris Canyon system）；5. 卡亚尔海山（Cayar Seamount）；6. 卡亚尔峡谷（Cayar Canyon）；7. 萨卢姆三角洲（Saloum Delta）；8. 卡萨芒斯河口（Mouth of the Casamance River）；9. 博阿维斯塔岛（Island of Boavista）；10. 卢西亚、拉苏和布兰科结合体（Santa Luzia, Raso and Branco complex）；11. 圣安唐岛西北地区（Santo Antão north-west region）；12. 比热戈斯群岛（Bijagos archipelago）；13. Rio Pongo；14. 大流星海山（Great Meteor Seamount）；15. Yawari 复合体（Yawari Complex）；16. 里弗塞斯—格林维尔海龟繁育地（Rivercess-Greenville Turtle-Breeding Ground）；17. 塔布峡谷和海山（Tabou Canyon and Seamount）；18. 阿比让峡谷和无底洞（Abidjan Canyon and Trou sans Fond）；19. 从塔布到阿西尼的虾和沙丁鱼洄游路线（Shrimp and sardine route from Tabou to Assinie）；20. 科特迪瓦沿海专属经济区（The EEZ off the coast of Côte d'Ivoire）；21. Agbodrafo 沿海和海洋生境（Agbodrafo coastal and marine habitat）；22. Bouche du Roi-Togbin；23. 多哥—贝宁交界海域（Togo-Benin cross-border marine area）；24. 克里比-坎波（Kribi-Campo）；25. Lagoa Azul and Praia das Conchas；26. Ilhas Tinhosas；27. 马永巴海洋和沿海区（Mayumba marine and coastal area）；28. 西北大陆架（North-west continental shelf）；29. 穆安达沿海和海洋区域（Muanda coastal and marine area）；30. 赤道金枪鱼生产区（Equatorial tuna production area）；31. 加那利和几内亚洋流交汇地（Area of convergence of the Canary and Guinea currents）；32. Ramiros-Palmerinhas 沿海区（Ramiros-Palmerinhas Coastal Area）；33. Kunene-Tigress；34. 纳米比亚群岛（Namibian Islands）；35. 奥兰治锥形区（Orange Cone）；36. 奥兰治大陆架边缘（Orange Shelf Edge）；37. 柴尔兹海底斜坡（Childs Bank）；38. 纳马夸沿海地区（Namaqua Coastal Area）；39. 开普峡谷及周围地区（Cape Canyon and Surrounds）；40. 布朗斯海底斜坡（Browns Bank）；41. 纳马夸化石林（Namaqua Fossil Forest）；42. 纳米布洄游路线（Namib Flyway）；43. 本格拉上升流系统（Benguela Upwelling System）；44. 鲸湾海脊（Walvis Ridge）；45. 亚热带交汇区〔Subtropical Convergence Zone（STCZ）〕。

未来考虑的区域有：1. 南大西洋中脊（Southern Mid-Atlantic Ridge）；2. 刚果河（Congo River）；3. 中东部大西洋非洲迁徙走廊（Corridor migratoire de l'Afrique Atlantique Centre-Est）；4. 中东部大西洋非洲海山（Montagnes sous-marines de l'Afrique Atlantique Centre-Est）；5. 帝王花海山（Protea Seamount）；6. Kartong

5 划区管理工具

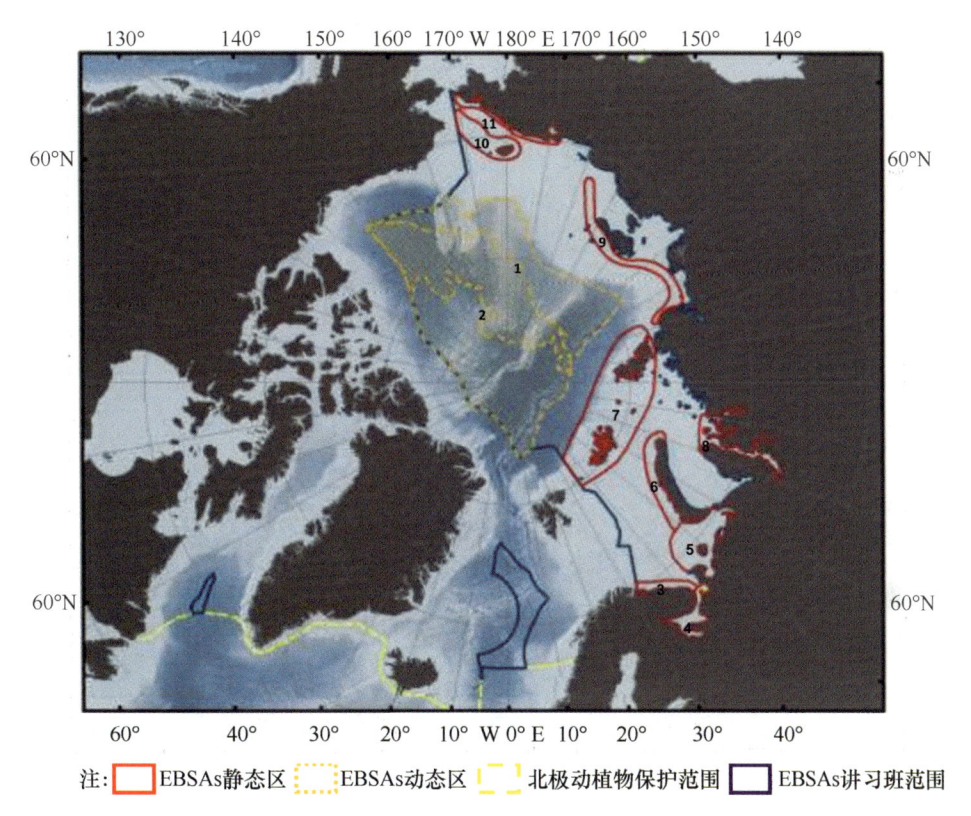

北极符合具有重要生态或生物学意义的海洋区域标准的海域

注：▭ EBSAs静态区　▭ EBSAs动态区　▭ 北极动植物保护范围　▭ EBSAs讲习班范围

说明：① 已确定的区域包括：1. 北冰洋深海边缘冰区和季节性冰盖（The Marginal Ice Zone and the Seasonal Ice-Cover Over the Deep Arctic Ocean）；2. 北冰洋中部多年海冰（Multi-year ice of the Central Arctic Ocean）；3. 摩尔曼滨海和瓦朗厄尔峡湾（Murman Coast and Varanger Fjord）；4. 白海（White Sea）；5. 巴伦支海东南部（伯朝拉海）［South-eastern Barents Sea（the Pechora Sea）］；6. 诺瓦亚赞姆亚西部和北部海岸（Coast of Western and Northern Novaya Zemlya）；7. 巴伦支海东北部-喀拉海（North-eastern Barents-Kara Sea）；8. 鄂毕-叶尼塞河口（Ob-Enisey River Mouth）；9. 大西伯利亚冰间湖（Great Siberian Polynya）；10. 弗兰格尔—杰拉德浅滩和拉特曼诺夫环流（Wrangel-Gerald Shallows and Ratmanov Gyre）；11. 楚科奇沿海水域（Coastal Waters of Western and Northern Chukotka）

---

① 冰岛需要对北冰洋深海边缘冰区和季节性冰盖以及北冰洋中部多年海冰具有重要生态或生物学意义的海洋区域的描述作进一步的协商。

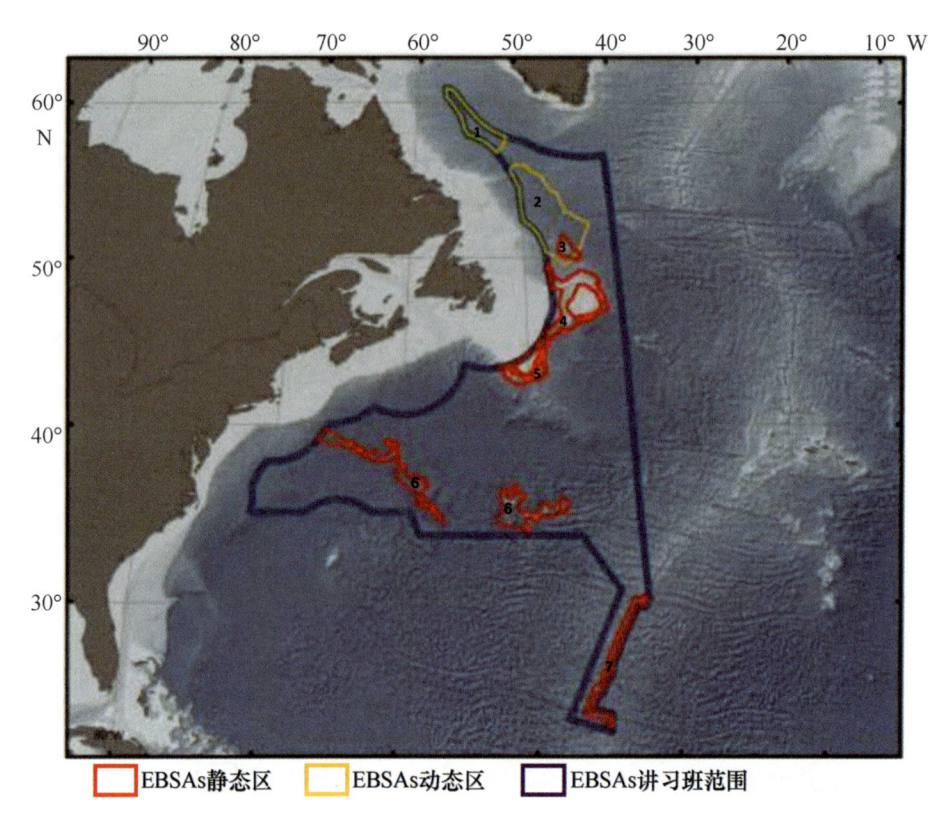

西北大西洋符合具有重要生态或生物学意义的海洋区域标准的海域

说明：① 已确定的区域包括：1. 拉布拉多海深对流区（Labrador Sea Deep Convection Area）；2. 南拉布拉多海海鸟觅食区（Seabird Foraging Zone in the Southern Labrador Sea）；3. 孤儿海丘（Orphan Knoll）；4. 弗莱明海角和格兰德沙洲的斜坡（Slopes of the Flemish Cap and Grand Bank）；5. 东南浅滩和格兰德班克尾部上的毗邻区（Southeast Shoal and Adjacent Areas on the Tail of the Grand Bank）；6. 新英格兰和科纳里塞海山（New England and Corner Rise Seamounts）；7. 热液喷口（Hydrothermal Vent Fields）

---

① 冰岛需要就西北大西洋具有重要生态或生物学意义的海洋区域的描述作进一步的协商。

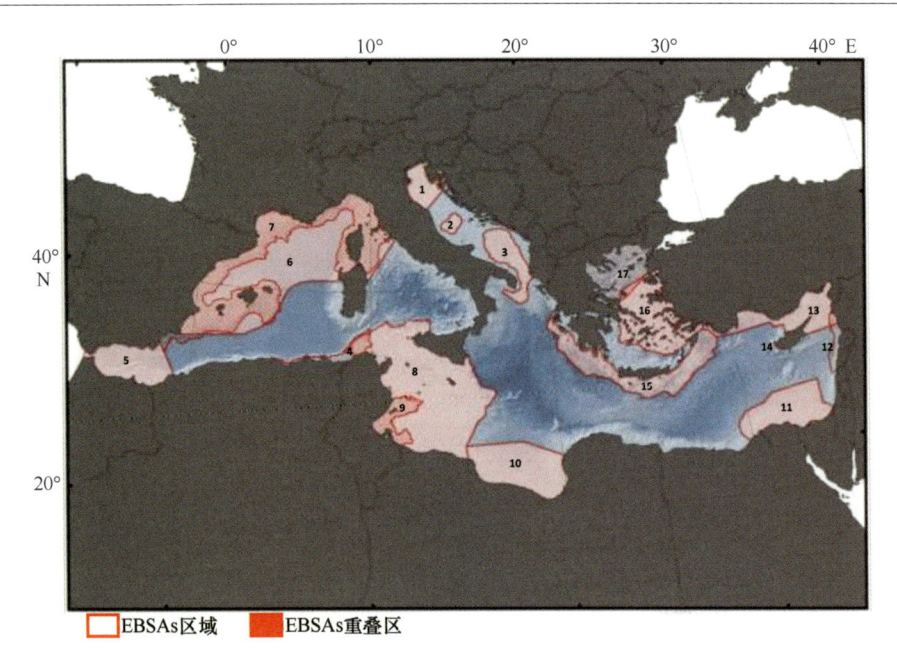

地中海符合具有重要生态或生物学意义的海洋区域标准的海域

说明：① 已确定的区域包括：1. 北亚得里亚海（Northern Adriatic）；2. Jabuka/Pomo 凹陷区（Jabuka/Pomo Pit）；3. 南亚得里亚海爱奥尼亚直线区（South Adriatic Ionian Straight）；4. 阿尔及利亚—突尼斯边缘区（Algerian-Tunisian Margin）；5. 阿尔沃兰海及相连区域（Alboran Sea and Connected Areas）；6. 西北地中海中上层生态系统（North-western Mediterranean Pelagic Ecosystems）；7. 西北地中海底栖生态系统（North-western Mediterranean Benthic Ecosystems）；8. 西西里海峡（Sicilian Channel）；9. 加贝斯湾（Gulf of Gabès）；10. 苏尔特海湾（Gulf of Sirte）；11. 尼罗河三角扇（Nile Delta Fan）；12. 东地中海东部峡谷［East Levantine Canyons（ELCA）］；13. 地中海东北海域（North-East Levantine Sea）；14. 阿卡马斯和赫里索胡湾（Akamas and Chrysochou Bay）；15. 希腊海沟（Hellenic Trench）；16. 中爱琴海（Central Aegean Sea）；17. 北爱琴海（North Aegean）

5.2.3 主要影响

全球范围内的诸多实践表明，目前国际上已经到了就国家管辖范围以外区域海洋生物多样性（BBNJ）养护和可持续利用问题形成建设性、一致性、综合性成果或规则的关键时期。从目前的形势发展趋势来看，以生态系统方法为基础的国家管辖范围以外区域的保护与管理制度的建立是大势所趋。一旦这一制

---

① 对于马耳他附近区域具有重要生态或生物学意义的海洋区域的描述中所载关于某些生物多样性的科学信息，来自马耳他的专家不同意其他讲习班参加者的观点。

度建立，就如同目前的200海里以外大陆架制度一样，沿海国又会展开新一轮的海洋圈地运动。这一制度将对目前的国际海底区域管理制度、海洋自由航行制度、海洋遗传资源开发利用以及海洋生态环境保护制度都将产生巨大的影响，进而将影响全球海洋利益格局。

在国家管辖范围以外区域海洋保护区问题上，联合国大会及国家管辖范围以外区域海洋生物多样性特设工作组的主渠道作用以及《生物多样性公约》框架下有关讨论总体维持辅助作用的地位不会改变。从《生物多样性公约》框架下的讨论情况来看，关于符合具有重要生态或生物学意义的海洋区域科学标准的海域不涉及法律和管理问题，只是科学和技术层面的支撑工作。

具有重要生态或生物学意义的海洋区域标准作为一项科学和技术标准，在海洋保护区选划中具有较好的兼容性和补充性，描述进程的结果不影响沿海国的主权、主权权利和管辖权，或其他国家的权利。各缔约方自愿开展相关工作，描述其国家管辖区域内符合具有重要生态或生物学意义的海洋区域标准，或符合其他国内国际商定的兼容和补充性的科学标准的地区的情况。阿根廷、澳大利亚、巴西、加拿大、印度、日本、芬兰、墨西哥、葡萄牙和英国向科学、技术和工艺咨询附属机构第20次会议提交本国的描述情况供其审议。英国和芬兰采用的海洋保护区选划标准与具有重要生态或生物学意义的海洋区域标准类似，澳大利亚、印度和日本采纳部分具有重要生态或生物学意义的海洋区域标准作为海洋保护区选划的国家替代标准，巴西、阿根廷、葡萄牙和墨西哥应用具有重要生态或生物学意义的海洋区域标准在沿海地区开展了部分海洋保护区选划工作，而加拿大更是直接运用具有重要生态或生物学意义的海洋区域标准作为国家海洋保护区网络的基础。

描述具有重要生态或生物学意义的海洋区域科学标准进程的影响力在不断扩大，部分沿海国和相关国际组织纷纷投入到国家管辖范围以外区域具有重要生态或生物学意义的海洋区域描述进程中，一定程度上表明了各方对具有重要生态或生物学意义的海洋区域有关工作的认可和重视，但英国、阿根廷等国家反对开展相关工作，认为具有重要生态或生物学意义的海洋区域讨论的内容已涉及经济和社会发展的相关问题，严重超出了《生物多样性公约》缔约方大会的授权以及《生物多样性公约》法律规定的内容。

5.3 特殊区域

5.3.1 认定标准与程序

5.3.1.1 认定标准

根据国际海事组织通过的"指定《国际防止船舶造成污染公约》(MARPOL)下特殊区域导则"[1]，特殊区域的范围可以覆盖若干国家辖区的一片海域，乃至整个闭海或半闭海区域。为避免特殊区域无限制增加或扩大，拟指定成为的特殊区域（不含《国际防止船舶造成污染公约》附则Ⅵ下的排放控制区）的海域必须同时符合海洋学、生态学和船舶交通特征三方面的标准。

1) 海洋学特征

该海域海洋学条件特殊，能够导致有害物质在水体或沉积物中聚集或滞留。此类海洋学方面的特殊条件包括特殊的海洋环流模式（如辐聚带、环流区）或温度盐度层化现象，水体更新速度过慢，极端冰况以及不利风向等。

2) 生态学特征

有必要对该海域的以下生态资源予以保护，以免遭受有害物质影响：濒危海洋生物，自然资源高产区（如海洋锋带、上升流和环流区），重要海洋物种的繁育和养护区及海鸟和海洋哺乳动物的主要迁徙、洄游路线，稀有或脆弱生态系统（如珊瑚礁、红树林、海草基床和湿地等），鱼类等海洋资源的重要栖息地以及对维持大型海洋生态系统具有重要意义海域。

3) 船舶交通特征

船舶对该海域使用频繁，且可能涉及高污染风险的船舶类型或货物，如果采用与其他一般海域统一的有害物质排放控制要求，无法实现对该海域的充分保护。

5.3.1.2 排放控制区的认定标准

大气污染物与油类等其他类别污染物不同，它们会被直接排放到大气而非水体中，对环境的影响范围和方式都有其自身的特征，因而《国际防止船舶造

---

[1] IMO, Resolution A.1087（28），2013 Guidelines for the Designation of Special Area Under MARPOL, 2014, 2.

成污染公约》附则Ⅵ下排放控制区的认定标准与其他附则下特殊区域的认定标准有所不同。

根据《国际防止船舶造成污染公约》附则Ⅵ的附录Ⅲ，排放控制区的认定主要考虑该区域在气象、地理、地质和海洋等方面不利因素的影响下，区域内船舶产生的大气污染物排放对人口和环境带来的影响程度，及陆域控制措施的充分性和船舶实施排放控制的成本等。排放控制区的范围也是在对以上因素进行评估的基础上划定。

5.3.1.3 指定程序

由于特殊区域地理范围的界定和有害物质的排放控制要求都是通过《国际防止船舶造成污染公约》的具体条款来规定的，因此指定新的特殊区域或者对现有特殊区域进行调整，实际上都是对《国际防止船舶造成污染公约》的修订，其法律程序与通过公约技术性修正案的程序完全相同，只是在修正案内容方面有一些具体的要求。

关于指定特殊区域的《国际防止船舶造成污染公约》修正案建议应由相关缔约国向国际海事组织海上环境保护委员会（MEPC）提交。如果有多方在拟指定的海域存在共同利益，那么该修正案建议应在相关各方之间充分协调。所提交的文件应包括一份修正案文本草稿，以及能够充分说明将该区域指定为特殊区域的必要性的背景资料。

在关于指定特殊区域（不含排放控制区）建议案的背景资料中，应包括以下信息：

（1）拟指定为特殊区域的地理范围界定，包括精确的地理坐标及相关海图；

（2）拟指定特殊区域的种类，即拟将该区域指定为哪一个或哪几个附则下的特殊区域。可以将某一区域同时指定为多个附则下的特殊区域，但需要针对不同的污染物分别论证；

（3）对该区域基本情况的描述，包括其海洋和生态特性、社会经济和科学文化价值、船舶污染物带来的威胁、其他环境压力以及已经采取的保护措施等，并提供证明材料或参考文献索引；

（4）分析论证该区域符合特殊区域的认定标准；

（5）该区域是否已经提供了足够的污染物接收设施。

在关于指定排放控制区建议案的背景资料中，应包括以下信息：

（1）拟指定为特殊区域的地理范围界定，包括精确的地理坐标及相关海图；

（2）拟实施排放控制的污染物种类（如仅控制硫氧化物和颗粒物或仅控制氮氧化物，或控制全部三类污染物）；

（3）关于受影响人口和环境的说明；

（4）对区域内船舶排放造成不利环境影响的评估，并说明资料来源和评估方法；

（5）该区域气象相关资料，尤其是主导风向，或者地形、地质、海洋等方面可能导致大气污染物集聚等不利条件；

（6）区域内船舶交通状况，包括格局和密度；

（7）相关提案方已经针对陆源大气污染物采取的及这些措施与《国际防止船舶造成污染公约》附则Ⅵ中相关控制措施的协调；

（8）与陆域控制措施相比，船舶减排的相对成本以及对国际航行船舶的经济影响。

根据《国际防止船舶造成污染公约》第16条，经审议通过的修正案在规定期限（一般不少于10个月，通常为12个月）届满时，除非有不少于1/3缔约国或商船总吨位不少于50%的缔约国明示反对，该修正案被视为已默认接受，并将于6个月后生效。然而，关于指定特殊区域的《国际防止船舶造成污染公约》修正案的生效与在该区域切实采取管控要求并不总是完全同步。如果所指定的特殊区域暂时无法提供足够的接收设施，那么即使该修正案得到通过并通过默认接受程序生效，相关污染物排放控制措施也不得实施，直到相关方能够提供足够的接收设施并正式通报国际海事组织后方可实施。

5.3.2 地理范围和排放控制要求

5.3.2.1 《国际防止船舶造成污染公约》附则Ⅰ下的特殊区域

截至目前，《国际防止船舶造成污染公约》附则Ⅰ下共指定了10个特殊区域，即地中海、波罗的海、黑海、红海、海湾区域、亚丁湾、南极区域、西北欧水域、阿拉伯海阿曼区域和南部南非水域。其中，红海、亚丁湾和阿拉伯海阿曼区域因缺少接收设施而尚未开始实施，其他7个特殊区域都已开始实施特殊的排放控制。

在特殊区域内，禁止油轮将货油区域的任何油类或油性混合物排放入海；允许船舶在航行途中排放源自机械处所（油轮货泵舱除外）含油量不超过15毫克/升的油性混合物，但此类排放物必须已经由船上的滤油设备处理，并且所使

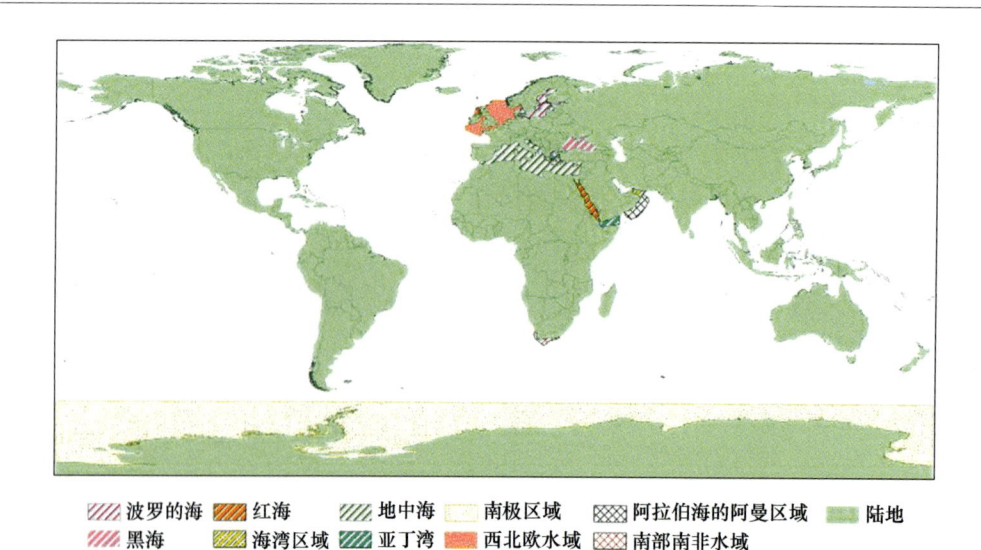

《国际防止船舶造成污染公约》附则Ⅰ下的特殊区域

用的滤油设备必须配备报警装置,当排放物不符合标准时能够发出警报。

5.3.2.2 《国际防止船舶造成污染公约》附则Ⅱ下的特殊区域

《国际防止船舶造成污染公约》附则Ⅱ没有明确提出特殊区域的概念,但是对南极区域提出了特别的排放控制要求,即在南纬60°以南海域,禁止任何有毒液体物质或含有此类物质的混合物排放入海。该要求已经开始执行。

5.3.2.3 《国际防止船舶造成污染公约》附则Ⅳ下的特殊区域

截至目前,《国际防止船舶造成污染公约》附则Ⅳ仅指定了波罗的海的一个特殊区域,其地理范围与附则Ⅰ中的界定一致,适用于区域内客船的生活污水排放。在特殊区域内,客船必须配备经主管机关认可的生活污水处理装置,且在排放时按规定操作处理装置,排出物在周围水域不产生可见漂浮固体,也不得使周围水变色,否则禁止排放任何生活污水。因接收设施的充分性尚未得到确认,该特殊区域的排放控制规定尚未实施。

5.3.2.4 《国际防止船舶造成污染公约》附则Ⅴ下的特殊区域

截至目前,《国际防止船舶造成污染公约》附则Ⅴ下共指定了8个特殊区域,即地中海、波罗的海、黑海、红海、海湾区域、北海、南极区域、泛加勒比区域(包括墨西哥湾和加勒比海)。其中,黑海和红海因缺少接收设施而尚未开始实施,其他6个特殊区域都已开始实施特殊的排放控制。

在特殊区域内,未经沾染其他垃圾的食品废弃物可经研磨粒径小于25毫米

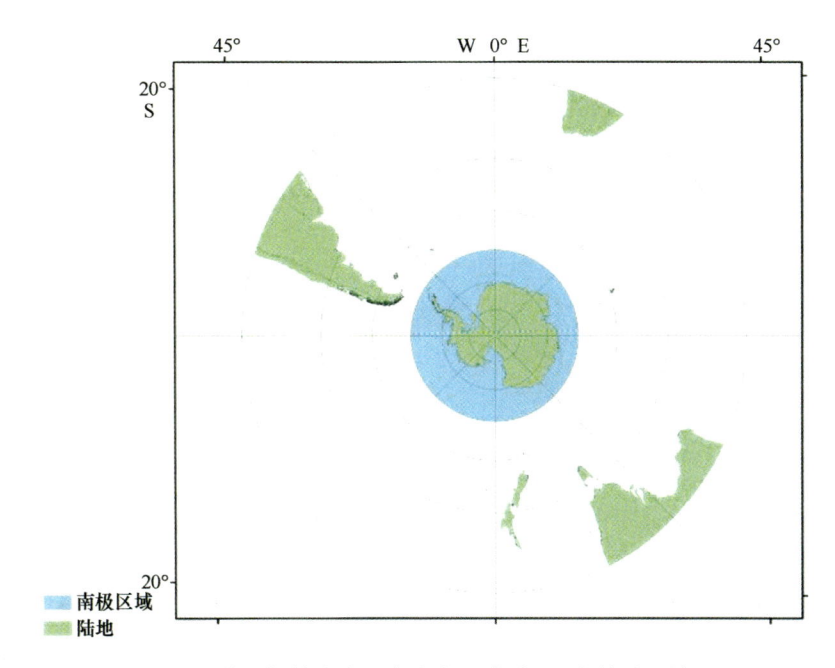

《国际防止船舶造成污染公约》附则Ⅱ下的特殊区域

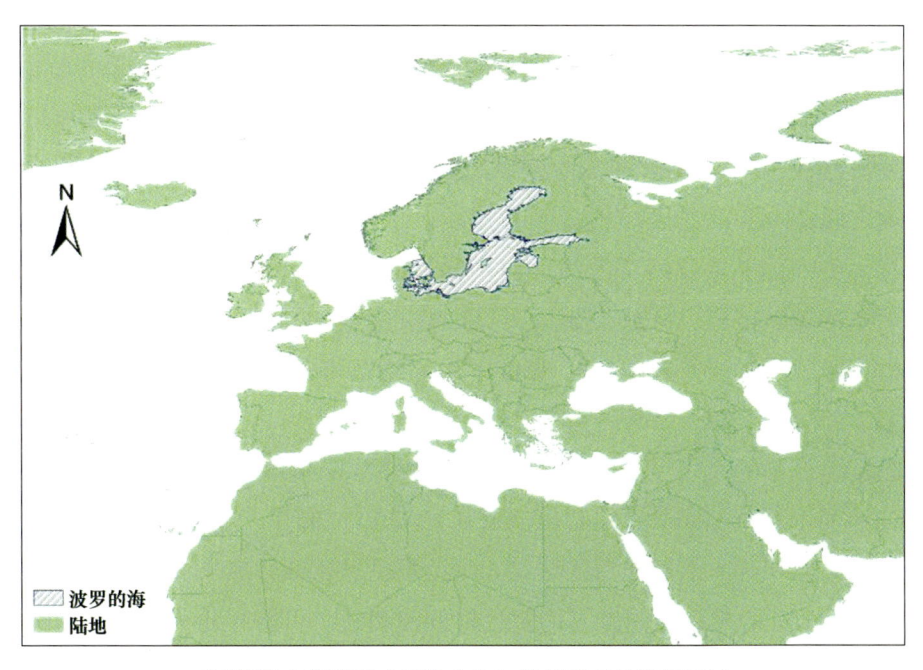

《国际防止船舶造成污染公约》附则Ⅳ下的特殊区域

后于可距离最近陆地或冰架不小于 12 海里外排放；在不得已的情况下可排放不含有害海洋环境物质的货舱清洗水；禁止在南极区域排放未经灭菌的禽类或禽类组织；其他任何垃圾禁止排放。

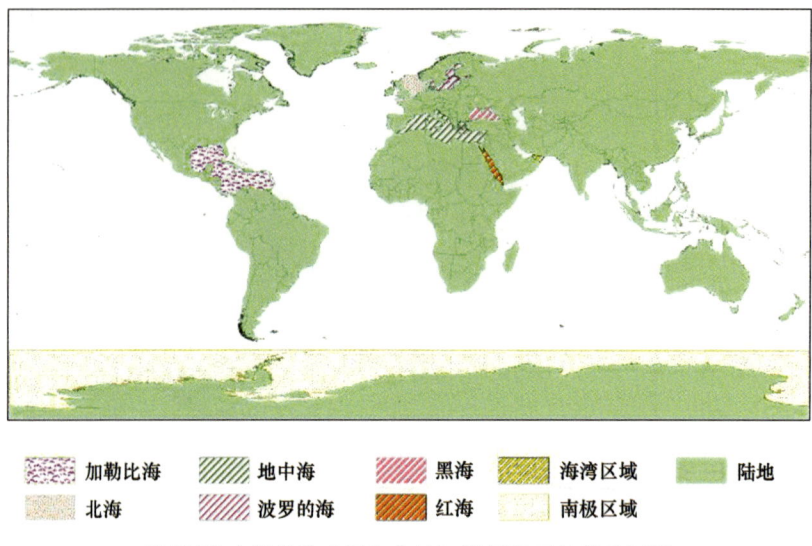

《国际防止船舶造成污染公约》附则 V 下的特殊区域

5.3.2.5 《国际防止船舶造成污染公约》附则 Ⅵ 下的排放控制区

《国际防止船舶造成污染公约》附则 Ⅵ 下的特殊区被称为"排放控制区"（Emission Control Area，ECA），要求对船舶控制硫化物、氮化物以及其他消耗臭氧的物质排放，采取特殊强制措施以防止、减少和控制其排放造成大气污染，以及随之对陆地和海洋区域造成不利影响的区域。在排放控制区内，船舶如仅按《国际防止船舶造成污染公约》对一般海域的防污要求是不够的，必须采取更为严格的控制措施。排放控制区对其内航行的船舶主要是限制其操作性排放造成的污染，所采取的相关保护措施是对硫化物和氮化物等温室气体的排放实行限制。

根据所控制的大气污染种类不同，分为两类：一类是关于硫氧化物（SO_x）和颗粒物质（PM）的排放控制区，简称硫排放控制区，目前有波罗的海、北海、北美区域和美国加勒比海区域共 4 个，都已经生效并实施；另一类是关于氮氧化物（NO_x）的排放控制区，简称氮排放控制区，目前有北美区域和美国加勒比海区域共 2 个，适用于 2016 年 1 月 1 日及以后建造的新船上安装的发动机。

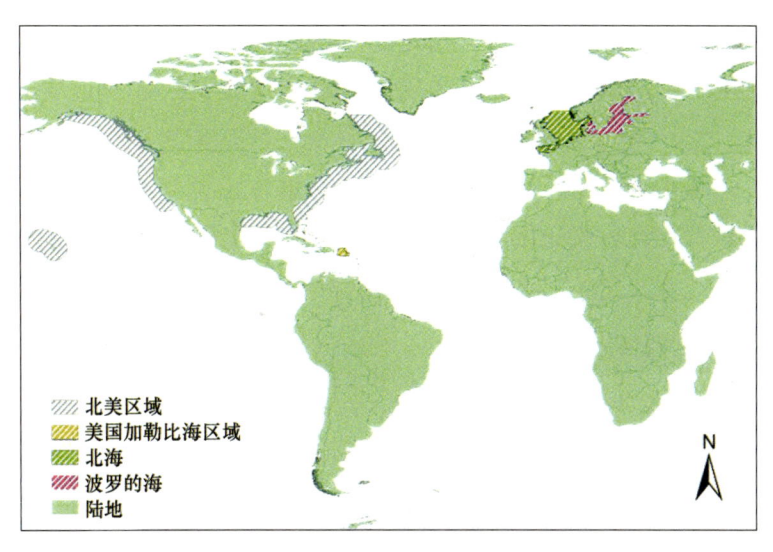

《国际防止船舶造成污染公约》附则Ⅵ下的排放控制区

全球指定排放控制区的基本情况

排放控制区	批准时间	批准时间	生效时间	执行时间
波罗的海	硫化物	1997年9月26日	2005年5月19日	2006年5月19日
北海	硫化物	2005年7月22日	2006年11月22日	2007年11月22日
北美区域	硫化物、特殊物质	2010年3月26日	2011年8月1日	2012年8月1日
	氮化物	2010年3月26日	2011年8月1日	2016年1月1日
美国加勒比海	硫化物、特殊物质	2011年7月26日	2013年1月1日	2014年1月1日
	氮化物	2011年7月26日	2013年1月1日	2016年1月1日

船舶在硫排放控制区内使用的燃油硫含量必须远低于其他区域，或使用液化天然气（LNG）等其他燃料，也可以通过尾气处理等方式达到等效标准。例如，从2015年1月1日开始，船舶在硫排放控制区内使用的燃油硫含量不得超过0.1%（质量比），而且在其他区域仅为3.5%（质量比）。在氮排放控制区营运的船舶，其船舶发动机的NO_x排放量也须满足远高于其他区域营运船舶适用的标准，或采用替代措施。以转速2000转/分以上发动机为例，NO_x排放量不得超过2.0克/千瓦时，而在其他区域，该限值仅为9.8克/千瓦时。

5.3.3 基本特征

5.3.3.1 法律地位

特殊区域是《国际防止船舶造成污染公约》框架下的概念，特殊区域内的排放控制标准以及所有特殊区域的指定在《国际防止船舶造成污染公约》中都有明确、具体的规定。因此，关于特殊区域的相关规定在性质上属于《国际防止船舶造成污染公约》的条款，对缔约国具有法律约束力。如需要指定新的特殊区域，或者对现有特殊区域的范围或相关标准作出调整，需要由《国际防止船舶造成污染公约》的缔约国向国际海事组织提交修订相关条款的文件，根据公约的修订程序进行审议、通过，之后才能按照默认接受程序生效并实施。

5.3.3.2 地理特征

根据《国际防止船舶造成污染公约》关于指定特殊区域（不含排放控制区）的标准，"海域海洋学条件特殊，从而能够导致有害物质在水体或沉积物中聚集或滞留"是必要条件之一。因此，《国际防止船舶造成污染公约》附则Ⅰ、附则Ⅱ、附则Ⅳ和附则Ⅴ下指定的特殊区域均为闭海或半闭海（南极海域除外）。附则Ⅵ着眼于船舶造成的大气污染，海洋学特征不再作为该附则下排放控制区的必要条件，而且美国指定的两个排放控制区旨在使其单边标准合法化，所以这两个排放控制区（北美和美国加勒比海域）不再具有闭海或半闭海这一特征。

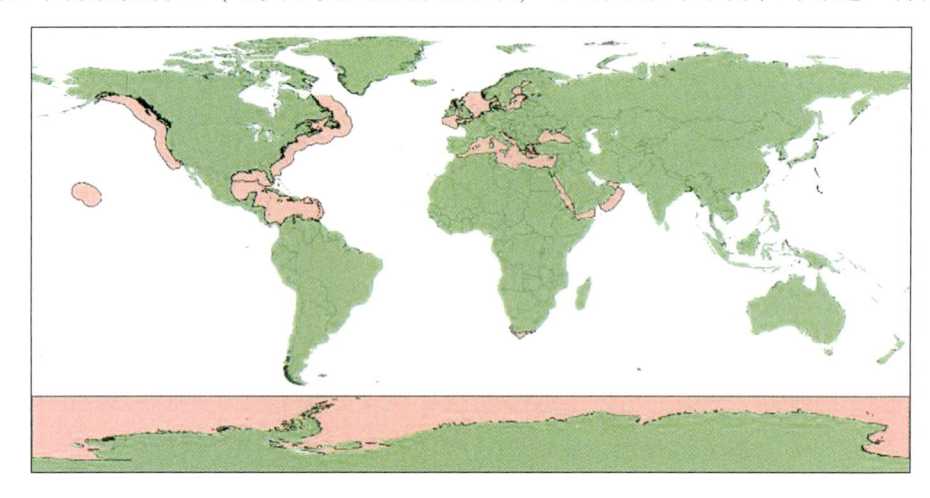

特殊区域覆盖海域的特征

5.3.3.3 海域性质

《国际防止船舶造成污染公约》中没有条款对特殊区域可以覆盖的海域性质作出明确的限定，但目前已经指定的特殊区域中，除了南极海域和地中海外，都没有超出沿岸国的专属经济区范围（或等同范围）。因海洋学特征和权属性质比较特殊，南极海域特殊区域的范围是用其地理范围划定，即南纬60°以南的海域。地中海海域的沿岸国并未提出专属经济区划界，但实际上，地中海海域内的公海范围也未超出距岸 200 海里的范围。

5.3.3.4 实施机制

《国际防止船舶造成污染公约》同一个附则下指定的所有特殊区域，所执行的标准都相同，并不会因为每个区域各自的特征而实施不同的保护措施。船旗国、港口国和沿岸国对排放控制区内航行的船舶的管辖权限也没有特殊之处，同样遵循不优惠待遇原则。此外，为确保操作可行性和船舶航行安全，特殊区域排放标准的实施需要以充足的污染物接收设施为前提，否则即使已经被指定为特殊区域，也不能真正实施相关排放标准。

5.4 特别敏感海域

5.4.1 认定标准与程序

5.4.1.1 认定标准

根据 2005 年特别敏感海域（PSSA）导则及相关补充性指南[①]，指定特别敏感海域必须同时具备三个要素。

1）在生态学、社会经济或科学方面具有特殊属性

2005 年特别敏感海域导则列举了生态学、社会经济和文化、科学研究与教育等三类共 17 项标准，申请成为特别敏感海域的区域只要满足其中任何一项标准即可。[②] 其中，生态学类标准包括生态系统的稀有性或唯一性、重要栖息地、依存性、代表性、多样性、多产性、繁育养护区、原生态、完整性、脆弱性和生物地理重要性 11 项。社会经济和文化类标准包括社会或经济依存性、人类依存性、属于文化遗产 3 项。科学研究与教育类标准包括研究价值、生物和环境特性基线，可用于阐释自然现象 3 项。

2）容易遭受国际海运活动带来的损害

海域是否容易遭受船舶活动危害取决于区域内的船舶交通特征和自然条件

---

① MEPC. 1/Circ. 510, Guidance Document for Submission of PSSA Proposals to IMO, 2006.
② 关于特别敏感海域的认定标准曾有不同的理解。2005 年特别敏感海域导则特别说明，整个特别敏感海域不必同时满足同一个标准，只要能够证明特别敏感海域中各部分区域均至少符合 17 项标准中的 1 项即可。

两方面。船舶交通特征包括影响船舶安全通航的因素（如小型渔船和游艇出没、海底油气开采等）、区域内营运船舶类型（如高速船、油轮、化学品船等）、交通流和通航密度、是否载运有害物质等。自然条件因素包括影响船舶航行安全的水文、气象、海洋地理等方面因素，如水深、风向、潮涌等。在综合考虑交通特征和自然条件两方面因素的基础上，评估认定该区域容易遭受船舶活动危害方可申请指定成为特别敏感海域。

3) 具有公认法律基础的相关保护措施[①]

将某海区指定为特别敏感海域，这一决定本身仅是表明指定该海区的特殊敏感性和脆弱性得到国际上的公认，但这并不会改变区域内的任何保护现状，只有在该区域内实施有效的保护措施才具有实际意义。2005年特别敏感海域导则及相关补充性指南规定，关于指定特别敏感海域的建议案必须同时提出至少一项具有公认法律依据的相关保护措施[②]，只有在相应措施获得批准之后，特别敏感海域才可以正式指定。这些措施既可以是国际海事组织的现有措施，如指定《国际防止船舶造成污染公约》下的特殊区域[③]，根据《国际海上人命安全公约》（SOLAS）相关规定实施船舶定线制、报告制等；也可以是国际海事组织尚未采取但可能采取的措施，但都应当有公认的法律依据，且在国际海事组织权限范围内。

5.4.1.2 指定程序

国际海事组织是唯一负责指定特别敏感海域和批准相关保护措施（Associated Protective Measure，APM）的国际机构，具体工作由下设的海上环境保护委员会协调开展。只有国际海事组织成员国政府可以提出特别敏感海域申请；如果有两个或多个成员国在某区域享有共同利益，关于该区域的特别敏感海域申请应当由这些政府共同提出，同时还应提出在各自管辖权之间开展合作的协调措施和程序。

---

① 2005年特别敏感海域导则也规定，如果拟申请成为特别敏感海域的区域已经得到了现有措施的充分保护，暂时不需要有提出新的相关保护措施，那么申请方也应对此充分论证，并可能在后续提出对现有措施的改进或提出新的保护措施。此类特别敏感海域的意义在于强调了该区域的特殊敏感性及提醒海洋使用者的特别注意，并为后续可能提出的相关保护措施打下了基础。

② 根据2005年特别敏感海域导则，以下措施可以视为具有法律基础：1. 国际海事组织现有法律文件框架下的措施；2. 国际海事组织现有法律文件中尚未涵盖，但可以通过修改或指定新的法律文件使其具有法律基础的措施。这种措施仅在上述文件被修订或生效后方能视为具有法律基础。

③ 特殊区域与特别敏感海区的认定标准并不抵触或排斥。在特殊区域中，可以再指定特别敏感海区，反之亦然。参见：http://www.imo.org/OurWork/Environment/PollutionPrevention/PSSAs/Pages/Default.aspx。

提交给海上环境保护委员会的特别敏感海域申请应包含对拟申请特别敏感海域区域位置、特殊性和脆弱性描述，以及拟建议国际海事组织采取的相关保护措施这两部分内容。如果所提出的相关保护措施属于国际海事组织尚未采取但可能采取的措施，建议方还应当说明计划如何在国际海事组织推进该项措施使其具有法律基础，并需附上拟提交相关机构（根据相关保护措施的内容和性质，该机构可能是国际海事组织的大会、委员会或技术分委会）的提案草稿。

申请特别敏感海域的提案交给海上环境保护委员会后，由海上环境保护委员会组建技术组对该申请进行评估。特别敏感海域申请中所提出的相关保护措施的充分性和合理性、采取相关保护措施可能给区域为环境带来的负面影响、申请中论证的区域属性、对海上活动的脆弱性与相关保护措施之间的相关性，以及所指定区域范围与实际保护需要的匹配性等都是评估的重点内容。对于符合敏感、脆弱性标准，但是所提出的相关保护措施尚未得到国际海事组织相关机构批准的特别敏感海域申请，海上环境保护委员会可"原则指定"该特别敏感海域，同时将评估结果通报负责审议相关保护措施的机构。只有在相关机构批准相关保护措施之后，海上环境保护委员会才可以正式指定该特别敏感海域。如果相关保护措施未得到批准，海上环境保护委员会将驳回整个特别敏感海域申请，或者要求申请方重新提交相关保护措施建议。

关于特别敏感海域的"原则指定"程序，在2005年特别敏感海域导则通过前后有不同的意义。在2005年特别敏感海域导则通过以前，这一原则是指即使申请国在提交特别敏感海域申请没能提出相关保护措施，海上环境保护委员会也可"原则批准"（approve in principle）符合相关鉴定标准的特别敏感海域申请。申请国可以在获得"原则批准"后的两年内提出至少一项相关保护措施并经过有关委员会同意采纳后，该区域才能被海上环境保护委员会最终认定为特别敏感海域。实践中，古巴撒巴那-卡玛居埃群岛、波罗的海等特别敏感海域申请在最初提交给海上环境保护委员会时都没有提出新的保护措施，但都得到了"原则批准"。2005年，特别敏感海域导则对这一程序作出了更改，仍然允许海上环境保护委员会在相关保护措施获得批准之前将符合鉴定标准的区域"原则指定"为特别敏感海域，但是要求申请国在提交特别敏感海域申请时必须同时（而不是在获得"原则批准"两年之内）提出至少一项相关保护措施，并且在相关机构批准该保护措施后，海上环境保护委员会才能够最终指定该区域为特别敏感海域。这也就意味着在"原则指定"特别敏感海域需要以在申请中提出至少一项相关保护措施为前提。

经审议并得到批准后，海上环境保护委员会将以委员会决议的形式正式指定相关海域为特别敏感海域，并应在符合有关公约、规则或其他国际法的前提下，确保相关保护措施尽快实施，在对该特别敏感海域的实施评估中，还应考虑发展中国家和经济转型国家的技术和经济资源情况。特别敏感海域正式指定后，才可以在海图上进行标绘。

5.4.2 相关保护措施

2005年，特别敏感海域导则及国际海事组织其他相关文件都没有对特别敏感海域的相关保护措施作出限定，仅要求这些措施必须具备公认的法律基础，以便实施。根据现有情况，特别敏感海域的相关保护措施主要分为船舶定线、船舶报告以及引航和其他航行建议三类。

5.4.2.1 船舶定线制度

船舶定线制度（Ship Routeing System）指为减少船舶事故而指定的一条或多条航路或其他通航措施，包括分道通航制、双向航路、推荐航线、避航区、禁锚区、沿岸通航带、环行道、警戒区和深水航路等。在特别敏感海域的相关保护措施中，分道通航制、双向航路、避航区、禁锚区、深水航路等较为常见，这些措施通过对船舶航行安全的保障，实现对海洋环境的保护，同时也能够在一定程度上提高船舶通航效率。

1974年《国际海上人命安全公约》第V章第10条对船舶定线制作出了一般性规定，明确国际海事组织是负责制定国际性船舶定线制标准和指南的唯一国际机构。拟实施国际性船舶定线制的沿岸国必须按要求向国际海事组织提出申请，经审议并得到批准后，方可由国际海事组织发布并在指定日期开始实施。

5.4.2.2 船舶报告制度

船舶报告制度（Ship Reporting System）是沿岸国为了海上搜救、提供交通服务、气象报告和防止海洋污染等目的，对船舶提供、搜集和交换动态信息所提出的相关要求，通常以无线电形式发送。船舶报告制也是比较常见的特别敏感海域相关保护措施。

1974年《国际海上人命安全公约》第V章第11条对船舶报告制作出了一般性规定，明确国际海事组织是负责制定国际性船舶报告制标准和指南的唯一国际机构。拟实施国际性船舶报告制的沿岸国必须按要求向国际海事组织提出申请，经审议并得到批准后，方可由国际海事组织发布并在指定日期开始实施。

5.4.2.3 其他

除了船舶定线制度和报告制度外，提供船舶交通服务（VTS）、强制引航、建议船舶谨慎航行等也可作为特别敏感海域的相关保护措施。此外，也可以通过指定《国际防止船舶造成污染公约》框架下的特殊区域来对特别敏感海域实施保护。任何相关保护措施都不能超出《公约》等公认的国际法律框架，且能够在提高船舶航行安全水平、防止船舶造成海洋污染方面起到积极的作用。

5.4.3 法律依据和争议解决

5.4.3.1 法律依据

1）指定特别敏感海域的法律依据

与《国际防止船舶造成污染公约》下的"特殊区域"不同，特别敏感海域没有相应的国际公约作为支撑，指定特别敏感海域的直接依据是国际海事组织以大会决议通过的指导性文件。国际海事组织的成员国都有权参加国际海事组织大会，而且大会决议通常是经过充分讨论一致（或多数）通过，反映了国际海事组织成员国达成的共识。但是，这种决议属于"软法"，无强制性的法律约束力。

《公约》第二二一条规定，沿海国在其领海内行使主权，可以在不妨碍外国船只无害通过的前提下制定法律和规章，以防止、减少控制外国船只包括行使无害通过权的船只对海洋的污染。因此，国际海事组织成员国在理论上可以就其领海海域向国际海事组织申请指定特别敏感海域。但实际上，无论所主张的区域是否被认定为特别敏感海域，该国都可以在其领海内行使前述主权权利。

《公约》第五十六条规定，沿海国在专属经济区内有海洋环境的保护和保全的管辖权；第二一一条要求成员国采取措施控制来自船舶污染，并允许沿海国通过主管国际组织与任何其他有关国家进行适当协商后，要求在其专属经济区内明确划定的特定区域采取防止船舶的污染的特别强制措施，同时该条也对沿海国设定"特定区域"的要件、程序、立法和执行权等作出了严格的规定。《公约》关于"特定区域"的规定有以下几个特征：①"特定区域"的划定限于沿海国本国的专属经济区内，且范围明确；②仅赋予沿海国在"特定区域"内高于专属经济区其他部分的立法权，可以制定高于国际规则和标准的国内法规，但在执行权方面没有更高的权限，必须在《公约》第二二〇条范围内行使；

③这种"特定区域"限于对海洋学、生态条件方面的技术考虑,以及区域利用或资源保护对航运的特殊性质,并未涵盖社会经济、文化、教育、科研等方面的因素。可见,国际海事组织框架下的特别敏感海域与《公约》中提到的"特定区域"在概念和应用方面并不完全一致。

2) 实施相关保护措施的法律依据和性质

对"特殊区域"所实施的船舶污染管控要求是以《国际防止船舶造成污染公约》条款的形式明确规定,其法律依据非常清晰,但对特别敏感海域相关保护措施的法律基础一直以来存在较大的争议。为了尽量避免或减少争议,2005年特别敏感海域导则着重强调了特别敏感海域的申请方必须提供所提出的每项相关保护措施的法律基础。导则指出,以下措施可以视为具有法律基础:①国际海事组织现有法律文件框架下的措施;②国际海事组织现有法律文件中尚未涵盖,但可以通过修改或指定新的法律文件使其具有法律基础的措施,这种措施仅在上述文件被修订或生效后方能视为具有法律基础;③任何在领海内可采取的措施或根据《公约》第二一一条第(6)款的规定,在现有或一般措施不足以适应特殊需求时,在专属经济区内"特定区域"可采取的特别性保护措施。这三类相关保护措施的法律依据实际上都是成员国之间已经达成(或者将要达成)的国际公约、规则等,在成员国之间具有法律强制性;依托于这些法律框架,相关保护措施通常能够得以有效实施。因此,以此为基础提出的相关保护措施一般不会存在法律依据方面的争议。

5.4.3.2 共同利益和争议海域

1999年特别敏感海域导则修正案规定,特别敏感海域的指定应当充分考虑沿海国、船旗国、环境、航运业等各方的利益;如果有两个或多个成员国在某区域享有共同利益,关于该区域的特别敏感海域申请应当由这些政府共同提出,同时还应提出在各自管辖权之间开展合作的协调措施和程序。

目前,国际海事组织已经指定了15个特别敏感海域,其中有5个是由2个或多个国家联合申请。在这些联合申请的案例中,联合申请方仅是在该区域有共同的利益或关切,并不存在主权和划界争议。例如,在波罗的海特别敏感海域申请过程中,作为沿岸九国之一的俄罗斯反对将整个波罗的海指定为特别敏感海域。由于各方对波罗的海水域的管辖并不存在争议,因此该申请最终由丹麦等八国联合提出，并在申请水域中排除了俄罗斯管辖水域。① 在该申请得到批准后，俄罗斯声明反对这一决定，并对后续保护措施的实施提出保留。② 值得注意的是，在后续关于相关保护措施的讨论中，俄罗斯表示当时只是反对特别敏感海域范围的无谓扩大，但是仅就之后提出的相关保护措施而言，俄方持支持态度。③

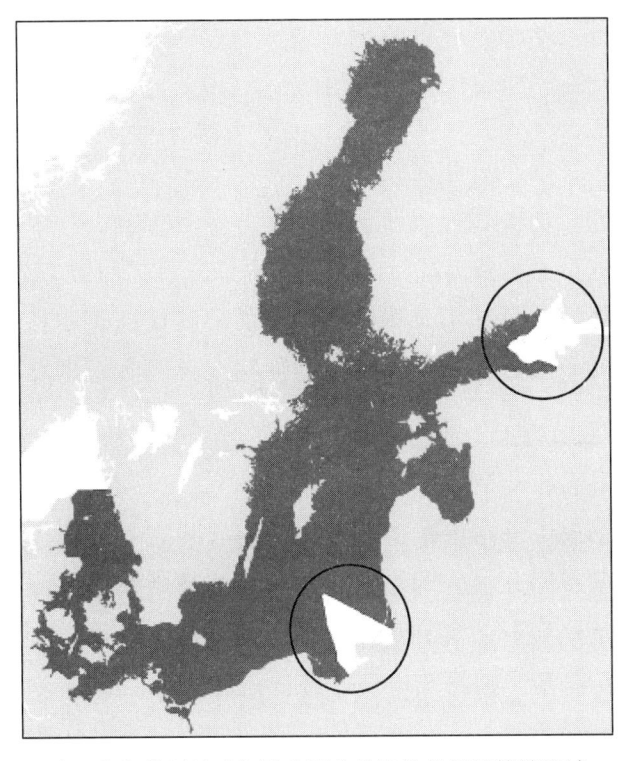

波罗的海特别敏感海域申请中排除的俄罗斯管辖海域

关于争议海域问题，《公约》第七十四条规定，在海岸相向或相邻国家间达成专属经济区划界协议以前，有关各国应基于谅解和合作精神尽一切努力作出实际性的临时安排，并在此过渡期间内，不危害或阻碍最后协议的达成，这种安排应不妨碍最后界限的划定。因此，如果仅讨论在专属经济区指定的特别敏感海域的问题，特别敏感海域的指定可视为这样一种临时安排，《公约》第七十四条可以作为相应的法律依据。

---

① MEPC 51-8-1, Designation of the Baltic Sea area as a Particularly Sensitive Sea Area. 排除水域包括芬兰湾俄罗斯管辖水域和波罗的海航道测量委员会（Hydrographic Commission）框架下由俄罗斯负责提供相关服务的水域。
② MEPC 51-22, Report of MEPC51, Annex 8, 2004.
③ MEPC 53/8/5, Outcome of NAV 51 on PSSAs, 2005.

可见，无论是根据《公约》关于专属经济区存在争议的有关规定，还是国际海事组织关于"共同利益"海域申请特别敏感海域的程序，如争议海域申请被指定为特别敏感海域，必须以相关各方协商一致达成共识为前提，并且需要在具体实施中互相协调与合作。

5.4.4 基本特征

5.4.4.1 法律地位

与"特殊区域"不同，指定特别敏感海域的依据是国际海事组织的大会决议，经审议批准的特别敏感海域通常以国际海事组织海上环境保护委员会决议的形式发布，这些都不是各方缔结的法律约束性文件，对各方没有强制约束力。因此，特别敏感海域本身并不意味着对船舶活动的任何实质性约束。特别敏感海域的指定，主要是通过相关保护措施的强制或自愿实施来发挥该划区管理工具的效用。

5.4.4.2 相关保护措施

实施相关保护措施是申请指定特别敏感海域的必要前提，但特别敏感海域与具体的保护措施之间并没有固定的对应关系。提出指定特别敏感海域申请的国际海事组织成员国政府通常是根据特别敏感海域自身特征，提出相应的保护措施，如船舶定线制度、报告制度等，这些措施主要是对船舶活动加以限制或约束，并不需要船舶在设计、建造、设备和配员方面作出改变。限于沿岸国对船舶活动的管辖范围，目前所提出的相关保护措施都未超出其领海或专属经济区范围，并主要通过沿岸国国内立法加以实施。

5.4.4.3 地理特征

由于特别敏感海域源于海洋保护区，指定特别敏感海域的初衷在于实现对国家领海内海洋保护区及地域临近保护区之间的延伸保护，因此特别敏感海域在地理分布方面主要呈现出沿海岸线延伸、向海洋拓展的特征，这与《国际防止船舶造成污染公约》下特殊区域重点关注海洋学特征，特殊区域大多覆盖闭海或半闭海有明显差异，而且目前已经指定的所有特别敏感海域覆盖范围远小于《国际防止船舶造成污染公约》下特殊区域的覆盖范围。

5.4.4.4 海域性质

特别敏感海域导则及相关补充性指南都没有对特别敏感海域的地理范围提

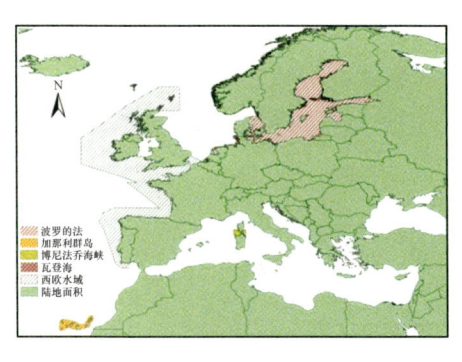

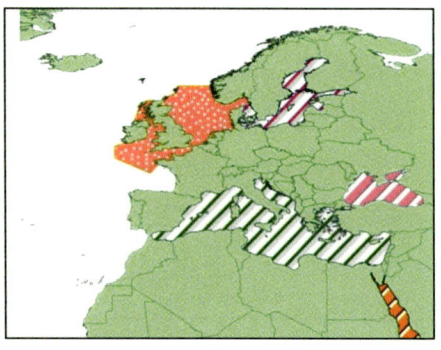

欧洲地区特别敏感海域（左）与《国际防止船舶造成污染公约》
附则 I 下特殊区域（右）分布对比

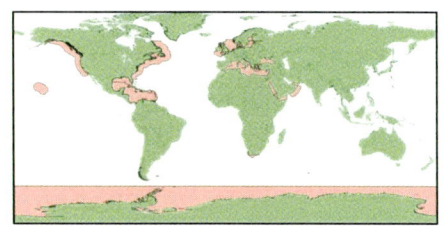

全球特别敏感海域（左）与《国际防止船舶造成污染公约》
下特殊区域（右）分布对比

出明确的限制，但目前已经指定的特别敏感海域以及所实施的相关保护措施，均位于沿岸国领海或专属经济区，这主要受两方面原因影响：①指定特别敏感海域的目的重点在于加强沿岸国对其管辖范围内资源的保护效果，并非是对国家管辖范围以外资源的关切；②在沿岸国专属经济区以外实施船舶定线制、报告制等相关保护措施缺乏国际法依据，因此在当前法律框架下，将特别敏感海域扩展覆盖公海水域并无实际意义。

5.5 脆弱海洋生态系统

5.5.1 科学标准与程序

根据《公约》及其 1995 年《联合国鱼类种群协定》等国际法以及联合国大会第 61/105 号决议的要求，2009 年，联合国粮食及农业组织制定了《公海深海渔业管理国际准则》（以下简称《国际准则》），从技术层面着手解决公海底层渔业管理,确保深海生物资源的长期养护和可持续利用,防止对深海脆弱生态系统(Vulnerable Marine Ecosystem,VME)的重大不利影响。

判定一个海洋生态系统是否脆弱,有五个科学标准,分别是:①独特性或稀有性;②栖息地的功能意义;③脆弱性;④造成恢复困难的构成物种的生命史特征;⑤结构复杂性。[①]

深海脆弱生态系统的标准

标准	定义	例子
独特性或稀有性	独特或含有稀有物种的一个海域或生态系统,这些稀有物种的损失无法从类似海域得到弥补	含有特有物种的栖息地; 仅在零散海域中出现的稀有、受威胁或濒危物种的栖息地; 育苗场或独立摄食、繁育或产卵区
栖息地的功能意义	类资源和稀有、受威胁或濒危海洋物种的成活、活动、产卵/繁殖或恢复,尤其是生命史阶段所必需的离散海域或生境	如育苗场或养殖水域
脆弱性	极易因人类活动而退化的生态系统	—
造成恢复困难的构成物种的生命史特征	含有的物种种群或集群具有以下一种或几种特征的生态系统	生长速度缓慢; 成熟晚; 补充量小或难以预测;或寿命长
结构复杂性	以大量集中的生物和非生物特征形成的复杂物理结构为特点的一种生态系统。在这些生态系统中,生态过程通常高度依赖这些结构性系统。此外,此类生态系统往往差异大,取决于其构造生物	—

出现以下四种类型之一的种群、群落和构成栖息地的物种,则可认为存在脆弱海洋生态环境:①冷水珊瑚和水螅虫,如石珊瑚、软珊瑚和柳珊瑚、黑珊瑚和水螅珊瑚;②以海绵体为主的群落种类;③由露出水面的浓密植物群构成的群落,在这些群落中大型固着原生动物和无脊椎动物(水螅虫和苔藓虫),构成了生境的重要结构成分;④其他地区没有的无脊椎动物和微生物物种构成的冷泉和热泉群落。

如果出现以下五种类型之一的地形、水文或地质特征,则可认为存在脆弱

[①] FAO. International Guidelines for the Management of Deep-Sea Fisheries in the High Seas. Rome: FAO, 2009, paragraph 42.

地质结构区域（大型栖息地）：①水下边缘和坡面（如珊瑚和海绵体）；②海底山、平顶山、山坡、海底小丘和海丘的峰顶和侧面（如珊瑚、海绵和异生目原生物）；③海槽和海沟（如海底黏土露头和珊瑚）；④深海热液喷口（如微生物群落和地方无脊椎动物）；⑤冷泉（如微生物泥火山、固着无脊椎动物硬质附着基质）。

重大不利影响主要指以下三类影响：①削弱受影响种群自身更替能力的影响；②致使栖息地长期自然生产力下降的影响；③以非临时性方式造成物种丰度、栖息地或群落类型遭受重大损失的影响。对这些重大不利影响进行评估，需要考虑六个方面的因素：①在受影响的特定场址的强度或严重性；②相对其危及的栖息地类型的可获得性而言的空间范围；③生态系统对影响的敏感度或脆弱性；④生态系统受影响后的恢复能力和恢复速度；⑤可能改变生态系统功能的程度；⑥影响发生和持续的时间等。[①]

在评估深海捕捞活动是否可能在特定海域产生重大不利影响时，应优先考虑以下七个方面：①该海域进行的或计划进行的捕捞活动类型，包括渔船、渔具、渔区、目标和兼捕物种、捕捞努力量和捕捞持续时间；②关于渔业资源现状的最佳现有科学技术信息和关于该渔区生态系统、栖息地和群落的、作为未来变化对比依据的基准信息；③该渔区已知或可能出现的脆弱海洋生态系统的确定、说明和绘图；④用于确定、说明和评估该活动的影响，确定知识空白，对评估中存在的信息不确定性进行评价的数据和方法；⑤对该渔区脆弱海洋生态系统和低生产力渔业资源的评估所涉及的活动或能产生的影响，包括累计影响的产生、规模和持续时间的确定、说明和评价；⑥对捕捞活动可能产生的影响进行风险评估，以确定哪些影响可能是重大不利影响，尤其是对脆弱海洋生态系统和低生产力渔业资源的影响；⑦建议为防止对脆弱海洋生态系统产生重大不利影响，确保低生产力渔业资源的长期养护和可持续利用而采取的减轻影响和实行管理的措施以及用于监测捕捞作业影响的措施。[②]

5.5.2 管理和遵守措施

深海渔业在其所有发展阶段过程中，即试验捕捞、探捕和成型渔业，都应实行严格的管理措施。鉴于深海资源及其生态系统的潜在脆弱性，深海渔业的

---

① FAO. International Guidelines for the Management of Deep-Sea Fisheries in the High Seas. Rome: FAO, 2009, paragraphs 17-18.

② Ibd①, paragraph 47.

养护和管理措施应确保在信息不足时,捕捞率保持在低水平上,以尽量减轻对可持续性威胁;捕捞量仅能随着知识、管理能力和监督控制的增加而逐步提高。[1]

在具体管理和养护措施方面,主要有三个方面的要求,即数据收集、数据报告以及资源评估。在数据收集方面,要求"各国和各国际海底管理局和区域渔业管理组织/安排(RFMO/AS)在必要时制定、通过和公布标准化的、一致的数据收集程序和规程,包括标准化日志和调查方法"。[2]在数据报告方面,各国应向国际海底管理局和区域渔业管理组织/安排提供其收集的深海渔业数据,其精度适用资源评估,适用评价渔业对脆弱海洋生态的影响;国际海底管理局和区域渔业管理组织/安排应向联合国粮食及农业组织提交综合的数据。[3] 为此目的,应利用渔民和科学观察员的国家和国际培训项目,改进渔获物鉴别和生物数据收集工作。[4] 在资源评估方面,要求以更简便的监测和评估为基础,开发成本较低的或新颖的方法;量化资源评估的不确定性,包括数据限制和简化方法产生的不确定性。各国和各国际海底管理局和区域渔业管理组织/安排应酌情合作。[5] 在规程方面,各区域渔业管理组织应事先制定深海渔业作业过程中遇到的脆弱海洋生态系统的应对规程,这种规程应包括确认构成此类遭遇的证据,还应确保各国要求悬挂其旗帜的渔船停止在此类水域范围内的深海捕捞活动,向相关区域渔业管理组织和船旗国报告。[6] 根据资源评估的结果,区域渔业管理组织应采取相应的养护与管理措施,以实现对深海渔业资源的长期养护与可持续利用,预防对脆弱海洋生态系统产生重大不利影响。这些养护与管理措施应逐例(on a case-by-case base)制定,兼顾所涉生态系统的分布范围。所采取的养护与管理措施可包括:控制捕捞努力量和/或渔获量;限制作业时间和空间,或禁渔;改变渔具设计和/或作业措施,如减少渔具与海床的接触、使用降低兼捕渔获量的有效装置、使用消除或尽量减少"幽灵"捕捞的技术措施,或其他能够实现长期养护与可持续利用的其他相关措施。[7]

为保障管理措施的实施和遵守,《国际准则》要求各国应单独和通过国际海

---

[1] FAO. International Guidelines for the Management of Deep-Sea Fisheries in the High Seas. Rome: FAO, 2009, paragraph 23.

[2] Ibd①, paragraph 31.

[3] Ibd①, paragraph 34.

[4] Ibd①, paragraph 36.

[5] Ibd①, paragraphs 40-41.

[6] Ibd①, paragraph 67.

[7] Idb①, paragraphs 70-71.

底局和区域渔业管理组织进行合作,努力实施有效的监测、控制和监督(MCS)框架;实施国家或国际观察员制度;保持定期更新渔船登记或记录,为所有从事深海渔业的渔船建立永久的身份标志(如国际海事组织编号);采取措施打击非法、未报告和无管制的捕捞活动,包括非法、未报告和无管制的捕捞渔船黑名单以及贸易相关措施等。[1] 在有效的管理框架建立起来之前,为防止对脆弱海洋生态系统造成重大不利影响和确保深海渔业的长期可持续利用,至少应采取以下养护和管理措施:对已知存在或可能存在脆弱海洋生态系统水域,关闭深海渔业;限制扩大从事深海渔业的渔船捕捞努力量水平和作业活动空间范围;必要时把特定渔业的努力量降低到为评估该渔业或获取相关栖息地和生态系统信息所需的水平。但此类临时措施必须符合国际法,不得影响该渔业今后的分配和参与权。[2] 对于已经划定为已知或可能出现脆弱海洋生态环境的水域,各国和区域渔业管理组织应关闭深海渔业,直到为预防对脆弱海洋生态系统的重大不利影响、确保深海鱼类资源得到长期养护与可持续利用而建立适当的养护与管理措施为止。[3]

各国和区域渔业管理组织应制订和通过特定深海渔业的管理计划,这种渔业管理计划,应包括带有长期管理目标的系列措施;管理计划应根据各渔业特性量身定制;应包括生物参考点,其水平至少应能确保鱼类资源的捕捞水平能长期持续;制订或修订渔业管理计划,各国和区域渔业管理组织应考虑类似或相关渔业、物种和生态系统现有的有关信息,应建立适当的透明与包容性程序。[4]

各国和区域渔业管理组织应建立一个透明系统,对渔业管理计划、养护与管理措施实施定期评估,审查其成效,以便适时作出调整。为此目的,各国和区域渔业管理组织应定期评估关于深海鱼类资源、脆弱海洋生态系统位置、渔业活动对生态系统及生物多样性影响等方面的科学信息;对深海渔业数据、影响评估、养护与管理措施的成效等进行定期的独立评估。[5] 在制定与实施养护与管理措施时,应当考虑满足发展中国家在财政和技术援助、技术转让、培训和科学合作等领域的需求,尤其是在渔业的初级阶段,加强其发展和管理深海渔

---

[1] FAO. International Guidelines for the Management of Deep-Sea Fisheries in the High Seas. Rome: FAO, 2009, paragraphs 54-60.
[2] Idb①, paragraph 63.
[3] Idb①, paragraph 65.
[4] Idb①, paragraphs 75-80.
[5] Idb①, paragraphs 81-83.

业以及按照国际法和《负责任渔业行为守则》第 5 条参与公海渔业的能力，包括此类渔业的入渔权。[1]

5.5.3 管理进展

在全球海洋已建立具有管理功能的区域渔业管理组织 20 个，基本覆盖了公海的主要渔业区域。区域渔业管理组织重点对深海底拖网采取关闭或暂时关闭措施，限制渔船的渔获量和作业范围，但必须符合国际法的规定。加强对渔业活动监测监督，收集数据以评估底拖网对脆弱海洋生态系统的影响。沿海国和区域渔业组织酌情合作，根据脆弱海洋生态系统标准[2]评估全球海洋资源，在没有区域渔业管理组织的海域加快建立管理组织，并要求沿海国实施并制定相应的国家政策和法律，以加强深海渔业管理，包括保护脆弱海洋生态系统。同时，还注意到发展中国家的特殊要求，尤其是满足发展中国家在财政、技术转让和科学合作等方面的需要。已经采取管理措施的区域性渔业管理组织及其管理措施主要有以下几个。

1）东北大西洋渔业委员会（NEAFC）

早在 2002 年，东北大西洋渔业委员会就将监管范围扩大到深海物种，于 2003 年开始在公海上监管底层捕捞活动，禁止在罗科尔浅滩使用除延绳钓外的其他渔具。2004 年，东北大西洋渔业委员会关闭了公海管辖区内的 5 个海山和部分雷恰内斯海岭，禁止底拖网捕捞和使用定置渔具，为期 3 年；自 2006 年开始，封闭了冰岛南部的公海深海捕捞区域。2008 年 7 月，东北大西洋渔业委员会通过了对在其管辖区内的底层捕捞活动的附加综合措施，包括：通过处理捕捞船舶上的观察员收集的数据，增加对深海脆弱生态系统的了解；发展负责任捕捞技术，以避免或减轻对脆弱海洋生态系统的不利影响。在 2011 年的年会上，东北大西洋渔业委员会通过了禁止捕捞深海鲨鱼的提议，但禁止捕捞红罗非鱼的提议没有得到通过。

2）南极海洋生物资源保护委员会（CCAMLR）

南极海洋生物资源保护委员会制定和实施了南大洋底层渔业活动的全面监

---

[1] FAO. International Guidelines for the Management of Deep-Sea Fisheries in the High Seas. Rome: FAO, 2009, paragraph 85.
[2] 脆弱海洋生态系统标准：①独特性或稀有性；②栖息地的功能意义；③脆弱性；④造成恢复困难的构成物种的生命史特征；⑤结构复杂性。

管措施，包括禁止在南乔治亚大陆架用底拖网捕捞鲭冰鱼及其他底栖鱼类，暂停进行所有底拖网捕捞活动。对于特殊情况需要进行底拖网作业的渔船，只有事先对其捕捞活动的影响作出评估，方可通过一个发放许可证的程序才能取消这项禁令。

3) 西北大西洋渔业组织（NAFO）

西北大西洋渔业组织从 2006 年开始关闭了一些海山和珊瑚礁、海绵区域的底层渔业，并在 2011 年年会上决定将这些封闭区的期限延长到 2014 年。此外，西北大西洋渔业组织决定收集那些非常脆弱以致可能被深海渔业伤害的物种和生态系统的信息，到 2016 年，要求深海捕捞活动在许可前应进行环境影响评价。目前已经根据《公海深海渔业管理指南》列出了作为脆弱海洋生态系统构成部分的 14 种有鳍鱼类种群信息。

4) 地中海渔业综合委员会（GFCM）

地中海渔业综合委员会于 2005 年 2 月通过决议，禁止在超过 1000 米水深的区域进行底拖网捕捞活动。

5) 东南大西洋渔业组织（SEAFO）

东南大西洋渔业组织自 2011 年 1 月 1 日起，关闭了 4 个区域的 11 个海山区的渔业活动；2012 年 12 月又通过决议（2013 年 2 月 6 日生效），要求各成员向秘书处提交在上述关闭区域以外海域的底层渔业作业位置，以绘制现有底层渔业的捕捞足迹（fishing foot print），首先是底拖网渔业；在新区域新开发底层渔业的，需提前评估对脆弱海洋生态系统的影响，并提交详细的捕捞作业计划、防止对脆弱生态系统重大影响的措施计划、渔获量监测计划、数据收集计划，在船上配置观察员，在指定的区域作业。

6) 南太平洋区域渔业管理组织（SPRFMO）

南太平洋区域渔业管理组织成员在《南太平洋公海渔业资源养护与管理公约》生效（2012 年生效）前，于 2007 年 5 月的公约谈判中通过临时措施，从 2007 年 9 月 30 日起在南太平洋公海区域冻结现有的底层渔业规模，并要求不得将现有底层渔业扩展到未曾作业过的区域；2010 年起建立养护和管理措施，以防止底层渔业对脆弱海洋生态系统和深海鱼类种群长期可持续性造成重大不利影响。

在新的国际区域渔业管理组织建设方面，《北太平洋公海渔业资源养护与管理公约》在谈判过程中，于 2007 年 2 月通过了"保护西北太平洋脆弱海洋生态系统及公海底层渔业可持续管理机制"。2011年，该公约谈判达成，根据该公约建立了北太平洋渔业委员会（NPFC）。北太平洋渔业委员会初期的首要管理目标是涉及脆弱海洋生态系统的公海底层渔业管理，在2011年会议上通过了保护东北太平洋脆弱海洋生态系统临时管理措施，要求整个北太平洋的公海底层渔业接受100%观察员、事前提报作业计划、减缓计划、渔获监控计划及资料收集计划，并通过各成员国公务船舶、飞机监督执行。

5.5.4 主要影响

部分区域渔业管理组织已经采取了在部分区域暂停底拖网渔业、收集数据以评估底拖网对脆弱海洋生态系统的影响等措施。但是，由于国际社会有关各方仍存在分歧，脆弱海洋生态系统以及深海底层渔业对其影响的信息也存在不足，是否全面禁止以及如何有效管理公海底层渔业尚难以定论。

美国、新西兰、澳大利亚等国是禁止公海底拖网作业的支持者，早在2006年联合国大会渔业相关决议的非正式协商会议上，美国就提出禁止公海底拖网的提案；新西兰自2008年开始在南太平洋公海禁止其本国的底拖网作业，并建议其他国家自愿采取相同的措施。但加拿大不支持暂时禁止公海底拖网渔业，认为这不是最有效的方法，真正的解决方法必须具有可行性，且符合公正原则；日本也认为暂时禁止公海底拖网渔业并不恰当，应采取大多数渔业国家都可以接受的办法。在非政府国际组织方面，深海养护联盟等极力呼吁暂时停止公海底拖网渔业，认为这是保护公海脆弱海洋生态系统和生物多样性最好的短期措施，但因为底拖网渔业在渔获物供应中的重要地位，国际水产协会等渔业产业组织反对禁止底拖网作业。

保护脆弱海洋生态系统，是否禁止底拖网作业，究其根本是资源、环境利益分配不对等和人们对资源、环境、人类经济活动在价值观念上的差异。对于深海底层渔业的管理而言，需综合考虑管理措施产生的多方面影响，在确保脆弱海洋生态系统不受重大不利影响和深海生物资源养护与长期可持续利用的同时，还要兼顾渔业利益，否则，简单的禁止措施就难以被广泛接受。

鉴于脆弱海洋生态系统及深海底层渔业对其的影响尚有很多未知信息和不确定性，以及目前有关各方存在的分歧，对公海的深海底层渔业采取限制措施应针对特别区域或特定情况，而不是全面停止深海底层渔业，同时应符合联合国粮食及农业组织《负责任渔业行为守则》所确定的原则与标准，且不损害《公约》等国际法确定的国家在公海上的合法权益，经所有利害关系方参与协商后才能实施。因此，短期内应该由国际海底局和区域渔业管理组织适时决定采取何种措施，包括对已知或可能存在脆弱海洋生态系统的水域暂时关闭深海底层渔业。

5.6 特别环境关注区

5.6.1 指导原则

克拉里昂-克利珀顿区（简称"C-C区"）位于东中太平洋，在夏威夷群岛之南和东南。一般理解是，管理地区的地理界限约在0°—23°30′N，115°—160°W，包括在这个框格内在国家管辖范围以外的地区。"区域"的南北界限是ENE-WNW走向的克拉里昂-克利珀顿断裂带，面积约450万平方千米。管理地区的海底大多在4000~6000米水深之处。地区地貌为海山，其中一些海山的深度可能不到2000米。

2012年，国际海底管理局审议通过首个区域环境保护计划——《克拉里昂-克利珀顿区环境管理计划》（以下简称《管理计划》）。该计划包括设立9个有特别环境关注的区域，以保护"C-C区"的生物多样性、生态系统结构和功能不受海底采矿的潜在影响，这是落实国际海底管理局及其承包者的环保责任的一种管理措施。具体指导原则如下。

（1）人类的共同继承财产原则。"区域"及其资源是人类的共同继承财产。对"区域"内资源的一切权利属于全人类，由管理局代表全人类行使。

（2）预警原则。《里约热内卢环境与发展宣言》原则15明文规定，在环境可能受到严重或不可逆的损害时，不得以缺乏充分科学确定性为由推迟采取有效措施防止环境退化。

（3）保护和保全海洋环境原则。所有国家都有责任保护和保全海洋环境。

（4）预先进行环境影响评价。预先评价可能对环境造成重大不利影响的活动。

（5）养护与可持续利用生物多样性。所有国家都有责任养护与可持续利用海洋生物多样性。

（6）透明度原则。国际海底管理局应当依照1998年《在环境问题上获得信息、公众参与决策和诉诸法律的公约》的规定以及国际海底管理局的规则和程序，使公众得以参与环境决策程序。

5.6.2 基本特征

20世纪60年代开始出现了商业开发海底多金属结核。目前已在三个地区发现具有经济价值的结核：北中太平洋、南太平洋的秘鲁海盆和北印度洋中部。据认为，从结核丰度和金属含量来看，最有前途的矿床位于C-C区，因此预计这将是第一个被开发的地区。目前，在C-C区内已有14个国家申请了15块具有专属勘探权和优先开采权的合同区。

深海采矿作业的基本程序包括：

（1）捡拾多金属结核，将其从周围的细粉海底泥浆分离；

（2）将结核扬升4000~5000米到海洋表面；

（3）将结核与扬升过程中夹带的海水和沉积物分离，运送到冶金加工设施。

这些作业程序都有环境风险，任何采矿工程都必须加以评估，尽量减少和减轻风险。捡拾结核和去除附带的粒泥浆从根本上扰动了矿区海底生境，在近海底造成沉积物羽流。扬升结核作业将同时夹带大量深海海水与附带生物群。随后将结核与用于扬升作业的海水分离时，除了排放这些海水外，还可能排放细粒沉积物和没有在海底被移走的结核残块。

C-C区内各处动物群落有所不同，生产力、深度和其他环境变量具有北至南和东至西梯度。为了保护克拉里昂-克利珀顿区的各种生境和生物多样性，必须禁止在分布于梯度各点的特定地区进行破坏性海底活动。

根据C-C区环境数据、种群分布、种群扩散能力和距离及生态替代变量，确定特别环境关注区（Areas of Particular Environmental Interest，APEIs）应有一个至少长与宽均为200千米的核心区，也就是说，核心区面积应足够大，使可能局限于C-C区某一分区域的物种能够维持最小可存活种群数，并包括某一分区域内所有各种生境变异性和生物多样性。此外，每个特别环境关注区的核心区周围应划出100千米宽的缓冲带，以确保核心区不受在特别环境关注区毗邻进行的活动所产生的采矿羽流的影响。因此，整个特别环境关注区的总面积（包括200千米×200千米的核心区和周围100千米宽的缓冲带）应该是400千米×400千米。

5.6.3 设计条件

在设计特别环境关注区时，具有重要生态或生物学意义的海洋区域科学标

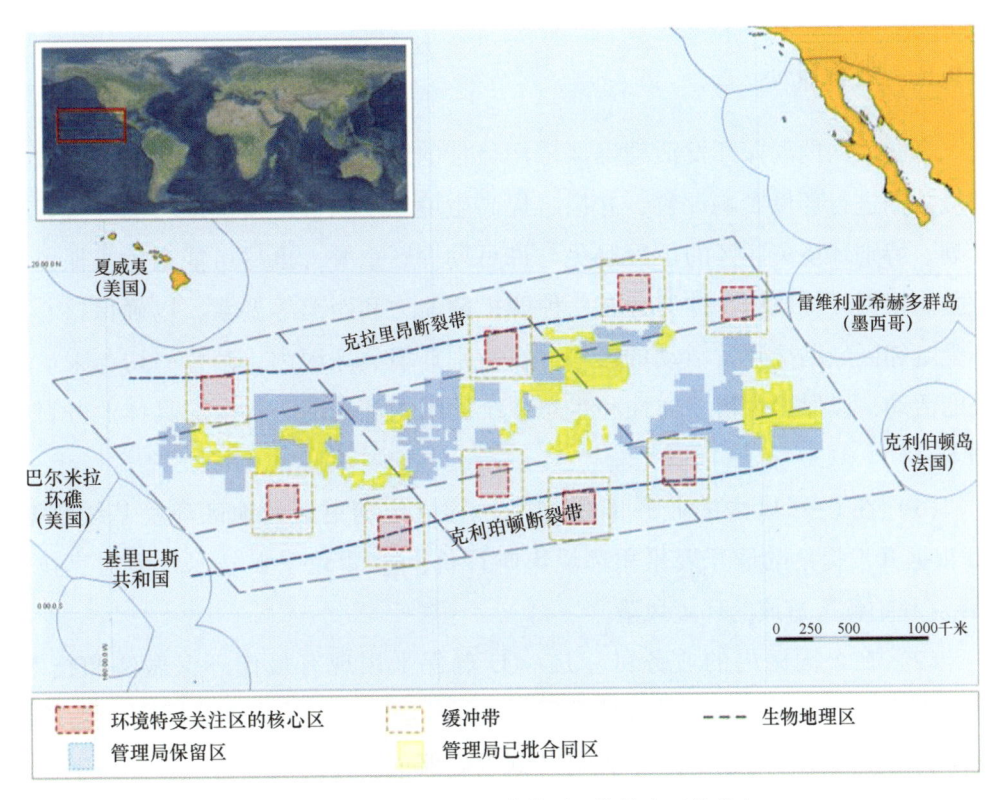

克拉里昂-克利珀顿断裂带特别环境关注区的分布

准尚未制定出台，但考虑到了：

（1）脆弱海洋生态系统，即联合国粮食及农业组织公海深海底捕捞标准所界定的生态系统；

（2）足以代表各不同生物地理区域的所有各种生态系统、生境、群落和物种的地区；

（3）面积足以确保选定保护的地貌的生态活力和完整性的地区；

（4）因地区的独特性、生物多样性或生产力而具有特殊意义的地区，以及对非鱼类物种的生活史具有特别重要意义的地区；

（5）随着可获得的科学信息的增加，采矿活动的空间管理可能要反映这些因素。

设立特别环境关注区后，国际海底管理局加强了与国际海事组织、《生物多样性公约》和东北大西洋环境保护委员会等相关进程和国际组织的协调与协商，考虑航行、渔业等人类活动的综合影响。

5.6.4 业务目标

合同区内的勘探开发活动确保采用最佳的勘探和开发环境保护技术，收集环境数据进行环境影响评价，并拟定提高生境和动物群落恢复能力的环境管理计划。特别环境关注区的位置避免与许可勘探区重叠，也尽可能避免与保留区重叠。根据环境数据、种群分布、种群扩散能力和距离等要素，以确保核心区不受毗邻区域勘探开发活动的影响。在特别环境关注区内，禁止一切与采矿有关的活动，以保护生物多样性和生态系统的结构和功能。各区的具体业务目标如下。

（1）在 C-C 区内的业务目标是：① 建立定期更新的地区环境基线数据；② 根据开发提案酌情开展累积环境影响评价；③ 审议采矿技术发展对克拉里昂-克利珀顿区造成的环境风险。

（2）在合同区内的业务目标是：① 确保采用现有最佳环保做法和技术；② 汇集和传播承包者收集的环境数据以进行环境影响评价；③ 制定建立影响参比区和保全参比区的导则；④ 拟订计划以确保负责任的环境管理，提高生境和动物群落的恢复能力。

（3）在特别环境关注区内的业务目标是：① 建立一个禁止采矿活动的代表性海底地区系统，以保护生物多样性和生态系统的结构和功能，这个系统必须及早建立，避免其他采矿权进一步削弱设计一个在科学上有效的系统的能力；② 使特别环境关注区包括多种见于克拉里昂-克利珀顿区的生境类型，例如，海山和断裂带结构；③ 建立一个特别环境关注区系统，避免与申请区和保留区发生重叠；④ 划定禁止采矿活动地区的位置，向现有和潜在承包者提供一定的明确度。

5.7 海洋空间规划

5.7.1 主要理念

围绕"协调海洋资源开发的人类活动"主题，1992年召开的联合国环境与发展大会通过的《21世纪议程》提出海岸带综合管理；围绕"海洋生态系统的服务功能与价值的持续供给"主题，2002年世界可持续发展高峰会议呼吁开展基于生态系统的管理。海岸带综合管理将人类独立于生态系统之外，寻求解决海岸带资源利用的冲突，但部门管理的格局没有根本改变，相互之间的矛盾依然存在。基于生态系统的海洋管理将人类作为生态系统的一部分，实现海洋生态系统的健康发展，但根据生态系统完整性划定的管理边界与传统的行政管理体系相悖，这一理想模式很难实现。

在受人类活动影响较小的海域建立海洋保护区的过程中，如澳大利亚的大堡礁海洋公园，人们逐渐认识到"时间"和"空间"因素在海洋管理中的重要性，开始萌生运用空间规划手段管理海洋的想法。空间规划是社会经济、文化和生态政策的地理表达，通过空间组织形式把分散于地理空间的资源和要素联系起来，也就是将时间发展序列投影在地域空间上，实现人口、资源、发展和环境的整合。在借鉴城镇和土地空间规划理论及实践经验的基础上，将空间规划概念应用到海洋管理中，经过不断探索，诞生了海洋空间规划理念。空间规划理论对发展海岸带综合管理、基于生态系统的海洋管理，以及应用空间规划手段进行海域使用管理具有积极作用和实践意义。

5.7.2 主要理论

海洋空间规划以生态系统为基础对人类海洋活动进行管理，是对人类利用海洋作出综合的、有远见的、统一的决策规划过程。其基本概念可表述为：在强调时间过程的适应性管理和空间格局的有效性利用的基础上，创建和建立海洋空间各种利用之间相互作用的合理组织机制，平衡各种开发需求与环境保护之间的关系，并以公开和有计划的方式来达到社会和经济目标。在促进资源可持续利用、优化海域利用、协调解决人类利用与自然环境、使用者之间冲突上具有重要的效用。

5.7.2.1 多类型的空间范畴

海洋空间规划强调空间特性和时间过程在海域使用中的重要性，是立体式的海洋管理，相比而言，海岸带综合管理和基于生态系统的海洋管理则是基于二维平面的海洋管理，通过政治法律途径，根据利用形式来分析和划分"海洋三维空间"，最终达到预期的生态、经济、社会目标。根据海洋系统的类型特征阐明海洋空间规划的不同主题，且宏观尺度为微观尺度提供指导性框架，紧密结合不同尺度下的人类海洋活动类型，根据管辖区域适用不同的海洋政策。

5.7.2.2 多目标的规划管理

目标驱动型的海洋空间规划，根据区域的问题和特点采用不同的管理方式，成功与否取决于各方面利益的协调与平衡。海岸空间规划不仅解决生态环境问题，同时还考虑利益相关者（尤其是当地居民）的需求与愿望，包括经济发展、生态系统健康、社会需求等。首先，通过空间的适宜性分析，对人类活动进行合理的时空安排；其次，根据规划限制人类活动的方式和强度，进行情景预测和不确定性因素分析；最后，形成满足不同目标需求的近期、远期规划方案。如美国在制定路易斯安娜海岸带湿地恢复与保护规划时，考虑了如下方面：海岸带湿地资源评价；湿地丧失过程的评价；解决问题的可行方式；通过支持性示范项目，获得最佳短期和长期解决方案；确定计划实施的行动。

5.7.2.3 基于生态系统的管理

在自然资源利用过程中，人类逐渐认识到追求资源的多用途和持续产量的资源管理会导致生态系统退化，开始萌发基于生态系统的方法进行环境资源管理的理念。美国生态学会生态系统管理特别委员会在1995年的一份评价报告中全面且系统地阐述了生态系统管理的概念。

随着世界海洋渔业资源的普遍衰退，发现仅考虑目标生物资源管理而不在生态系统水平上研究渔业生物与环境的相互关系是难以达到预期效果的，1984年美国首先提出大海洋生态系的概念，强调应从生态系统的角度保护海洋生物资源。此外，维持并提高海洋生态系统的服务价值，必须认识到人类活动的影响并有效管理人类的行为，不能简单地认为减少环境压力，海洋生态系统就恢复到原初状态。在遵循生态学原则基础上，进一步提出了海洋空间规划应将人类活动作为生态系统的一部分进行管理的思想：①通过不同形式的人类海洋活动来阐述海洋生态系统的结构和功能；②全程关注人类海洋活动的行为以及对海洋环境产生的影响；③应用3S技术为新出现的和以前难以获得的科学信息提供一个管理框架；④应用生态制图技术明确目前冲突的和相兼容的人类海洋活动；⑤指导涉海部门由孤立管理转变为综合管理和政策的制定。

5.7.2.4 跨部门的综合管理

海洋空间的多用途性往往导致资源利用和空间竞争冲突的产生，全面分析各种冲突的不同表现形式、产生原因和解决机制，才能对海洋活动进行有效管理。综合管理需要多部门协作配合，综合运用社会、经济、环境、法律等多方面技术来实现。欧盟海洋空间规划突出跨界合作和计划的重要性，不管是在北海还是在波罗的海，区域组织（北海区域的奥斯陆—巴黎公约组织，波罗的海区域的赫尔辛基公约组织）都极其努力促进周边国家加入其海洋空间计划，在更广阔的区域背景下，将各国境外的生态系统问题纳入海洋空间计划。

5.7.3 进展情况

海洋空间规划的区域实践最早可追溯到20世纪70年代的澳大利亚大堡礁海洋公园。过去大多是关于海洋保护区的管理，最近较多地关注于海洋空间的多用途性，尤其是在矛盾冲突显著的地区，如欧洲北海。自20世纪90年代以来，欧盟及其成员国针对海洋管理，提出了一系列加强工作的建议和措施：2002年欧盟委员会发布的《海岸带综合管理建议书》明确提出了海洋空间规划应作为区域资源管理的重要组成部分；2005年发布的《欧盟海洋环境策略纲要》详细阐述了海洋空间规划支持性框架；2006年发布的《欧洲未来海洋政策绿皮书（2006）》指出海洋空间规划是解决海洋经济冲突和生物多样性保护问题的关键手段；2007年发布的《海洋综合政策蓝皮书》指出必须利用海洋空间规划手段，恢复海洋环境健康状况，实现可持续发展。在欧盟委员会一系列海洋政策的指导下，欧盟成员国及其他一些国家开始利用海洋空间规划手段，推动本国的海洋开发利用管理工作，初步完成了其领海范围内的海域利用规划和区划工作，并形成了复杂的"地方—区域—国家—国际"等多层次多尺度的规划管理体系。2003年比利时建立的海域总体规划，是最早在其领海和专属经济区开展海域空间多用途规划系统的国家之一。荷兰建立了有效利用海洋资源的"北海2015海洋综合管理计划"，海洋空间管理是该计划的关键手段。2004年7月，德国把联邦空间规划法案扩展到海洋专属经济区，在专属经济区建立海洋空间规划总体框架，2005年完成北海和波罗的海的海洋空间规划草案和相关的环境报告。2005年英国提出的爱尔兰海域多用途区划引起了广泛关注。

5.7.4 主要影响

人类活动与自然环境响应的研究可以揭示海洋环境问题产生的机制，是制定政策的基础；海域多用途使用部署了管理行动，是有效实施管理的依托；政策与法规体现了国家意志，是有效实施管理的保障。海域使用过程的监控和效用评估确定了管理方向，是适应性管理的依据。用海关系的协调与利益冲突的减少是管理的核心；新技术方法的应用可以提高管理效率。基于生态系统的管理是当前国际海洋综合管理发展的新方向，美国、欧盟、澳大利亚等实施的海洋空间规划在协调人类活动和海洋环境关系方面取得了丰富成果。

6 海洋遗传资源

1毫升海水中存在10^5个微生物个体,共有$3.6×10^{29}$个微生物细胞生活在海洋中,总量超过地球全部微生物的10%,而在深海沉积物和海底的生态系统中存在的微生物更是多达地球全部微生物的50%。[①] 海底的热泉、冷泉、海山以及各类沉积物都是微生物的栖息地,其中深海沉积物是地球上仅次于海洋的第二大生物栖息地,拥有大量的原核和真核生物。[②] 已有科学家根据特定深海海床生态系统进行分析预测,整个深海海床可能蕴藏着数百万个物种。典型的深海生态系统包括热液、冷泉、深海珊瑚、海山、多金属结核区等。沿洋脊分布的热液喷口周围活跃着蓬勃的生物群落,包括管状蠕虫、贻贝、蛤、虾以及广泛存在的微生物;海山广泛分布,有着生物岛的作用;广袤的海底盆地沉积物中分布着种类丰富的多毛环节类动物、线虫和有孔虫等生物群落。这些生物可以生存在海底独特的环境中,如高压、高温、无光等。

海洋遗传资源的价值,主要是经济价值、生态价值和科学价值,其中经济价值是人们关注的重点。由于海洋遗传资源往往分布在一些比较独特的环境中,它们具有一般生态环境中的生物所不具有的独特功能,比如,抗高压、耐寒或者耐热,又或者有较为独特的新陈代谢方式,如以热能作为能量来源等。这些独特的功能经过研究、实验,在医药等领域能获得巨大的收益。生态价值主要在于这些海底生物构成了独特的生态系统,是生物多样性的一部分。海洋遗传资源的独特性引起了科学家和一些经济实体的极大兴趣。

20世纪50年代,世界上第一种海洋生物活性化合物——海绵尿苷(spongouridine)及海绵胸苷(spongothymidine)首次从加勒比海绵中分离出来,后被证明具有抗癌和抗病毒功效。其后30年间,宏遗传组文库(metagenomic libraries)及全遗传打靶测序(whole-genome shotgun sequencing)等技术的出现,使海洋生物次级代谢产物研究得到了很大发展。有学者研究了1999—2004年期

[①] 廖丽.《深海沉淀物和共生关系中海洋微生物的多样性》. 杭州:浙江大学, 2012年, 第1页。
[②] 同①, 第3页。

间报道的海洋天然产物（marine natural products，MNP）具有抗肿瘤和细胞毒性特征文章的期刊数量及相关海洋天然产物种类，发现刊文数量及海洋天然产物发现数量呈递增趋势，且主要为聚酮化合物（polyketides）、萜类化合物（terpenes）、含氮化合物（nitrogen containing compounds）及多糖（polysaccharides）。可以说，海洋天然产物是未来海洋生物资源利用的重要对象。

但是，海洋遗传资源的商业化开发利用往往由世界上少数几个生物技术发达国家所垄断。他们利用国际法在公海的管制空缺，以科研的名义，自由地进行生物资源采探和收集。收集的资源保存在由国家出资建设的保藏机构中，并交由科研机构进行研究，一旦发现有商业价值的活性成分，便进行大规模的产品开发和利用，获取更多的惠益。但他们利用这些海洋遗传资源并未参与惠益分享过程，也没有对保护海洋生物多样性和可持续利用海洋遗传资源做出贡献。

海洋遗传资源的获取和惠益分享是各方关心的主要问题之一[①]，也是国际协定谈判的焦点和难点。解决该问题的关键是如何确保对海洋遗传资源研发产生的利益惠及国家管辖范围以外区域海洋生物多样性保护和可持续利用工作。《联合国海洋法公约》（以下简称《公约》）没有关于海洋遗传资源的具体规定，关于遗传资源获取和惠益分享相关的法律制度主要体现在《生物多样性公约》《生物多样性公约关于获取遗传资源和公正公平分享其利用所产生惠益的名古屋议定书》（以下简称《名古屋议定书》）和《粮食和农业植物遗传资源国际条约》（ITPGRFA）等国际文书中，这些文书对海洋遗传资源管理不具有普适性，但相关法律条款对制定海洋遗传资源的获取和惠益分享制度仍具有借鉴意义。

6.1 《生物多样性公约》及《名古屋议定书》

1992年联合国通过了《生物多样性公约》，该公约是全球缔约方最多的环境公约，公平公正地分享因利用生物遗传资源产生的惠益是该公约的三大目标之一。《生物多样性公约》第15条规定：遗传资源具有国家主权，能否获取取决于资源提供国政府和国家法律；获取遗传资源须征得资源提供国的"事先知情同意"，并在"共同商定条件"下确定惠益分享方案。此外，第8条第（j）款也提出尊重和维持土著与地方社区拥有的、能够体现生物多样性保护和可持续利用的传统知识、创新和实践，并促进其利用与惠益分享。

---

① Leary D, Vierros M, Hamon G, et al. Marine Genetic Resources: A review of Scientific and Commercial Interest. Marine Policy, 2009, 33: 183-194.

为推动惠益分享目标的实现，1998年，《生物多样性公约》第四次缔约方大会决定成立获取和惠益分享问题不限成员名额特设专家工作组，就获取和惠益分享议题开展谈判。2010年10月18—29日在日本名古屋召开的《生物多样性公约》缔约方大会第10次会议上，通过了《名古屋议定书》。

《名古屋议定书》文本共有36条，1个附件，其核心内容主要包括范围、获取（区分利用目的）、惠益分享（包括性质和分配方式）、遵约机制（包括来源证书）等方面。

《名古屋议定书》于2014年10月正式生效。根据公约秘书处公布的情况，截至2016年5月，已有73个国家加入、批准、接受、核准了该议定书，成为缔约方。此外，还有46个国家签署了该议定书，正在准备国内的批准程序。

6.1.1 范围

范围问题涉及《名古屋议定书》第2条、第3条及第4条，重点解决了《名古屋议定书》的适用范围以及与《粮食和农业植物遗传资源国际条约》等其他专门性条约的关系。

《名古屋议定书》的最后妥协结果是将遗传资源、衍生物、遗传资源相关传统知识这三项一并纳入获取与惠益分享的范围。《名古屋议定书》第3条规定："本议定书适用于《生物多样性公约》第15条范围内的遗传资源以及利用此种资源所产生的惠益。还适用于与《生物多样性公约》范围内的遗传资源相关的传统知识以及利用此种知识所产生的惠益。"同时，根据《名古屋议定书》第2条关于"遗传资源利用"的定义，还适用于衍生物。这些衍生物是指"由生物或遗传资源的遗传表现形式或新陈代谢产生的、自然生成的生物化学化合物，即使其不具备遗传的功能单元"。衍生物如蛋白质、脂类、糖类等虽然本身并不含有DNA或RNA等遗传物质，但却是许多医药、护理、保健等产品开发的重要原料。

《名古屋议定书》第4条明确规定，议定书不妨碍缔约方执行《粮食和农业植物遗传资源国际条约》《植物新品种保护国际条约》等其他专门性国际协定，但前提是这些国际文书或协定必须支持而不违背《生物多样性公约》与《名古屋议定书》的目标。第4条第3款则确认了《名古屋议定书》与其他国际协定和文书的协作方式，即以相互支持的方式共同实施。据此，《名古屋议定书》适用范围排除了列于《粮食和农业植物遗传资源国际公约》附录中的用于粮食与农业用途的植物遗传资源，粮食和农业植物遗传资源的获取和惠益分享将适用于《粮食和农业植物遗传资源国际公约》建立的多边惠益分享机制。

此外，鉴于《生物多样性公约》本身已明确适用于国家管辖范围内的生物多样性，而公海和极地已超出国家管辖范畴。据此，公海与极地的生物遗传资源的获取和惠益分享问题将分别依照《公约》和《南极条约》等国际法处理。

6.1.2 获取

获取问题主要涉及《名古屋议定书》第6条、第7条及第8条。《生物多样性公约》第15条规定，获取遗传资源需要服从"事先知情同意"（PIC）的程序，并遵从资源提供方的国内立法。因此，"事先知情同意程序"和"遵从国家立法"也成为《名古屋议定书》的强制性制度。《名古屋议定书》规定：①遗传资源的获取需经该资源原产国缔约方或依据《生物多样性公约》获得该资源的缔约方的"事先知情同意"；②根据国内立法，确保在获取传统知识时得到土著和地方社区的"事先知情同意"；③要求"事先知情同意"的各缔约方应采取必要的立法、行政或政策措施，以期对其法律上的确定性、明晰性和透明性作出规定，并为获取和共同商定条件等订出明确的规则和程序。上述第1款和第2款可视为对提供遗传资源和相关传统知识的发展中国家权利的制度保障；第3款则是对发展中国家国内执行《名古屋议定书》能力提出明确要求，这在国家执行能力较强的情况下可能有利于国家能力建设，但在国家能力不足的情况下，也可能增加执法成本，甚至成为一种负担。

对于非商业性研究，《名古屋议定书》以特殊考虑的方式规定："缔约方应创造条件，包括利用关于非商业性研究目的的简化获取措施，促进和鼓励有助于保护和持续利用生物多样性的研究，特别是在发展中国家，同时考虑到有必要解决研究意图改变的问题。""适当注意根据国家和国际法所确定的各种威胁或损害人类、动物或植物健康的当前或迫在眉睫的紧急情况。缔约方可考虑是否需要迅速获得遗传资源和迅速分享利用此种资源产生的惠益，让有需要的国家，特别是发展中国家获得支付得起的治疗。"这些规定既反映了发展中国家的诉求，也满足了发达国家的关切。

6.1.3 惠益分享

惠益分享问题主要涉及《名古屋议定书》第5条及其附件。《名古屋议定书》最终文本基本上体现了发展中国家的要求，要求使用方要与提供遗传资源的缔约方分享因利用资源以及嗣后的利用和商业化所产生的惠益,分享时应遵循共同商定的条件;并要求缔约方酌情采取立法、行政或政策措施,以落实惠益分享的规定,同时要确保与持有相关传统知识的土著和地方社区在共同商定的条件下公平分享惠益。这些规定使"惠益分享"成为有法律约束力的缔约方义务,可确保提供遗传资源及相关传统知识的发展中国家能够分享惠益。

《名古屋议定书》附件列举了惠益分享形式的指示性清单,这些惠益既包括资源获取费、版权费、商业化许可费、向支持生物多样性保护信托基金提供的捐款、研究资助、合资开发等一揽子货币惠益,也包括合作研发、成果共享、参与产品开发、技术转让等非货币惠益。

6.1.4 遵约机制

遵约主要包括《名古屋议定书》第15条、第16条、第17条以及第18条,包括遵守国家立法或管制要求、监测遗传资源的利用及遵守共同商定条件3项内容。

《名古屋议定书》最后文本确立了证书制度,规定:"国际公认的遵守证书应可资证明,其所涵盖的遗传资源是按照事先知情同意获得并订立了共同商定条件,以符合提供事先知情同意的缔约方的获取和惠益分享国内立法或监管要求。"对于设立检查点,《名古屋议定书》只是将设立检查点作为监测遗传资源的利用情况并提高遗传资源利用透明度的一种措施,而不是一项刚性要求;另外,《名古屋议定书》还将检查点的工作弱化为仅限定在酌情收集或接收关于事先知情同意、遗传资源的来源、共同商定条件的订立和(或)酌情关于遗传资源的利用情况信息。此外,对于发展中国家特别要求的"披露遗传资源来源"的义务,该议定书甚至没有涉及。

6.1.5 能力建设

《名古屋议定书》第22条对能力建设做了具体要求和规定,这些内容涵盖很广,但主要包括资金、能力建设优先需求等。能力建设是发展中国家所主张的要求,总体有利于整个发展中国家阵营。该条明确了以下几点:①缔约方之间要在全球、区域、次区域和国家层面开展能力建设合作,加强人力资源和体制能力,以便使发展中国家缔约方能够有效履行议定书;②能力建设应当充分考虑到发展中国家缔约方在履行议定书时产生的资金需要;③能力建设的优先领域需由发展中国家经过国家能力自我评估查明。此外，该条还列举了能力建设的可能领域。《名古屋议定书》生效后，发展中国家可以据此向全球环境基金（GEF）等国际组织申请履约所需资金，也可在多边、双边渠道通过国际合作获取所需要的其他能力。

《名古屋议定书》是生物遗传资源提供国（主要是发展中国家）和遗传资源使用国（主要是发达国家）之间妥协的产物，基本体现了生物遗传资源提供国和使用国的平衡，大体照顾了双方关切，但在焦点问题上主要体现了生物遗传资源提供国的利益。

（1）从适用范围来看，《名古屋议定书》适用于遗传资源、衍生物和相关传统知识，后两者实际上已超越了《生物多样性公约》第15条的原有范围，满足了遗传资源提供国的要求。因为衍生物是对遗传资源概念的极大扩展，包含衍生物则意味着确保遗传资源的主要利用方式都能纳入获取与惠益分享制度，而包含遗传资源相关的传统知识，则体现了对土著和地方社区的尊重，也将有利于具有丰富传统文化的国家。

（2）从实质性内容来看，关于获取与惠益分享都有明确规定，基本上满足了发展中国家的诉求。一是遗传资源（包括衍生物）的获取，必须经过提供遗传资源国家的"事先知情同意"，传统知识的获取还须经土著和当地社区的事先知情同意。《名古屋议定书》规定这种"事先知情同意程序"是强制性的，这一点与《生物多样性公约》第15条一致，基本上满足了遗传资源提供国的要求；二是对于惠益分享，《名古屋议定书》规定了遗传资源使用方应与提供方在共同商定条件的基础上公平公正地分享因利用资源而产生的惠益，在涉及传统知识时还需要与地方社区公平分享因利用传统知识而产生的惠益，这一点符合《生物多样性公约》第15条和第8条第（j）款的规定，也满足了遗传资源提供国的要求。

（3）从履约前景来看，虽然遵约力度弱化，但也留有广阔空间。《名古屋议定书》只是提出监测遗传资源获取后使用情况的措施，包括签发国际公认的遵守证书、设立检查点等，但该议定书本身并没有规定建立强制性的监测检查制度，也没有规定在申请专利时必须披露遗传资源来源的要求。因此，尽管在前面三个焦点问题上满足了遗传资源提供国的要求，但由于遵约条款的弱化，将削弱《名古屋议定书》的遵守和履行力度。虽然在遵约方面有所弱化，但《名古屋议定书》也给各缔约方政府留有空间，即各国政府可采取立法的、政策的和行政的措施，加强对获取、惠益分享以及遵约的监管。

总体上，《名古屋议定书》重申了各国对其遗传资源的主权权利，确立了获取遗传资源须经主权国家"事先知情同意"，并将《生物多样性公约》有关惠益分享的目标发展成具体的规则，有利于限制发达国家的"生物剽窃"行为，促进发展中国家共享生物遗传资源的惠益。

但是，该文本仍有不足，尤其是处理跨界存在的遗传资源时，不能做到公平公正。《名古屋议定书》第10条提出的全球多边惠益分享机制为解决这类问题提供了契机，但该议题目前并未得到国际社会的一致意见，尚需深入谈判。

6.2 《名古屋议定书》关于全球多边惠益分享机制

全球多边惠益分享机制的讨论始于2007年，由非洲集团在蒙特利尔召开的获取和惠益分享问题不限成员名额特设专家工作组第五次会议期间正式提出，其最初目的是试图解决跨界情况下或不能授权/获得"事先知情同意"等特殊情况下利用遗传资源和传统知识所产生惠益的分享问题，立即引起了谈判各方的关注。

随着磋商和谈判的深入，遗传资源提供国和使用国逐渐意识到该问题在技术上存在许多难点，主要包括时间范围、地理范围、来源不清且跨境存在的相关传统知识、病原体、从非商业研究中偶然发现的遗传资源利用价值等问题。实践中，这些情况客观存在，但从法律角度来看，难以用法律条款的形式对这些情况进行描述和规范。

《名古屋议定书》第10条规定，缔约方应考虑制定全球性多边惠益分享机制的必要性及相关的模式，以便处理在跨境情况下或无法准予或获得"事先知情同意"的情况下由利用遗传资源和遗传资源相关的传统知识所产生的惠益的公正和公平的分享。遗传资源和与遗传资源相关的传统知识的使用者通过这一机制所分享的惠益，应该用于支持全球生物多样性保护和其组成部分的可持续利用。

非洲集团认为，现有遗传资源获取和惠益分享国际制度的讨论局限于建立一种基于"事先知情同意"和"共同商定条件"（MAT）的"双边模式"。但这种模式显然不利于解决某些特殊情况下的惠益分享问题。目前，对该问题的讨论在《名古屋议定书》框架内继续进行，讨论的结果可能与《生物多样性公约》下国家管辖范围以外区域（ABNJ）生物多样性养护问题的讨论进程产生互动影响。

6.2.1 时间范围

非洲集团比较关注对《生物多样性公约》或其相关议定书生效前所获遗传资源和传统知识的重新利用产生惠益如何进行惠益分享的问题，指出欧洲诸国在《生物多样性公约》生效前就对非洲资源进行了勘探和采集，西方国家植物园已经收集了大量来自非洲的植物资源，对这些植物资源开发利用产生的惠益也需分享。

6.2.2 地理范围

非洲集团主张对以下遗传资源的开发利用进行惠益分享：①从公海及南极等国家管辖范围外获取的遗传资源；②异地收集的，原产国不明的，或在不同原产国间跨境存在的遗传资源。

6.2.3 相关传统知识

对一些来源不明且跨境存在的与遗传资源相关的传统知识，非洲集团也主张分享惠益。因此，他们强调建立一种"多边模式"的必要性，确保遗传资源获取和惠益分享国际制度不会出现漏洞。

6.2.4 病原体

非洲集团认为在紧急情况下，可以通过简化程序获取病原体等遗传资源。但是，这种紧急状况的获取行为必须也担负惠益分享义务。如果某国利用病原体申请专利产品，并产生私人经济利益，他们就必须公平公正地进行惠益分享。这种惠益可以包括非货币惠益（如提供国可以优先获取疫苗）和货币惠益（如制药公司产生的利润，可以通过中期借贷便利引导）。

6.2.5 非商业研究

对于原以科研等非商业化目的获取的遗传资源，在研究过程中偶然发现有利用价值，非洲集团认为这种情况也应该进行惠益分享，适用于多边惠益分享机制。

《名古屋议定书》谈判中关于全球多边惠益分享机制的未决问题

问题	争论焦点
时间范围	《生物多样性公约》或《名古屋议定书》生效前获取的遗传资源
地理范围	移地收集的或来源不明的遗传资源，在公海、南极地区获取的遗传资源
相关传统知识	来源不明或跨境存在的相关传统知识
简化获取	紧急情况下，通过简化程序获取病原体等遗传资源
非商业研究	原以科研等非商业化目的获取的遗传资源，在研究中偶然发现有利用价值

6.2.6 各方观点

6.2.6.1 提供国

非洲集团是全球多边惠益分享机制的支持者和推动者。该集团认为，全球多边惠益分享机制是一种多边模式，是《名古屋议定书》确定的以国内立法为基础的"双边模式"的必要补充，两者同为获取和惠益分享（ABS）机制国际制度的组成部分，其目的是要解决以下两种情况的惠益分享：一是跨界存在的遗传资源和相关传统知识；二是不能授权/获得"事先知情同意"等特殊情况下获取的遗传资源和传统知识，因利用这些遗传资源或传统知识产生的惠益将用于支持全球生物多样性的保护和持续利用。非洲集团试图通过推动全球多边惠益分享机制磋商，与遗传资源使用国就上表中所列未决问题进行后续谈判。同时，该集团还明确提出了更为具体的全球多边惠益分享机制运行模式框架——全球多边惠益分享机制将以"使用者付费"为原则，设立独立国际管理机构进行资金监管，并将其作为创新性资金机制的一个部分，筹集资金促进全球生物多样性战略计划（2011—2020年）的实施。

但以巴西为代表的部分遗传资源提供国并未对全球多边惠益分享机制的讨论予以明确支持，认为应首先讨论全球多边惠益分享机制与国家行使主权的关系，并担忧全球多边惠益分享机制对《名古屋议定书》业已确定的、由缔约方根据其国内立法处理遗传资源获取和惠益分享案例的模式造成损害。这是由于巴西等南美国家已建立了较为完善的国内法律法规和政策体系，而全球多边惠益分享机制无疑会使部分原可由国内立法处理的案例不得不进入多边领域。

6.2.6.2 使用国

出于履行国际义务和对非承诺的考虑，遗传资源使用国并未直接反对该进程。但为磋商进程预设了许多障碍。欧盟强调《名古屋议定书》尚未生效的现状，指出需由议定书生效后的名古屋缔约方大会决定正式启动关于第10条的磋商和讨论。欧盟还认为，当前应广泛收集各方观点和建议，确定该机制能够适用于哪些情况，明确与《名古屋议定书》《粮食和农业植物遗传资源国际条约》等国际条约建立的获取和惠益分享机制的一致性和重复性，再决定是否有必要建立全球多边惠益分享机制。但欧盟也警告，有关讨论不应涉及名古屋谈判中的未决问题，认为这会重开谈判。

加拿大认为，确定现实中是否存在非洲集团认为需要解决的事例，且《名古屋议定书》相关条款是否能够处理这些事例，是决定讨论该机制必要性的前提。同时暗示，非洲集团对全球多边惠益分享机制的一些建议很可能会妨碍国家对其遗传资源行使主权，并与其他国际协定的法律范围相冲突。

日本、瑞士等则担忧有关全球多边惠益分享机制的讨论会对《名古屋议定书》的生效和运作产生影响，认为促使议定书早日生效是《生物多样性公约》缔约方的首要任务，强调有关讨论也不应对国际条约形成抵触。

基于对全球多边惠益分享机制主要内容及国家立场的梳理，可以发现目前对于全球多边惠益分享机制这个议题，各方关注的焦点主要有两个：第一是建立全球多边惠益分享机制的必要性；第二是全球多边惠益分享机制建立的可能模式。虽然在《生物多样性公约》和《名古屋议定书》框架下，该议题处在各方磋商和谈判的阶段，没有形成较为成熟的成果，但是，该议题谈判过程中涉及的争论焦点对国家管辖范围以外区域海洋遗传资源获取和惠益分享相关活动的监管有重要的参考价值。

代表们支持建立全球多边惠益分享机制的必要性，主要基于在跨境以及不能通过"事先知情同意"获取遗传资源这两种情况下，《名古屋议定书》无法通过"事先知情同意"和"共同商定条件"程序公平公正地处理遗传资源及其相关传统知识的获取和惠益分享问题。而上述两种情况客观存在，但不适用于现有的"双边模式"。

非洲集团提出一种全球多边惠益分享机制的可能模式。他们将全球多边惠益分享机制设想为由利用遗传资源和传统知识的使用方提供资金，用于支持可持续利用和保护全球生物多样性。此外，这种模式也可以为利用异地收集的遗传资源这种活动提供一个明确的法律地位，更加规范和合理地处理此类惠益分享问题。

6.3 《粮食和农业植物遗传资源国际条约》

《粮食和农业植物遗传资源国际条约》是国际社会就粮食和农业植物遗传资源（以下简称"粮农植物遗传资源"）的保护、可持续利用、获取和惠益分享等问题达成的第一个具有法律约束力的条约，也是第一个专门解决粮农植物遗传资源问题的综合性国际条约，目前有113个国家承诺遵守。《粮食和农业植物遗传资源国际条约》的目标是，确保具有经济和/或社会重要性的植物遗传资源，特别是农业植物遗传资源可为植物育种和科学目的而被探测、保护、评价和获得。《粮食和农业植物遗传资源国际条约》第5条"植物遗传资源的可获得性"规定，当为科研、植物育种和遗传资源保护的目的而提出请求时，允许获取各国政府和机构控制之下的植物遗传资源的样本以及允许其出口样本的获取将是免费的，并以相互交换和共同商定的条件作为基础。

《粮食和农业植物遗传资源国际条约》包括序言、引言、一般条款、"农民权"、获取和惠益分享多边系统、支持成分、财务规定、机构条款八个部分，共计35条，此外还包括两个附件。

6.3.1 目标和范围

《粮食和农业植物遗传资源国际条约》第1.1条规定："本条约的目标与《生物多样性公约》完全一致，即为可持续农业和粮食安全而保护并可持续利用粮农植物遗传资源以及公平合理地分享利用这些资源而产生的惠益。"《粮食和农业植物遗传资源国际条约》设定了两个层次的目标，即保护、可持续利用粮农植物遗传资源以及公平合理地分享利用这些资源而产生的惠益，换言之，该条约最终是为了实现粮食安全和可持续农业的目标。

《粮食和农业植物遗传资源国际条约》第3条是关于该条约"范围"的规定，即该条约只适用于粮农植物遗传资源。需要注意的是，本条提出的"粮农植物遗传资源"是指所有的粮农植物遗传资源。根据第11条的规定，获取和惠益分享多边系统的范围的构成为：受缔约方管理和控制以及公共持有的附件一按照粮食安全和相互依赖性两个标准列出的粮农植物遗传资源。这意味着，作为一个整体的国际条约，包括关于保护、可持续利用、国际合作、支持成分、财务规定等的实质性规定，覆盖的是所有的粮农植物遗传资源，并不仅仅是附件一所列出的粮农植物遗传资源。

6.3.2 粮农植物遗传资源的保护和可持续利用

《粮食和农业植物遗传资源国际条约》第 5 条是关于粮农植物遗传资源的保护的规定。第 5 条为《粮食和农业植物遗传资源国际条约》三大目标之一，即为保护粮农植物遗传资源的实现提供了一个全新的行动框架。值得注意的是，根据第 5.1 条的规定，缔约方应"根据国家法律"，并"酌情与其他缔约方合作"加强综合措施的运用。"根据国家法律"和"酌情与其他缔约方合作"表明了缔约方有义务确立某种类型的法律框架和必要的机构，以加强综合措施的运用，但上述法律框架的具体特征则留待各缔约方自己决定。

《粮食和农业植物遗传资源国际条约》第 6 条是关于粮农植物遗传资源可持续利用的规定。第 6.1 条要求各缔约方制定并维持促进粮农植物遗传资源可持续利用的适当政策和法律措施。各缔约方在实施第 6.1 条规定时并不拥有自由选择的余地，充分反映了粮农植物遗传资源的可持续利用在确保粮食安全方面所发挥的关键作用。第 6.2 条列举了粮农植物遗传资源可持续利用的各种措施，这些措施主要包括：扩大主要作物的遗传基础；增加农民可获取的遗传多样性的范围；加强培育新的、特别适应当地环境的作物和品种的能力；探索和促进未充分利用作物的利用以及有效利用遗传多样性以减少作物的脆弱性。

6.3.3 "农民权"及其实现

《粮食和农业植物遗传资源国际条约》中"农民权"有关条文主要包括"农民权"的基础（第 9.1 条）以及"农民权"的实现责任和具体内容（第 9.2 条）等。第 9.1 条承认了农民，尤其是原产地和作物多样性中心的农民在保存和开发对现代粮食和农业生产具有根本重要性的植物遗传资源中已经、正在以及未来做出的巨大贡献。

根据第 9.2 条的规定，各缔约方应采取措施保护和加强"农民权"。但是，该规定并未向各缔约方施加强制性的要求，规定中出现了"根据其需要和重点""酌情"和"依其国家法律"这样三个限制性的修饰短语，这意味着，各缔约方在采取保护和加强"农民权"的措施时拥有较大的自主选择的余地。此外，第 9.2 条还明确规定了国家层面上的"农民权"的三项核心内容，即传统知识的保护、参与分享惠益的权利、参与决策的权利。

6.3.4 获取和惠益分享多边系统

《粮食和农业植物遗传资源国际条约》第四部分（第10条至第13条）是关于获取和惠益分享多边系统的规定，这是《粮食和农业植物遗传资源国际条约》所确立的最具创新意义的法律制度，也是其核心所在。

《粮食和农业植物遗传资源国际条约》第10条是关于获取和惠益分享多边系统的一般性规定。该条认可各国对其粮农植物遗传资源拥有主权权利，而且认可了各国政府所拥有的依照国家法律决定获取其管辖范围内的粮农植物遗传资源的权力。第10.2条向缔约方明确提出了多边系统建立的要求，即各缔约方在行使其主权时，同意建立一个高效、透明的多边系统，以便利获取粮农植物遗传资源，并在互补和相互加强的基础上公平合理地分享因这些资源的利用而产生的惠益。

《粮食和农业植物遗传资源国际条约》第11条是关于多边系统的范围的规定，包括五个方面的内容。第11.1条明确指出，多边系统应包含附件一按照粮食安全和相互依赖性两个标准所列出的粮农植物遗传资源。这充分表明，多边系统仅仅适用于特定的粮农植物遗传资源，而非所有的粮农植物遗传资源。附件一中的作物清单由35类作物和29类饲草组成。

第11.2条在上一条规定的基础上进一步对多边系统的范围进行了限定。根据第11.2条的规定，并不是所有的附件一列出的粮农植物遗传资源都自动被纳入多边系统，多边系统只覆盖受缔约方管理和控制以及公共持有的附件一列出的所有粮农植物遗传资源。"公共持有"意味着纳入多边系统的粮农植物遗传资源是不受知识产权保护的材料。此外，《粮食和农业植物遗传资源国际条约》请所有其他持有附件一中所列出的粮农植物遗传资源的持有者将这些粮农植物遗传资源纳入多边系统。当然，这些粮农植物遗传资源能否被纳入多边系统，取决于持有者自身的意愿。

第11.3条的意图是在第11.2条后一规定的基础上扩大多边系统的适用范围。根据第11.3条规定，各缔约方有义务采取适当的措施，鼓励在其管辖范围下持有附件一所列粮农植物遗传资源的自然人和法人将这些粮农植物遗传资源纳入多边系统。这意味着，除了通过"邀请"的方式扩大多边系统的范围外，各缔约方还应考虑采取适当措施以达到扩大多边系统的范围的目的。

第11.4条并未规定任何实质性的内容，只是为国际条约的管理机构预先安排了有关的工作任务，并指示管理机构根据评估的结果作出有关的决定。第

11.5条遵照第15条的规定将各国际农业研究中心及其他国际机构持有的附件一列出的粮农植物遗传资源非原生境收集品纳入了多边系统。

《粮食和农业植物遗传资源国际条约》第12条是关于多边系统中粮农植物遗传资源的便利获取的规定。第12.1条提到，多边系统内的粮农植物遗传资源的便利获取应遵循该条约的规定。这一规定强调了国际条约所建立的制度的特殊性质，换言之，就多边系统内的粮农植物遗传资源而言，便利获取应当遵照《粮食和农业植物遗传资源国际条约》列出的条件而进行，这些条件本身是在多边基础上对于《生物多样性公约》第15条各种要求的一个实施。就此而言，在提供获取时无须逐案决定"共同商定条件"或要求"事先知情同意"，《粮食和农业植物遗传资源国际条约》列出的条件本身就是在多边基础上所确立的"共同商定条件"。

第12.3条是第12条所有规定中最为重要的规定。该条规定了多边系统中便利获取的条件，这些条件包括八个方面。

（1）限定了提供便利获取的目的，即只为粮食和农业研究、育种和培训而利用及保护提供获取机会。

（2）就提供便利获取的时间和费用要求进行了规定。

（3）规定了提供与粮农植物遗传资源有关的信息（包括何种类型的信息）的问题。

（4）规定了与粮农植物遗传资源有关的知识产权问题。

（5）规定了一种便利获取的例外情形。根据本段规定，正在培育的粮农植物遗传资源在培育期间应由培育者自行决定是否提供。

（6）规定了获取和知识产权保护的关系问题。本段规定明确指出，获取受知识产权和其他财产权保护的粮农植物遗传资源应符合有关国际协定和有关的国家法律。

（7）规定了多边系统从获取方获得粮农植物遗传资源的问题。

（8）规定了原生境条件下的粮农植物遗传资源的获取问题。

以上条款是在多边基础上共同商定的，适用于多边系统中的粮农植物遗传资源的便利获取。

第12.4条规定了多边系统中便利获取的途径或方式的问题。首先，明确指出便利获取将根据一个标准材料转让协定（standard material transfer agreement）予以提供，其次，就标准材料转让协定的通过以及包含的条款问题进行了规定。

第12.5条为缔约方确立了一项重要的义务，即在标准材料转让协定出现纠纷的情况下，各缔约方应确保在其法律体系内按照适用的司法要求有寻求追索权的机会（an opportunity to seek recourse）。第12.5条的规定意味着，各缔约方应确保在其法律体系内存在一些标准材料转让协定的当事人可获得的解决违反标准材料转让协定问题的机制，换言之，各缔约方必须确保某个国内法院或争端解决机构（如仲裁机构）拥有审理因标准材料转让协定而产生的合同纠纷的权力。

第13条具体规定了多边系统中的惠益分享的问题，其核心是关于惠益分享机制的规定。第13.1条承认便利获取本身即为多边系统的一项主要惠益。第13.2条列出了多边系统中的惠益分享机制，即信息交流、技术获取和转让、能力建设以及分享商业化产生的惠益。第13.2条包括四个分段的规定，每一分段规定对应于一种惠益分享机制：①是关于信息交流机制的规定；②是关于技术获取和转让机制的规定；③是关于能力建设机制的规定；④是关于分享商业化所得的货币和其他惠益的机制的规定。

另外，根据《粮食和农业植物遗传资源国际条约》第13.3条的规定，多边系统分享的因利用粮农植物遗传资源所产生的惠益，首先应直接或间接流向保存并可持续利用粮农植物遗传资源的各国农民，尤其是发展中国家和经济转型国家的农民。

6.3.5 资金机制

由于实施条约有关规定，尤其是保护和可持续利用粮农植物遗传资源的规定需要充足的资金，《粮食和农业植物遗传资源国际条约》第18条提出了建立和落实一个筹措和利用资金的机制——融资战略的要求。第18.1条要求缔约方落实融资战略，以便实施。根据第18.2条的规定，融资战略的目标是为开展规定的活动而增加资金的数量，提高资金透明度、效率及效益。第18.4条还就融资战略所涉及的资金的来源问题进行了规定。该条明确指出，发展中国家缔约方和经济转型国家缔约方有效履行在条约中承诺的程度，取决于资金的有效提供，尤其取决于发达国家缔约方能否有效地提供本条提及的资金。根据第18.4条规定，融资战略下的资金的来源包括：有关国际机制、基金和机构为实施条约有关的重点活动、计划和方案提供的资金；发达国家缔约方通过双边、区域和多边渠道为实施条约提供的资金；各缔约方按照本国能力和资金情况，为本国保护和可持续利用粮农植物遗传资源有关的活动提供的资金；根据《粮食和农业植物遗传资源国际条约》第13.2条第（d）款第（ii）项产生的资金收益；

各缔约方、私营部门及非政府组织和其他来源提供的自愿捐款。

《粮食和农业植物遗传资源国际条约》首次创设了便利获取粮农植物遗传资源和分享其商业化利用而产生的惠益的多边系统，即依托一个高效、透明的多边系统，实现缔约方便利获取粮农植物遗传资源，并在互补和相互加强的基础上公平合理地分享因这些资源的利用而产生的惠益。《粮食和农业植物遗传资源国际条约》是全球十分重要的"多边"条约，其法律制度的安排为日后其他国际条约建立"多边"模式提供了实践和理论基础。国家管辖范围以外区域海洋微生物资源的开发和利用与其菌株的迁地保护密不可分，该条约中关于迁地保护的规定为国家管辖范围以外区域海洋微生物资源的开发利用相关活动提供了非常有价值的参考。

6.4　国际文书的比较

6.4.1　范围

国际协定的管辖范围越清晰，在实践中与其他国际法律文书的重叠和冲突的可能性越小。海洋遗传资源的范围可分为时间范围、地理范围及对象范围三个方面。

（1）时间范围。《生物多样性公约》《名古屋议定书》和《粮食和农业植物遗传资源国际条约》均未对时间范围作出规定。根据《维也纳条约法公约》第28条确立的"法不溯及既往"原则，除非缔约方赋予某一条约追溯力，否则该条约不适用于追溯力规定。此外，条约无法追溯缔约方宣布条约生效以前发生的任何行动或事实和条约生效以前已经不复存在的情况。《生物多样性公约》适用于某一缔约方批准《名古屋议定书》生效之后所获取的遗传资源及其传统知识，不适用于在《生物多样性公约》生效之前所获取的遗传资源及其传统知识。在《生物多样性公约》生效之后，但在《名古屋议定书》生效之前取得的新的和持续性的利用遗传资源及其传统知识引起的惠益分享，这部分仍未解决。同样，在国际协定生效前获取的海洋遗传资源，在《生物多样性公约》生效后的再次开发利用问题，以及在国家管辖范围以外区域的遗传资源是否包括传统知识，是海洋遗传资源谈判中应当解决的重点问题。

（2）地理范围。国家管辖范围以外区域包括公海和"区域"，与《生物多样性公约》存在地理上的重叠，但与《名古屋议定书》和《粮食和农业植物遗传资源国际条约》没有冲突。《生物多样性公约》第 4 条第（b）款规定，在该国管辖或控制下开展的过程和活动，不论其影响发生在何处，此种过程和活动可位于该国管辖区内，也可在该国管辖区外。因此，《生物多样性公约》缔约方管辖或控制下开展的公海或海床、洋底及其底土中开展海洋遗传资源获取活动，原则上也可受《生物多样性公约》管辖。《名古屋议定书》在第 3 条只参考《生物多样性公约》第 15 条的范围，即仅限于国家管辖内的区域。《粮食和农业植物遗传资源国际条约》的适用对象是基于国家主权下的粮农植物遗传资源，不涉及国家管辖范围以外区域。此外，关于来源地不明、跨国家管辖内外海域的遗传资源等问题也是国际协定谈判的重点。

（3）对象范围。海洋遗传资源的利用对象包括具有遗传功能单元的遗传材料，以及是否涵盖不具有遗传功能单元的生物化学组分（衍生物），是关于海洋遗传资源讨论的焦点。目前，遗传资源的利用活动不再仅限于狭义的生物技术产业，还延伸到食品、化妆品、保健品和农业等多个领域。在《生物多样性公约》中，遗传资源是指具有实际或潜在价值的遗传材料，而遗传材料是指来自植物、动物、微生物或其他来源的任何含有遗传功能单位的材料。《生物多样性公约》与《粮食和农业植物遗传资源国际条约》的对象都为含有遗传功能单位的材料，但《粮食和农业植物遗传资源国际条约》更具体，包括《粮食和农业植物遗传资源国际条约》附录 I 中的 39 种作物和 29 种饲草。《名古屋议定书》第 2 条采用了"利用遗传资源""生物技术"及"衍生物"等一系列术语，明确不仅限于能够表现生物遗传性状的功能遗传，还包括了经新陈代谢产生的和自然生成的"衍生物"，即使其不具备遗传功能单元，《名古屋议定书》在《生物多样性公约》的基础上也扩大了遗传资源的利用范围。

《生物多样性公约》《名古屋议定书》和《粮食和农业植物遗传资源国际条约》的管辖范围

要素	《生物多样性公约》	《名古屋议定书》	《粮食和农业植物遗传资源国际条约》
时间范围	未包括时间条款	未包括时间条款	未包括时间条款
地理范围	1）国家管辖内的区域（针对生物多样性组成部分）；2）国家管辖范围以外区域（针对过程和活动）	国家管辖内的区域（针对生物多样性组成部分）	国家主权范围内的粮农植物遗传资源

续表

要素	《生物多样性公约》	《名古屋议定书》	《粮食和农业植物遗传资源国际条约》
对象范围	植物、动物、微生物或其他来源的任何含有遗传功能单位的材料	植物、动物、微生物或其他来源的任何含有遗传功能单位的材料,包括不具有遗传功能的衍生物	《粮食和农业植物遗传资源国际条约》附录Ⅰ中包含的粮农植物遗传资源

6.4.2 获取

确定遗传资源的所有权人为国家管辖范围以外区域遗传资源获取和惠益分享制度的基础和关键。《生物多样性公约》《名古屋议定书》和《粮食和农业植物遗传资源国际条约》均确认遗传资源的国家主权原则,各国对国家管辖范围以外区域的遗传资源持有"人类共同继承的遗产"和"自由获取"两种观点。坚持人类共同继承遗产原则的学者认为,国家管辖范围以外区域的遗传资源采取"先到先得"的做法,可能会损害海洋环境以及海洋生物多样性的可持续利用,发达国家在不分享利用遗传资源产生惠益的情况下开发遗传资源,有违公平原则。《公约》第十一部分规定,"区域"及其资源是人类共同继承的遗产,资源是指"区域"内在海床及其下原来位置的一切固体、液体或气体矿物资源,并未明确指出包括遗传资源。将人类共同继承的遗产原则适用于"区域"内的遗传资源,其法律地位是首要障碍。

坚持公海自由的学者认为,遗传资源获取是一次性的,几乎不会影响获取区域的海洋环境及其生物多样性,不需要建立新的法律制度施加管制。建立相关获取制度将不利于海洋科学研究,烦琐的程序会阻碍海洋科技创新。《公约》第八十七条规定公海对所有国家开放,并规定了公海自由的具体内容及限制条件。公海自由应由所有国家行使,但须适当顾及其他国家行使公海自由的利益,并适当顾及《公约》中所规定的同"区域"内活动有关的权利。公海自由的列举项并不是排他的,公海自由也涵盖其他尚不能预见的使用方式,包括"生物勘探"。公海自由原则适用的范围可以扩展至专属经济区外的上覆水层的海洋遗传资源。

《生物多样性公约》《名古屋议定书》和《粮食和农业植物遗传资源国际条约》关于获取的规定也不尽相同,《名古屋议定书》对获取用途进行了规定,要求区分用途，而《粮食和农业植物遗传资源国际条约》的制定目的，就是便利对以保障粮食安全为目的的获取活动，这一经验也值得借鉴。《生物多样性公约》并没有对"获取"进行界定，只是在第15条规定，获取应按照共同商定条件，并须经提供这种资源的缔约方事先知情同意，除非该缔约方另有决定。有些国家在其国内立法中通过界定"遗传资源"或者界定获取受到管制的地理区域来阐释该术语，但都没有对构成获取的实际活动进行说明。《名古屋议定书》规定"为了利用遗传资源的获取"需要经事先知情同意，其中"利用"包括商业化和非商业化两种用途。事先知情同意要求遗传资源获取申请者应在其生物开发活动开展之前的合理期限内寻求相关主体的同意，在这段时间内，相关主体可以根据获取申请者以合理方式提供的信息做到全面知情，并以特定格式就获取申请者的获取与惠益分享安排作出明确的、肯定的授权。在用途不明的情况下的获取仍将遵照国内立法或监管要求，但可以免除事先知情同意的要求。如果提供国不存在获取和惠益分享立法或规范性要求，其就无法要求利用国制定和实施遵守提供国关于获取和惠益分享的国内立法或规范性要求。《粮食和农业植物遗传资源国际条约》第12条规定了多边系统中粮食和农业植物遗传资源的便利获取，以及方便获取的《标准材料转让协定》。从多边系统获取遗传资源是无偿的，只能收取管理费，但不应超出所涉及的最低成本或构成隐性获取费。便利获取方不限于国家，也包括缔约方管辖范围内的自然人或法人。提供便利获取机会的条件主要包括用途的专门性和明确性、收取费用的低廉性、信息提供的全面性、获取者知识产权的非绝对性，提供者自愿性以及合法性等内容。在出现粮食安全和人体健康等危及公共安全的特殊情况时，也应当相应简化获取程序确保公众利益得到维护，但不包括化学、医药和其他超出粮食和动物饲料的工业应用。

《生物多样性公约》《名古屋议定书》及《粮食和农业植物遗传资源国际条约》的获取方式

要素	《生物多样性公约》	《名古屋议定书》	《粮食和农业植物遗传资源国际条约》
对获取的批准	须经提供国事先知情同意	按照提供国内立法，须经提供国事先知情同意；提供国没有相关立法，则不能获取	通过多边体系便利获取

续表

要素	《生物多样性公约》	《名古屋议定书》	《粮食和农业植物遗传资源国际条约》
用途	—	商业化和非商业化	只为粮食和农业研究、育种和培训而利用及保存提供获取机会；对多用途（食用、非食用）作物的获取，首先考虑对粮食安全的重要性
获取条件	共同商定条件	共同商定条件	根据《标准材料转让协定》
获取成本	—	按共同商定条件执行，可包括转让费和预付费	无偿提供，如收取费用，则不得超过所涉及的最低成本

6.4.3 惠益分享

确定惠益分享的类型是确保开发利用国家管辖范围以外区域遗传资源产生惠益得到公平公正分享的基础。惠益分享要平衡分享和利用的关系，使其既不能挫伤商业化利用经济活动的积极性，又不能妨碍海域科学研究、投资和创新。采取的方案以既能实现获取和惠益分享，又不妨碍研究和商业开发为宜。

国家管辖范围以外区域遗传资源惠益分享目前还处于空白，主要还是参考《生物多样性公约》《名古屋议定书》和《粮食和农业植物遗传资源国际条约》的相关规定。《生物多样性公约》第 15 条第 7 款规定，各缔约方应采取措施"以期与提供遗传资源的缔约方公平分享研究和开发此种资源的成果以及商业和其他方面利用此种资源所获的利益。这种分享应按照共同商定的条件"。但就《生物多样性公约》有效实施的"公平合理""成果和开发"以及"利用遗传资源所获的惠益"关键术语没有界定，也没有指明惠益分享的主要受益群体，争端主要通过谈判、斡旋、调解以及仲裁和上诉国际法庭等强制性解决方式进行。《名古屋议定书》更加明确地规定了公正和公平的惠益分享的对象是"利用遗传资源以及嗣后的应用和商业化所产生的惠益"，惠益主要由遗传资源提供者代表缔约方应该依照共同商定条件分配，有货币惠益和非货币惠益两种形式，包括但不仅限于附件 1 所列的惠益形式，其中包含知识产权。此外，《名古屋议定书》没有涉及与最终成品有关的惠益分享，也未建立全球多边惠益分享系统的具体实施措施，惠益分享争端需要根据提供国和使用国按照事先商定的关于解决争端的条款进行处理。

《粮食和农业植物遗传资源国际条约》主要目的不是商业化惠益的分享，而是保障粮食安全，规定的多边系统中的惠益分享受益方可以是持有遗传资源的缔约方国家政府及其自然人、法人，包括农民和国际农业研究中心，惠益分享形式以非货币性为主，主要包括促进信息共享，便利技术的获取和加强提供国能力建设等。根据《标准材料转让协定》①，要求获取方分享因商业化后获得的惠益，获取方应向由主管机构设立的国际基金支付资金。对获取的原始材料、遗传资源不得提出限制其方便获得任何知识产权和其他权利的要求，如果限制对研发出的产品做进一步的研究和育种，那么惠益分享是强制性的要求。争端解决几乎照搬了《生物多样性公约》第27条规定的争议解决程序，即争端双方通过谈判、斡旋、调解以及仲裁和上诉国际法庭等方式解决；但当获取方没有履行其义务，而提供方又放弃或拒绝启动争端解决程序，按照《粮食和农业植物遗传资源国际条约》管理机构通过的《第三方受益人程序》及其《调解规则》解决，由联合国粮食及农业组织启动争端解决程序，以便实现多边系统自身的利益。国家管辖范围以外区域遗传资源的惠益分享，也可能主要是促进与海洋遗传资源的勘探、保护和研究有关的数据和研究成果共享、能力建设及科学合作，而不是建立货币性的惠益分享制度。

《生物多样性公约》《名古屋议定书》及《粮食和农业植物遗传资源国际条约》的惠益分享方式

要素	《生物多样性公约》	《名古屋议定书》	《粮食和农业植物遗传资源国际条约》
惠益分享类型	—	货币和非货币惠益，包括知识产权	便利获取资源的权利、信息、技术、能力建设，商业化为目的的知识产权强制惠益分享
主要受益群体	—	资源提供国代表缔约方受益	持有遗传资源的缔约方国家政府及其自然人、法人
争端解决机制	谈判、斡旋、调解以及仲裁和上诉国际法庭等强制性争端解决方式	由共同商定条件确定争端解决方式	谈判、斡旋、调解以及仲裁和上诉国际法庭等强制性争端解决方式；《第三方受益人程序》及其《调解规则》解决

① 《标准材料转让协定》惠益分享的形式：①如果接受方形成的产品不能无限地提供给第三方进一步研究育种利用，那么应支付毛销售额的1.1%（扣除30%成本后）；②在《标准材料转让协定》签署10年有效期内，如果接受方再次从多边惠益分享体系中获得同一种作物的遗传资源，应支付所形成产品销售额的0.5%，不管这一产品是否受第三方进一步研究和育种利用；③如果接受方转让正在培育的产品给第三方，那么第三方同样要支付所形成产品销售额的0.5%，不管这一产品是否限制第三方进一步研究和育种利用。

6.5 相关问题分析

6.5.1 利用现状

6.5.1.1 深海生物采探

深海是生物多样性丰富的地区，研究深海生物对于生物起源、医药卫生、生物技术等领域均起到重要的推动作用。我国在"十五"期间就启动了深海生物及其遗传资源的相关研究，已在深海微生物研究装备的研制、深海微生物基础科学研究以及资源开发应用方面取得了重要进展。"十一五"期间，在深海极端环境微生物资源获取、极端酶研究、活性物质筛选以及微生物多样性分析等方面取得了重要进展。"十二五"期间，在深海生物调查技术、深海（微）生物勘探与资源潜力评估以及微生物资源开发方面已得到国家级项目的大力支持。中国海洋微生物菌种保藏管理中心（MCCC）公海获取的菌种共计 8642 株，其中白令海 352 株、北冰洋 1535 株、北极 2 株、大西洋 1908 株、南大洋 84 株、南极 317 株、太平洋 2937 株、印度洋 1507 株。在深海（>1000 米）共采获生物 5317 株，包括微生物 4084 株、放线菌 695 株、丝状真菌 444 株、酵母菌 91 株、古菌 3 株。其中，4563 株来自三大洋，339 株来自极地大洋，415 株来自南海深海。

海洋微生物是海洋遗传资源的主要载体，为此，我国开发了深海生态长期观测系统和深海水体原位定植培养系统，提高了深海生物调查的能力。2014 年 7 月和 10 月，深海生态长期观测系统的两套样机分别在西北太平洋麦哲伦海山区和东太平洋进行海试，在 4000 米处进行长达 1 年的深海生态观测。此外，开展了基于"蛟龙"号的深海微生物原位培养；在西南印度洋和南海，开展了不同靶标微生物（石油烃降解、多环芳烃降解、铁还原、硫氧化、氨氧化和几丁质降解）的深海原位富集实验。我国科研人员对原位富集实验中获得的新型微生物资源微生物系统进化和遗传组学等方面进行了初步研究。

"蛟龙"号是我国首个具有科考功能的深潜器，可以运载科学家和工程技术人员进入深海，在海山、洋脊、盆地和热液喷口等复杂海底进行机动、悬停、正确就位和定点坐坡，有效执行海洋地质、海洋地球物理、海洋地球化学、海洋地球环境和海洋生物等科学考察。2012 年 6 月 24 日，"蛟龙"号在西太平洋马里亚纳海沟进行了第 4 次下潜试验，成功突破 7000 米深度，这意味着"蛟龙"号将可以在全球99.8%的海底实现较长时间的海底航行、海底照相和摄像、沉积物和矿物取样、生物和微生物取样、标志物布放、海底地形地貌测量等作业。"蛟龙"号完成全部海试任务后顺利进入试验性应用阶段，标志着我国系统地掌握了大深度载人潜水器设计、建造和试验技术，实现了从跟踪模仿向自主集成、自主创新的转变，跻身世界载人深潜先进国家行列。2014—2015年，"蛟龙"号试验性应用航次第一航段在西北太平洋采薇海山区和马尔库斯—威克海山区开展了10次下潜作业，精确定位取样，取得各种生物样品116个，基本掌握了生物多样性分布规律。

6.5.1.2 深海遗传资源开发利用

从发表高水平学术论文的角度，以发表的SCI论文数量为依据，本节比较了世界上主要国家和地区对深海遗传和深海生物活性化合物开发利用的能力。具体操作和结果如下。

利用Web of Science搜索引擎，以deep sea和gene作为共同主题词，时间跨度为"所有年份"，共检索得到2671篇SCI论文。

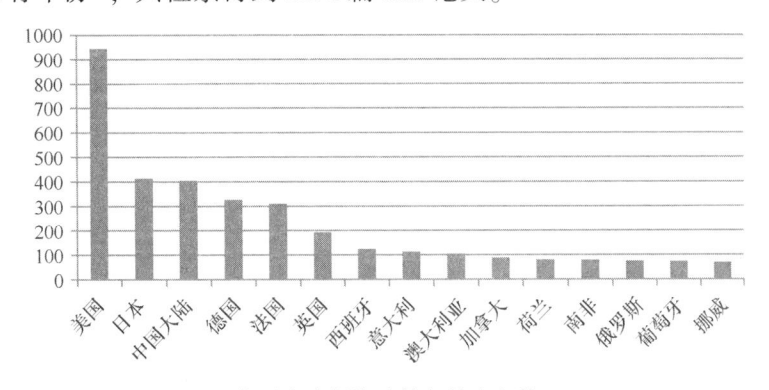

各国发表深海遗传相关论文数

前15位国家发表高水平论文占世界总论文比例的情况为：美国在深海遗传相关研究方面的水平明显高于其他国家，我国和日本、德国、法国及其他欧洲主要国家紧随其后，相互之间差距不大，属于第二档次。将相关论文按照发表年度进行统计，近十年来，论文数量逐年增加，且近十年论文发表数占总论文数比例达到76.5%，表明近年来深海遗传相关研究取得了突飞猛进的发展，并且还处于发展的上升阶段。

利用Web of Science搜索引擎，以deep sea和compound作为共同主题词，时间跨度为"所有年份"，共检索得到1220篇SCI论文，与深海遗传研究论文数

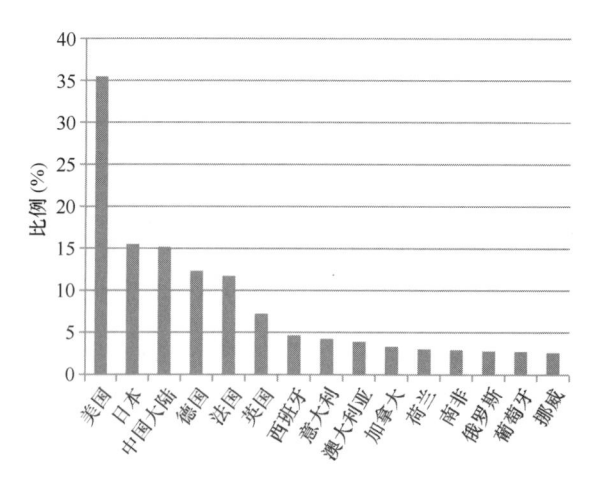

主要国家发表深海遗传相关论文占总论文数比例

注：由于有多国作者合作发表论文情况，因此各国比例之和超过100%

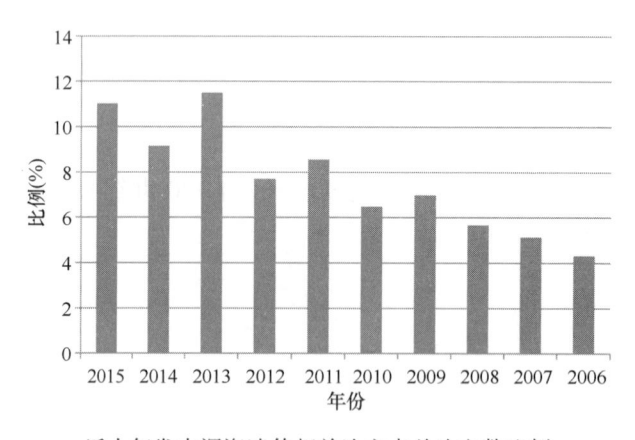

近十年发表深海遗传相关论文占总论文数比例

量相比虽只接近其一半，但已经是处于同一数量级，显示遗传衍生物即化合物在深海生物资源开发方面占有十分重要的地位。其中，结果显示，美国在深海遗传衍生物发现研究方面也是一枝独秀，德国、法国、日本、中国及英国紧随其后，但是与美国的差距较遗传研究要小。相比于遗传研究，在化合物领域，欧洲明显要强于我国，显示欧洲已进入并加强资源开发的应用基础研究阶段（相对于化合物研究，遗传研究更倾向于基础研究）。

通过综合比较世界主要国家在深海遗传和遗传衍生物相关研究方面的实力，美国无论在基础研究还是应用基础研究方面均大幅领先，欧洲各国与中国和日本相比不相上下，但其综合实力相加却可与美国媲美。同时，从论文发表的年度趋势来看，国际上还在不断加强深海生物资源开发利用方面的研究投入和力量。

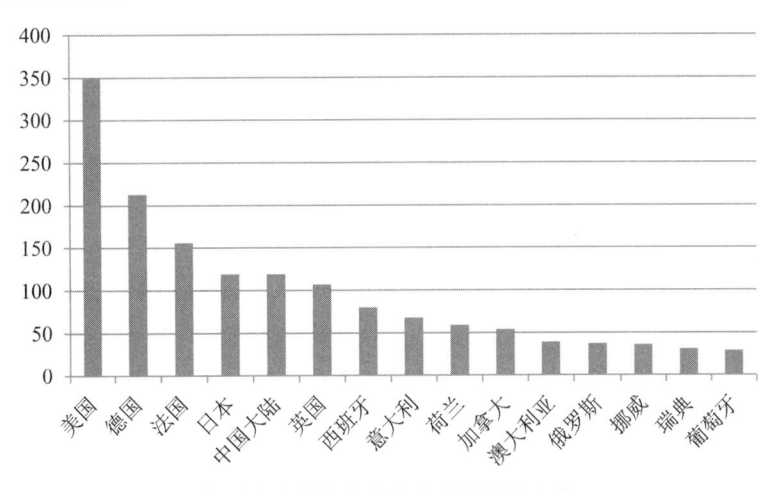

各国发表深海生物化合物相关论文数

6.5.1.3 专利申请

1) 海洋天然产物专利

2010年从海洋遗传资源获得的天然产物已知有18 000种，遗传专利有4900个，其专利自1999年以来以12%的速度增长。自20世纪90年代开始，来自海洋无脊椎动物的天然产物数量逐年增加。其中，日本在无脊椎动物中发现海洋天然产物的数量遥遥领先，占全球总量的17.3%，中国台湾和澳大利亚分别占7%，美国和中国（大陆）分别占5%。日本、澳大利亚、韩国和中国（含台湾）的专属经济区拥有的海洋天然产物总共占40.4%，其他较为重要的专属经济区分别是印度尼西亚、密克罗尼西亚、巴哈马群岛、新喀里多尼亚。英国、法国和美国由于海洋生物技术发达，即使专属经济区拥有的海洋天然产物少，但是他们发现的海洋天然产物数量却处于国际领先水平。总体来看，全球海洋生物勘探集中在印度—太平洋地区。

据世界知识产权组织统计，海洋生物专利申请中，美国有199件，德国149件，日本128件，法国34件，英国33件，丹麦24件，比利时17件，荷兰13件，瑞士11件，挪威9件，而我国仅1件。

此外，我国国内申请专利中涉及天然产物的共161件，其中涉及海洋天然产物的专利5件。国外来华申请专利中，涉及天然产物的共306件（美国73件，韩国59件，欧洲49件，世界知识产权组织53件，日本45件，英国12件，德国6件，法国5件，俄罗斯4件）；其中涉及海洋天然产物的共22件（美国8件，世界知识产权组织7件，欧洲5件，韩国2件）。

2) 海洋生物医药专利

自从 20 世纪 70 年代提出"向海洋寻药"（Drugs from the Sea），国际上已将利用海洋生物资源的目光集中在药物开发方面。迄今为止，已有多种来源于海洋生物化合物的药物被批准进入临床使用，每年产生巨大的利润。另外，还有超过 30 个的候选药物进入临床试验阶段。

已上市的海洋药物

化合物	商品名	化合物来源	治疗病症	生产企业及年均销售额
Brentuximab vedotin	Adcertris	海兔	癌症	日本武田制药，2.5 亿美元（2013 年）
Eribulin mesylate	Halaven	海绵	癌症	日本卫材制药，2.94 亿美元（2013 年）
Vidarabine	Vira-A	海绵	抗病毒	美国 Merck 制药和 Armresco 公司，0.5 亿美元（2012 年）
Ziconotide	Prailt	海螺	镇痛	爱尔兰 Elan 公司，0.27 亿美元（2008 年）

上述产品均由美国、欧洲、日本等国制药企业研究开发，究其原因，除了以上企业本身强大的新药研发能力之外，较早开展海洋生物活性化合物的发现研究更是其重要的基础。欧美国家在第二次世界大战结束后就开始进行海洋生物活性化合物的发现研究，到 20 世纪 50 年代就有 Vira-A 产品上市，到了 20 世纪 70 年代更是提出了"向海洋寻药"的口号，大规模研究开发近、浅海生物资源，占尽先发优势。

综上，在深海生物资源开发利用方面，我国在与此相关的基础研究（遗传技术）和应用基础研究（活性化合物发现技术）方面接近世界先进水平（第二层次），但由于进入该领域时间较晚，在将基础研究转化为专利甚至于产品等方面还有较大差距，不过世界其他国家也还处于起步阶段。因此，利用已有的技术和人力资源优势，加大投入力度进行跨越式发展，将有可能使我国在深海生物资源利用方面跻身世界强国之列。

6.5.2 海洋遗传资源国际制度的焦点

6.5.2.1 海洋遗传资源的法律地位

1) 公海自由原则

在国家管辖范围以外区域，即公海和国际海底区域（以下简称"区域"），《公约》对公海及"区域"规定了不同的管理原则和制度。公海的生物资源适用

《公约》第七部分规定所确立的公海自由原则。

公海自由实际就意味着公海向所有国家开放。《公约》第八十七条规定公海是对所有国家开放的，不论其为沿海国或内陆国。公海自由是在《公约》和其他国际法规则所规定的条件下行使的。公海自由对沿海国和内陆国而言，除其他外，包括航行自由、飞越自由、铺设海底电缆和管道的自由、建造国际法所容许的人工岛屿和其他设施的自由、捕鱼自由和科学研究的自由。公海自由必须在执行《公约》所设定条件和其他国际法规定即充分关注其他国家利益和该区域开展活动的情况下予以实现。根据"除其他之外"（inter alia）的表述，《公约》第八十七条关于公海自由的列举项并不是排他的。[1] 随着海洋技术的不断发展，公海自由不能因为穷竭式的列举而消耗殆尽。公海自由应涵盖其他尚不能预见的使用方式，包括海洋遗传资源的"获取"。

《公约》规定所有国家享有公海捕鱼自由的权利，没有对"捕鱼"作出明确界定。但是，《公海捕鱼和生物资源养护公约》第3条将"捕鱼"一词适用范围扩大至包括捕获鱼类和其他海洋生物资源。海洋生物资源除海洋鱼类外，还包括软体动物、甲壳动物资源、微生物和植物。"公海捕鱼"是除了海洋哺乳动物和鸟类以外，对所有海洋动物和植物资源的捕捞以及捕捉和捕获微生物。在海洋科研船舶上采集公海微生物，属于海洋科学研究活动。若使用海洋生物资源的行为合理正当，并不会滥用公海或干涉其他国家在公海的权利，这些活动可被认为属于公海自由。科学家从公海捕捉和捕获海洋生物资源的行为应被认为是善意行为，属于捕鱼自由或海洋科学研究自由，或属于未明确的两种公海自由的混合。公海自由应尽可能考虑在《公约》下各国的利益以及符合海洋环境保护与保全的规定，包括捕获、研究和使用国家管辖范围以外海洋生物资源的自由。

2）人类共同继承财产原则

《公约》第一三六条规定，"区域"及其资源是人类的共同继承财产。据此规定"区域"及其资源适用于人类共同财产原则，任何国家不应对"区域"的任何部分或其资源主张或行使主权或主权权利，任何国家或自然人或法人，也不应将"区域"或其资源的任何部分据为己有。"资源"是指"区域"内在海床及其下原来位置的一切固体、液体或气体矿物资源，其中包括多金属结核。

---

[1] Proelss D. ABS in Relation to Marine GRs. In: Genetic Resources, Traditional Knowledge and the Law: Solutions for Access and Benefit Sharing. Kamau E C, Winter G (eds.). London: Earthscan, 2009, pp. 62-64.

该"资源"范围仅限于矿产资源,并不包括"区域"海洋生物资源。从资源的科学和法律属性上来看,"区域"内的资源适用于矿产资源,属于"消耗性"资源,海洋技术先进国家会将其开发殆尽而排斥技术落后国家;而深海遗传资源属于生物资源的范畴,并非可消耗,也并不排斥技术落后国家的开发与利用。"区域"资源概念的限制性,是否意味着人类共同财产原则对该区域矿产资源的勘探和开发活动并不适用于深海海床的海洋生物和遗传资源,也不尽然。

《公约》第七十七条确立沿海国拥有勘探和开发大陆架自然资源的主权,"本部分所指的自然资源包括海床和底土的矿物和其他非生物资源,以及属于定居种的生物,即在可捕捞阶段海床上或海床下不能移动或其躯体须与海床或底土保持接触才能移动的生物"。首先,上述两个定义区别仍然明显,《公约》第六部分所涉大陆架自然资源包括矿物资源和非生物资源,然而第一三三条"区域"资源除了矿物资源外,并未提到非生物资源。其次,大陆架自然资源包括有限种类的生物资源,即生物体属于定居物种。"定居种"和其他类型的生物资源未明确规定是否属于第十一部分人类共同继承财产所涉及的范围。依据《维也纳条约法公约》第 31 条规定,相同的词组在同样环境下应给予同样的解读,除非文本本身有不同的要求。"区域"作为沿海国大陆架或 200 海里以外大陆架的延伸,"区域"和大陆架的自然资源范围应该一致,即大陆架所包括的资源包括定居种,"区域"的定居种也应该是其资源组成部分。"定居种"纳入"区域"自然资源的定义范围,其遗传资源应适用于人类共同继承财产原则。

综上,国家管辖范围以外区域的海洋遗传资源可以分为两部分,公海的遗传资源适用于公海自由原则,而"区域"的遗传资源适用于人类共同继承财产原则。因此,应将公海,即水体内的海洋遗传资源排除在惠益分享制度规范的范围之外,仅制定获取制度;而"区域"内的定居种的遗传资源应根据人类共同继承财产原则,制定获取与惠益分享制度。

6.5.2.2　海洋遗传资源的获取

1) 获取的类型

海洋遗传资源的获取类型主要包括原生境获取、非原生境获取和计算机数据获取。原生境获取是指在自然环境中获取或采集(包含海洋遗传资源的)海洋生物样品,这些自然环境包括海洋生态系统和生物栖息地。尽管近年来,海洋科学及其技术装备取得很大进展,但是海洋遗传资源,特别是极端环境的海洋遗传资源的研究仍然远远不足。非原生境获取是在生物自然栖息地以外获取的海洋遗传资源，这涉及在国家管辖范围以外区域采集的储存在海洋遗传资源保存中心的样品。非原生境获取主要是通过双边途径或多边途径获得的海洋遗传资源的全部基本信息以及现有的任何其他有关的非机密性说明信息。非原生境获取对促进全球范围内海洋科学研究具有重要作用，尤其是没有技术能力现场采集的发展中国家。生物信息学分析获取是获取生物信息学检测信息、数据和研究成果以及随后的成果。计算机数据获取指利用复杂的计算机计算模型，来检测生物模型、药品和医疗干预措施效果的方法。非原生境获取和生物信息学分析获取属于海洋遗传资源惠益分享的内容，本部分讨论的获取是海洋遗传资源的原生境获取。

2）获取的目的

海洋遗传资源根据获取目的可以分为非商业目的获取和商业目的获取，但是两者之间没有清晰的界限，在实际操作上难以区分。私营机构和研究机构可以同时参与海洋遗传资源商业目的的获取和非商业目的的获取，在获取方法和工具上，两种获取没有区别，都需要获得海洋遗传资源和海洋遗传材料开展科学研究，最终目的都是转化为产品开发和商业化利用，都有利于保护和可持续利用生物多样性，也都是为全人类谋利益的。非商业目的获取和商业目的获取只能通过研究成果利用的方式加以区分，如非商业目的获取的研究成果更多进入的是公共领域，而商业目的获取的研究成果由私人主体所有，一般申请知识产权保护。

获取国家主权管辖内的遗传资源，提供国与使用国通过材料转让协议或通过《标准材料转让协议》限制遗传资源商业目的的获取，严格管制对公共和私营领域都产生不利影响，特别是非商业目的科学研究受到较大的妨碍。[①] 在国家管辖范围以外区域，获取海洋遗传资源的目的并不明确，主要是探索未知领域，增加人类认知和创新的目的。此外，还普遍存在公共和私营机构联合研究考察获取海洋遗传资源并进行研究，这更加大了两者区分的难度和可操作性。《公约》也没有对科学研究是否属于商业性利用做出区分并采取不同方式对待，而谋全人类的利益也并不能够将商业研究排除，只要科学研究是以和平目的并为谋全人类的利益进行的，就不应当被禁止。因此，不应对海洋遗传资源获取的目的进行分类管理，而应根据是否进入产品开发和商业化利用阶段，直接分享

[①] Kamau E C, Winter G. Streamlining Access Procedures and Standards. In: Genetic Resources, Traditional Knowledge and the Law: Solutions for Access and Berefit Sharhg. Kamau E C, Winter G (eds.). London: Earthscan, 2009.

其利用海洋遗传资源产生的惠益。

3）获取的性质

海洋遗传资源的获取是从自然环境中采集生物样品，经分离、鉴定、培养和筛选等实验室阶段，对海洋遗传生物多样性的评价、新机理的发现、新遗传的发掘与功能的验证。海洋遗传资源的获取是通过利用科研手段和装备，运用严密的科学方法，有目的、有计划、有系统地认识客观世界，探索客观真理的活动过程，在科学上属于海洋科学研究的范畴。因此，海洋遗传资源的获取是产品开发和商业化利用的前期研究阶段，属于海洋科学研究活动的范畴。海洋科学研究自由是公海自由的重要内容。无论是沿海国或内陆国以及地理位置相对不利国家，均享有海洋科学研究的权利，以及促进和便利海洋科学研究的发展和进行。

《生物多样性公约》秘书处将生物勘探定义为"为了遗传和生物化学资源的商业价值开发利用生物资源"。[①]生物勘探包括海洋遗传资源的获取，以及后续的产品开发和商业化利用，是海洋遗传资源开发利用的全过程。在未进入产品开发和商业化利用之前，海洋遗传资源利用属于海洋科学研究规定的范围，不会对海洋遗传资源构成任何权利主张。只有海洋遗传资源经筛选、评估过程之后，发现遗传具有开发利用前景，才可能主张与海洋遗传资源相关的知识产权，而进入产品开发和商业化利用阶段。既然生物勘探的前期阶段属于海洋科学研究的范畴，没有必要定义生物勘探，并对其作出规定。

4）获取的条件

为促进科学研究和鼓励创新，国际上通行的做法是尽可能地提供便利。基于人类共同继承财产原则的《关于各国在月球和其他天体上活动的协定》规定，缔约国在实施科学研究时，应有权在月球上采集并移走矿物和其他物质的标本。获取作为分享利用海洋遗传资源产生惠益的前提，海洋遗传资源的获取也应坚持便利获取，以在更大程度鼓励创新以支持全人类的进步和发展，不应对海洋遗传资源的获取人为制造障碍，阻碍创新。

遗传资源因具有可复制性，可以一次获取持续利用。海洋遗传资源的获取不需要多次现场采集生物样品，也不需要持续采集，而且采集的样品数量一般

---

① UNEP/CBD/COP/5/INF/7, http://www.cbd.int/doc/meetings/cop/cop-05/information/cop-05-inf-07-en.pdf.

极为有限。[①] 与公海渔业捕捞活动相比，不会造成大规模海洋生物体的捕捞、海洋物种栖息地的破坏以及海洋物种的减少，几乎不会影响海洋遗传资源获取区域的生物多样性。[②] 为规范海洋遗传资源采集的方法，国际海洋科学组织制定了科学家深海科学活动的行为守则，倡导在深海热液喷口开展科学研究时采取负责任的方法，科学家制定遵守相关环境保护要求的制度，如国际大洋中脊协会行为守则，以及中部大西洋中脊生态系统项目。获取对海洋环境的损害较小，也不具有持续性，国际科学机构也在探索降低海洋遗传资源获取方法和工具造成的危害。因此，只要海洋科学研究是以和平目的并为谋全人类的利益进行的，而且获取技术上是可行的，那么就不应当被禁止。

5) 获取的管理

海洋遗传资源的获取活动属于海洋科学研究的范畴，与公海渔业捕捞、海上航行等海洋活动一样，都依赖船舶的作业或活动。根据《公约》第九十二条规定："船舶航行应仅悬挂一国的旗帜，而且除国际条约或本公约明文规定的例外情形外，在公海上应受该国的专属管辖。"海洋遗传资源的获取活动应与《公约》规定的其他海洋活动保持一致，遵循船旗国管辖原则，由船旗国负责监管其获取活动，并尽力制定合理的规则、规章和程序，促进和使得其在国家管辖范围以外按照《公约》及其执行协定进行。由船旗国管辖海洋遗传资源的获取活动，既符合《公约》的原则与精神，沿海国在公海渔业、海上航行等领域也有相关实践。因此，由缔约方（船旗国）制定相关政策和措施规范海洋遗传资源的获取活动是可行的，也更有利于海洋遗传资源的养护和可持续利用。

6.5.2.3 海洋遗传资源的惠益分享

1) 惠益分享的范围

海洋遗传资源的实质范围决定分享惠益的资源范围，首要问题就是海洋遗传资源的定义。但是，《公约》没有定义海洋遗传资源，而现有国际文书和相关国际进程的讨论中，不同国家和利益相关方对遗传资源的定义存在较大分歧。在《生物多样性公约》中，"遗传资源"是指具有实际或潜在价值的植物、动物、微生物或其他来源的任何含有遗传功能单位的材料，该定义排除了不具有

[①] Edrada-Ebel R A, Ebel R. Drugs from the Sea-opportunities and Obstacles. Marine Drugs, 2003, 1 (1): 5-17.

[②] Hunt B, Vincent A C J. Scale and Sustainability of Marine Bioprospecting for Pharmaceuticals. Ambio, 2006, 35 (2): 57-64.

遗传功能的衍生物（天然产物）。而《名古屋议定书》在保留遗传资源定义的同时，又创造了"利用遗传资源"和"衍生物"的概念，"利用遗传资源"是指对遗传资源的遗传和（或）生物化学组成进行研究和开发，包括通过使用《生物多样性公约》第 2 条界定的生物技术；"衍生物"是指由生物或遗传资源的遗传表达或新陈代谢产生的、自然生成的生物化学化合物，即使其不具备遗传功能单位。但是，衍生物主要有不饱和脂肪酸、纤维素、糖类、蛋白质（胰岛素）等小分子化合物，分为具有遗传信息的衍生物和不含遗传信息的衍生物两类，其利用方式又分为遗传克隆和化学合成物。衍生物与海洋遗传资源的关系是一个复杂问题，需要从科学上进一步澄清衍生物与遗传资源的关系。"利用遗传资源"和"衍生物"背离了《生物多样性公约》关于"遗传资源"的定义，在一定程度上造成了《名古屋议定书》适用范围的混乱。世界知识产权组织的知识产权与遗传资源、传统知识和民间文学艺术政府间委员会就与遗传资源相关的知识产权问题经过近30次磋商，各方就"利用遗传资源"是否包括衍生物，以及是否定义衍生物等问题达成一致。[①] 在海洋遗传资源国际制度中，海洋遗传资源的定义应基于科学事实，严格遵从其科学属性，不能违背或违反科学性。在科学上进一步澄清海洋遗传资源的范围，尤其是衍生物（海洋天然产物）与遗传资源的关系，制定符合基于科学事实和证据的法律规定。

2) 惠益分享的途径与主体

海洋遗传资源惠益分享是在不同主体的参与下运作和实现的，包括创造和提供惠益的主体与取得和享受惠益的主体。从惠益分享的路径来看，国家管辖范围以外区域海洋遗传资源惠益分享全球多边系统选择的是"多边路径"，而非"双边路径"。之所以没有选择"双边路径"，一个很重要的原因是国家范围以外区域海洋遗传资源不受制于任何国家的主权。正因为这一点，国家管辖范围以外区域海洋遗传资源的提供国（方）是不存在的，而仅存在海洋遗传资源的利用国（方），显然，基于提供国的"事先知情同意"以及提供国和利用方之间的"共同商定条件"的"双边路径"无法在海洋遗传资源惠益分享问题上适用。海洋遗传资源惠益分享全球多边系统中的惠益分享的主体取决于其建立的惠益分享机制。惠益分享机制包括货币惠益分享机制和非货币惠益分享机制，其中非货币惠益分享机制又包括四种：样本的便利获取、信息（与样本有关的数据和

---

① Intergovernmental Committee on Intellectual Property and Genetic Resources. Traditional Knowledge and Folklore, Consolidated Document Relating to Intellectual Property and Genetic Resource. WIPO/GRTKF/IC/28/4, 2014.

研究成果）交流、技术的获取和转让以及能力建设。① 关于货币惠益分享,创造和提供惠益的主体是从事利用海洋遗传资源营利的公司,包括提取样本并随后利用的利用方、从保藏样本的生物样本库获取样本的利用方以及第三方利用方;信托基金可以作为货币惠益分享的主体,也就是取得和享受惠益的主体,可以接收利用方的资金以及各国政府、政府间组织、非政府组织以及私营部门的自愿捐款,主要用于海洋遗传资源的养护、提高发展中国家海洋遗传资源的利用能力等方面。关于非货币惠益分享,创造和提供惠益的主体主要是缔约方及其管辖下利用海洋遗传资源的公共和私营机构,取得和享受惠益的主体包括缔约方及其管辖下范围内的法人和自然人。

3）货币惠益分享机制

从已有的关于利用国家管辖范围内的遗传资源的国际法律制度及实践来看,货币惠益分享是实现分享利用遗传资源所产生惠益的不可或缺的一种机制。就分享利用国家管辖范围以外区域海洋遗传资源所产生的惠益而言,货币惠益分享机制具有无法替代的重要作用,其核心是遗传资源利用方的付款义务。国际文书不能直接为国家管辖范围以外区域海洋遗传资源的利用方设定义务,付款义务的实施应与海洋遗传资源获取的管理相统一,在船旗国管辖的原则下交由缔约方处理。缔约方通过制定政策和法律制度,确保缔约方管辖下的获取并利用国家管辖范围以外区域海洋遗传资源的法人或自然人向信托基金付款。付款义务的属性问题,即付款义务是强制性的还是自愿性的义务问题,这关系到货币惠益分享机制的实施前景和效果。付款义务的强制性或自愿性,不仅依赖利用方与取得惠益方的博弈,更取决于利用方产品开发的投入和产出效益。即使是强制性的付款义务,付款的启动点必须在利用方取得商业化上的成功,即产品投入市场实现盈利之后,支付一定比例的产品销售收入。此外,利用方在产品投入市场往往会选择申请并获得知识产权保护,尤其是专利保护。还应该根据相关知识产权在产品中的作用,可以设置浮动的付款比例。鉴于海洋遗传资源的开发利用从取样、分离、培养、鉴定等实验室阶段,到商品开发投入市场,具有周期长、资金投入大、风险高等特点,建议付款比例不要高于《粮食和农业植物遗传资源国际条约》规定的毛销售额的 1.1%（扣除成本的 30%）。

---

① Glowka L, Normand V. The Nagoya Protocol on Access and Benefit-sharing: Innovations in International Environmental Law. In Morgera/Buck/Tsioumani (eds.). The 2010 Nagoya Protocol on Access and Benefit-sharing in Perspective-Implications for International Law and Implementation Challenges. Leiden/Boston: Martinus Nijhoff Publishers/Brill, 2012.

4）非货币惠益分享机制

相比于货币惠益分享机制在内容上的单一，非货币惠益分享机制是复合式的，包含不同形式非货币支付的分享机制。非货币惠益分享机制能够创造出更加直接、短时间内可获得的以及更能持续或长期存在的惠益。重要的是，非货币惠益分享机制特别顾及了发展中国家的利益和需要，实施非货币惠益分享机制将会极大地提升发展中国家和经济转型国家开发利用国家管辖范围以外区域海洋遗传资源的科技水平和能力。国家管辖范围以外区域海洋遗传资源惠益分享全球多边中的非货币惠益分享机制包括样本的便利获取、信息（与样本有关的数据和研究成果）交流、技术的获取和转让以及能力建设。样本的便利获取是对在国家管辖范围以外区域原生境获取的海洋遗传资源的获取，即非原生境获取，可以将在国际文书生效后的原生境获取的海洋遗传资源纳入样本的便利获取的范围。同时，鼓励国际文书生效前，将缔约方管辖范围下的法人和自然人持有的海洋遗传资源纳入多边系统。从多边系统获取海洋遗传资源是无偿的，只能收取管理费，但不应超出所涉及的最低成本或构成隐性获取费。获取的海洋遗传资源包括遗传材料、基本数据和信息以及非机密信息，以方便获取方开展利用或科学研究，但在获取时要签订海洋遗传资源转让的《标准材料转让协议》，协议中明确规定关于样本转让的条款和条件。信息交流可以将国家管辖范围以外区域关于海洋遗传资源的海洋科学研究活动所得到的样本数据以及相关的研究成果进入公共领域，从而形成一个与国家管辖范围以外区域海洋遗传资源样本有关的数据和研究成果"公共池塘"。技术的获取和转让，应按照"公平和最有利的条件"以及"减让和优惠条件"向发展中国家和经济转型国家提供便利技术的获取和转让。能力建设方面，可以借助接收货币惠益分享成立的信托基金，把提高发展中国家和经济转型国家的能力建设作为其能力建设的优先领域，从而加大对发展中国家和经济转型国家能力建设的支持力度。

6.5.3 相关制度对我国的影响

构建《公约》框架下海洋遗传资源国际制度是一个复杂的问题，规范获取和惠益分享的相关问题应与《公约》规定的公海自由原则和人类共同继承财产原则相适应，还要与现有活动的一般规则和管理措施保持一致，如捕鱼自由、海洋科学研究自由和船旗国管辖原则等，不应改变或修订《公约》。在不破坏《公约》和一般国际法规则的前提下，海洋遗传资源国际制度可与"区域"有关的"定居种",按照人类共同继承财产的原则,制定海洋遗传资源获取和惠益分享国际制度。公海的海洋遗传资源应按照公海自由原则,排除在海洋遗传资源国际制度之外。

  海洋遗传资源获取的方法和工具应尽量减轻对海洋环境的损害,倡导科学家遵守负责任的行为守则。海洋遗传资源获取属于海洋科学研究的范畴,应遵循海洋科学研究自由的原则,鼓励创新,应制定海洋遗传资源便利获取制度。海洋遗传资源获取应按照船旗国管辖的原则,由船旗国负责监管获取活动,并制定相关政策、措施和法律,确保获取活动符合《公约》及其执行协定的规定。在海洋科学认知的基础上定义海洋遗传资源及其相关术语,不能人为扩大或混淆其科学性。基于人类共同财产原则,建立分享货币和非货币惠益的全球多边系统。货币惠益分享的启动点应在利用方取得盈利之后,根据与遗传资源相关的知识产权在产品中的作用,设置浮动付款比例,最高不应高于《粮食和农业植物遗传资源国际条约》规定的销售额的1.1%。非货币惠益分享应充分顾及发展中国家和经济转型国家的利益和需要,加大分享力度。此外,惠益分享机制要公开、透明,各国按照协商一致的原则,公平公正地处理利用海洋遗传资源产生的惠益。

7 环境影响评价

环境影响评价的对象是可能对环境产生不利影响的人类的拟议活动，其目的是为了保护环境，控制并最大限度地降低人类活动的不利影响。《生物多样性条约》、南极条约体系和国际海底管理局等国际和区域组织，围绕国家管辖范围以外区域的环境影响评价的技术和法律问题展开讨论。

7.1 《关于环境保护的南极条约议定书》

南极条约缔约国于1975年通过的《南极探险和科考站活动行为准则》被认为是南极环境影响评价制度的雏形，它的附件中包含了环境影响评价的基本原则，如"描述拟议活动""评价其潜在的好处以及潜在的影响"以及"评价其他可替代活动"等；1983年通过的Ⅻ-3号决议在此基础上又增添了许多重要的观点，为后来初步环境影响评价（IEE）和全面环境影响评价（CEE）制度的建立奠定了基础；最后定型于1991年的《关于环境保护的南极条约议定书》（以下简称《南极条约议定书》）及其附件，其中附件一即为"环境影响评价"。1999年6月，南极条约协商会议（Antartic Treaty Consultative Meeting，ATCM）颁布了一部反映最新成果、内容更加详细的《南极环境影响评价指南》。自此，南极环境影响评价制度得以确立和完善。从环境保护的层面上看，南极环境影响评价制度实施的意义在于：引导、鼓励人类根据南极生态环境的自身特点，在南极地区极为有限的环境承载力范围内有意识地安排预测、规划行为，规范、约束其在特定环境容量中的行为方式，从而实现人类活动与南极脆弱环境间动态的平衡，最终达到人与自然和谐统一的目标。

南极环境影响评价制度是预防原则的体现，根据拟议活动的性质及对环境可能造成的危害程度，对拟议活动量体裁衣，将拟议活动导入不同的评估程序，采取不同的预防措施。具体为根据拟议活动可能会对环境造成小于、相当于或大于"轻微或短暂"的影响的判断，将评价分为"初始阶段""初步环境评价"和"全面环境评价"三个层次进行，追求环评手段与人类活动强度的严丝合缝，这种细致入微的环评方法是为南极量身定做的。南极环境影响评价制度因其保护对象的特殊性而与各国在一般规划或建设项目上所实施的环境影响评价有较大差别，后者虽然也以环境容量为评测依据而将环评分为若干层次进行，但因其环境容量大，划分层次之间的区分度也较为明显，通常会把环境影响分为"重大环境影响""轻度环境影响""环境影响很小"。而南极环境影响评价制度所针对的是南极这一独特的地理环境，其环境承载力极其有限，因此环境影响程度的划分仅以"轻微或短暂"影响这一区分标准，并根据相差无几的强度的行动制定相应污染预防措施的做法，追求制度设计上的严丝合缝，更体现出对南极脆弱生态环境特别细致的保护。

《南极条约议定书》第 3 条确立了南极环境影响评价制度的基本原则："在南极条约地区的活动应根据充分信息来规划和进行，其充分程度应足以就该活动对南极环境及依附于它的和与其相关的生态系统以及对南极用来从事科学研究的价值可能产生的影响作出预先评价和有根据的判定。"此外，《南极条约议定书》附件一对"环境影响评价"作出了具体要求：所有的南极活动在开始之前必须按照有关国内程序进行基本环境评估，一般称为初步评估（PA）。如果经过初步评估判定一项拟议中的活动只具有小于"轻微或短暂"的影响，则这项活动可立即进行；反之，则应该准备初步环境评价，或者准备开展全面环境评价。如果初步环境评价表明或者确定一项拟议中的活动行为很可能具有大于"轻微或短暂"的影响，则应准备全面环境评价。各缔约国的全面环境评价草案应予以公开并分送各缔约国，供各缔约国评议。与此同时，全面环境评价草案还须于下一届南极条约协商国会议之前 120 天提交其审议，同时还应递交《南极条约议定书》设立的环境委员会（CEP）。[①] 因此，南极环境影响评价制度实施以"轻微或短暂的影响"为判断标准。

《南极条约》和《南极条约议定书》及其附件对南极条约区域内的活动进行环境影响评价作出了较为详细的规定，但既没有包括捕鲸、捕海豹、捕鱼和应急操作在内的活动，也没有明确地列出需要进行环境影响评价的活动或项目。南极环境影响评价的启动以及主要工作是在各缔约国进行的，各国应确保南极环境影响评价制度在本国得以实施，实施机制和手段应当主要是制定国内立法。

---

① 参见《南极条约议定书》附件一"环境影响评价"第 3 条"全面影响评价"。

7.2 《海洋和沿海地区环境影响评价和战略环境影响评价的自愿性准则》

《生物多样性公约》第 14 条体现了执行环境影响评价的要求,"每一缔约国应尽可能并酌情:(a)采取适当程序,要求就其可能对生物多样性产生严重不利影响的拟议项目进行环境影响评价,以避免或尽量减轻这种影响,并酌情允许公众参加此种程序。(b)采取适当安排,以确保其可能对生物多样性产生严重不利影响的方案和政策的环境后果得到适当考虑。(c)在互惠基础上,就其管辖或控制范围内对其他国家或国家管辖范围以外区域的生物多样性可能产生严重不利影响的活动促进通报、信息交流和磋商,其办法是为此鼓励酌情订立双边、区域或多边安排。"

《生物多样性公约》在《关于涵盖生物多样性各个方面的影响评估的自愿性准则》的基础上制定了专门针对海洋和海岸带区域的环境影响评价准则,在 2012 年缔约方大会第 11 次会议上核可了《海洋和沿海地区环境影响评价和战略环境影响评价的自愿性准则》(以下简称《自愿准则》)。《自愿准则》特别考虑了国家管辖范围以外区域的复杂环境。《自愿准则》第 4 条还提出了将该准则运用于国家管辖范围以外区域存在的挑战:国家管辖范围以内和国家管辖范围以外的海洋区域之间存在生态连通性而面临的挑战;利益相关者的识别,没有一个统一的标准来确定在国家管辖范围以外区域拥有利益;对于国家管辖范围以外区域,在实现社会经济利益分配方面的公平性,评估生态系统服务的价值,分配环境成本以及平衡成本和效益达成共识等方面具有挑战性。

《自愿准则》建议海洋和沿海区域环境影响评价的基本成分必须包含以下阶段。

(1)甄别,目的在于确定哪个项目或开发计划需要接受全面或局部环境影响评价研究。

(2)划定范围,目的在于鉴定出哪种潜在的影响与评估有关(以立法要求、国际公约、专家的知识水平和公众参与程度为依据)、鉴定出替代性解决问题的办法以避免、减轻或补偿生物多样性所受的不良影响(包括停止活动的开展、寻求替代性设计或寻找可避开影响的场地、在项目设计中加进防护措施或为不良影响提供补偿),最后划定环境影响评价的范围。划定影响国家管辖范围以外的海洋生物多样性的活动进程,可能比划定国家管辖范围以内海洋区域的活动进程具有更大的挑战。利益攸关方可能包括全球和区域组织，也可能包括国家当局和社区。划定范围进程可能要借助于更广泛的专门知识库，其中包括从事相关活动的潜在影响研究的全球和区域专家以及各国专家。利益攸关方和专家社群的多元化和广泛地理分配可能增加与划定范围进程有关的时间和费用。

（3）影响的评估和评价及制定替代性方案，目的在于预测和鉴定所提议的项目或开发计划可能对环境产生的影响（包括对替代性方案的阐述）……在国家管辖范围以外的区域，建议评估这项活动的行业总部可能设在远离建议开展活动的地点，对参与这项活动的国家机构、船只或企业拥有管辖权的国家政府和行政当局也是如此。这些问题可能使得对影响国家管辖范围以外海洋生物多样性的活动进行环境影响评价的费用远远高于沿海或陆地区域可比较活动的环境影响评价费用。同样，在环境影响评价"实践惯例"尚未确立、方法还不成熟、可能出现不同评估做法的国家管辖范围以外的海洋区域，环境影响评价建议的必要的后续管理、监测、控制和监督愈发困难。对同一区域有利害关系的各个组织有着不同的历史和文化，可能对国家管辖范围以外区域的环境影响评价产生三种重要的影响。首先，决策时采用预防性办法甚至更重要。可能需要做出某种努力，协调运用预防性措施，以期取得前后一致的结果。其次，为了鉴别生态或生物方面重要的区域以及作为评估程序一部分的其他重要特征，可能需要通过科学评估、调查和建模收集更多信息。第三，考虑到环境影响评价的成果，必然加大对通过增加和重复"试验台"办法对活动授予许可的依赖性。为了加深对现有的关于具体活动所产生的影响的有限了解，可能需要小规模地允许出现监测和监督的严格条件，从而使获得许可的活动成为更好的信息来源，促进可能在更大规模上更完整的影响评估。如有可能，在允许小规模活动出现之前，从开展这项活动的其他地方获得的信息将用于确定潜在的风险和影响。

（4）提交报告：提交环境影响报告或环境影响评价报告，包括环境管理计划和供普通读者阅读的非技术性总结。针对影响国家管辖范围以外海洋生物多样性的活动进行环境影响评价时，谁编制、谁批准环境管理计划的问题可能没有明确下来，因而可能需要相关行动者，包括活动的提议者、参与这项活动的船只的船旗国，以及拥有与建议的活动相关职能性和环境保护责任的国际、区域组织，如区域渔业组织、国际海床管理局、联合国粮食及农业组织、国际海事组织等，作出协商一致的决定。首先，对开展这项活动的船只、国民或企业负责的国家（"责任国"）将负责环境影响报告、环境影响评价和环境管理计划的编制。

（5）根据评估的范围（划定范围）和公众的参与程度来复审环境影响报告。对于国家管辖范围以外的海洋生物多样性相关环境影响评价，特定的环境影响评价是否符合公认的标准，可能是船旗国以及拥有与建议的活动有关的职能性和环境保护责任的国际和区域组织联合决定的问题。应当针对最佳工作实践开展独立的科学审查。

（6）决定是否批准某项目、以什么为条件等。对于国家管辖范围以外区域的海洋生物多样性相关环境影响评估，这项决定首先在于责任国，但是可能需要符合拥有与建议的活动有关的职能性和环境保护责任的国际和区域组织在其所在地和接受审查的地方所确立的标准。

（7）监测、依从、实施和环境审计。监测预期影响和所提议的减轻影响措施是否像环境管理计划所规定的那样如实出现。验证提议者是否依从环境管理计划的规定，以便确保能够鉴定并及时矫正非预见性影响或未能奏效的减轻影响的措施。对于国家管辖范围以外区域的海洋生物多样性相关环境影响评价，监测和验证是否依从环境管理计划的责任可能落在责任国身上。对活动拥有职能性和环境保护责任的相关区域组织成员国也可发挥重要作用。社区或民间社会监测在许多国家的陆地和沿海环境影响评价中发挥了重要作用，在国家管辖范围以外海洋区域可能更难实施，但是久而久之，特定区域组织可能成为典范。同样，对于任何规定的监测和执行层面，由于项目和国家或机构的业务总部之间距离扩大，行业和政府或机构执行各自的任务所产生的费用可能更高。然而，有效利用遥感工具和互动式交流有助于降低成本。

《自愿准则》在一定程度上解决了进行环境影响评价的技术问题，但是它并非是一个完整的技术手册，只是作为一个参考准则，为缔约方和非缔约方政府、区域管理部门或国际机构在制定和执行各自的影响评价工具和程序方面提供参考，并没有实质性的法律约束力，无法确保各缔约方按照统一的标准制定和执行环境影响评价程序。

7.3 《指导承包者评估"区域"内海洋矿物勘探活动可能对环境造成的影响的建议》

国际海底管理局作为"区域"矿产资源勘探和开发的管理机构，负责"区域"内的矿产资源勘探开发及其相关的活动进行环境影响评价。《联合国海洋法公约》第一六五条第 2 款第（d）项规定，国际海底管理局法律和技术委员会应就"区域"内活动对环境影响准备评价。《关于执行1982年12月10日〈联合国海洋法公约〉第十一部分的协定》进一步阐述了对"区域"内的深海采矿活动进行环境影响评价的义务,其中附件Ⅰ第7条规定:"对工作计划的审批申请,应当附有该活动的潜在环境影响评价以及关于按照管理局制定的规则、规章和程序进行的海洋学和环境基线研究方案的说明。"

目前,国际海底管理局制定了关于区域中的多金属结核、多金属硫化物、富钴铁锰结壳探矿和勘探的规章,其中一些条文涉及环境影响评价,例如,《"区域"内多金属结核探矿和勘探规章》第5条[①]。该规章第18条规定,"为了使合同形式的勘探工作计划获得核准,申请者应提交:关于按照本规章及管理局制定的任何环境方面的规则、规章和程序进行的海洋学和环境基线研究方案的说明,这些研究是为了能够根据法律和技术委员会提出的建议,评估提议的勘探活动对环境的潜在影响;关于提议的勘探活动可能对海洋环境造成的影响的初步评估;关于防止、减少和控制对海洋环境的污染和其他危害以及可能造成的影响的提议措施的说明。"又如《国际海底管理局大会有关"区域"内多金属硫化物探矿和勘探规章的决定》第20条[②]、《"区域"内富钴铁锰结壳探矿和勘探规章》第20条[③]等。

2013年,法律和技术委员会通过《指导承包者评估"区域"内海洋矿物勘探活动可能对环境造成的影响的建议》[④],要求"在核准合同形式的勘探工作计划之后,并在开始勘探活动之前,承包者应向管理局提交:(a)一份关于所有拟议活动对海洋环境潜在影响的评估书,但不包括法律和技术委员会认为不具有对海洋环境造成有影响的潜在可能的那些活动;(b)一份用于确定拟议活动对海洋环境潜在影响,并确定矿物探矿和勘探活动不会对海洋环境造成严重损害的监测方案建议书;(c)可用于制定环境基线以评估拟议活动影响的数据"。

《指导承包者评估"区域"内多金属结核勘探活动可能对环境造成的影响的建议》[⑤]详细列出了对多金属结核进行勘探活动时不需要和需要进行环境影响评价的活动。

目前在勘探方面使用的多种技术被认为不会对海洋环境造成严重损害,因而不需要进行环境影响评价。这些技术包括以下几方面。

---

① http://china-isa.jm.china-embassy.org/chn/gjhdglj/jbwj/P020131031162673946090.pdf.
② https://www.isa.org.jm/sites/default/files/files/documents/isba-16a-12rev1_1.pdf.
③ https://www.isa.org.jm/sites/default/files/files/documents/isba-18a-11_1.pdf.
④ https://www.isa.org.jm/sites/default/files/files/documents/isba-19ltc-8_1.pdf.
⑤ https://www.isa.org.jm/sites/default/files/files/documents/isba-16ltc-7_1.pdf.

（1）重力和磁力观测。

（2）海底和海底浅层电阻、自然电位或感应极化声学或电磁剖面测量或成像，而不使用炸药或已知会严重影响海洋生物的频率。

（3）用于环境基线研究的海水、生物、沉积物和岩石采样：

（a）海水、沉积物和生物区系的小量采样（如利用遥控潜水器）；

（b）有限度的矿物和岩石采样，如使用小型抓斗或铲斗采样器采样；

（c）用箱式采样器或小直径岩心采样器对沉积物进行采样。

（4）气象观测，包括安放仪器（如停泊装置）。

（5）海洋学［包括水文观测，包括安放仪器（如停泊装置）］。

（6）录像/电影和照相观测。

（7）船上矿物化验和分析。

（8）定位系统，包括海底应答器以及在《航海通知》中列出的水上和水下浮标。

（9）拖曳式羽流感应测量（化学分析、浊度计、荧光计等）。

（10）原地动物代谢测量（如沉积物氧耗测量）。

（11）对生物样本进行脱氧核糖核酸检测。

（12）染色测流和示踪剂研究，除非关于悬挂国旗船只活动的国内或国际法律另有规定。

环境基线、监测和影响评估研究很可能是为商业采矿进行的环境影响评价的基本投入：

（1）超过多金属结核、多金属硫化物和富钴结壳在陆地上进行采矿和/或加工方面的研究采样活动承包者具体指南规定的范围。

（2）利用专门设备研究可能在海底发生的人为扰动的影响。

（3）试验采集系统和设备。

（4）利用船载钻机进行钻探活动。

（5）岩石取样。

（6）为采集多金属结核，供在陆地上进行采矿和（或）加工方面的研究而用海底拖撬、挖掘机或拖网进行的采样活动，且采样区域超过 10 000 平方米。

国际海底管理局颁布的涉及环境影响评价的《指导承包者评估"区域"内海洋矿物勘探活动可能对环境造成的影响的建议》属于软法的性质，但对矿区勘探开发活动仍具有实际的指导作用和约束力。

8 公海渔业资源管理

8.1 执行情况

经过几十年的发展，国际区域渔业组织已经基本形成了较为完备的养护和管理措施。应当说明的是，国际养护和管理措施是由在渔业管理方面发达的国家推动形成的。这些国家首先制定严格的国内法规，要求本国渔民遵守。经过一段时间的运行，这些国家的渔民会抱怨其受到了不公正的对待，要求其他国家的渔民也遵守同样规则。目前的国际规则是经各有关国家谈判、妥协的产物。

1) 渔船和渔具标识以及捕捞日志制度

相关的要求是渔船要根据国际标准对渔船和渔具作出标识，例如联合国粮食及农业组织《关于渔船标识和识别的标准规格和准则》。在一些区域，例如南极海域，要求按船名和船号明确标识浮子以及确定固定渔具位置的漂浮水面的类似物。

各区域渔业组织还强制性要求渔船必须填报捕捞日志。

2) 船旗国发放捕捞许可的规定和船舶注册（合法渔船名单）

各区域渔业管理组织对船旗国发放捕捞许可和船舶注册作了明确规定，例如，南极海洋生物资源委员会2006年通过的10-02养护措施规定，船旗国在发放捕捞许可的7天内，要向委员会秘书处报告（渔船信息以及左舷、右舷和船尾的彩照），并要求：渔船在进出任何港口时要及时向船旗国报告；渔船进入公约区、在公约区内进入不同区域、次区/分区时要向船旗国报告；根据委员会的要求报告捕捞数据；尽可能报告在公约区内遇见的渔船情况（包括船名和渔船描述、呼号、船旗、注册号以及照片等）。

从1999年开始，相关的区域渔业管理组织分别通过建立"合法渔船名单"的决议。根据这些决议，区域渔业管理组织的成员有义务禁止不在合法渔船名单上的渔船在其港口卸货和销售产品。因而，从2003年起，报告渔船信息的情况大大改善。

3) 强制性数据统计要求

各成员向区域渔业管理组织提供渔业数据是最基本的义务。数据要求可归纳为在什么地方、什么时间用什么船捕捞了多少鱼、捕到的鱼有多大、是什么种类。这些看似简单的要求在实际执行上却存在许多问题。在印度洋，印度洋金枪鱼委员会（IOTC）成立两年后于1998年即通过了数据收集的强制要求。但一些成员未能很好履行捕捞数据报告的义务。为此，印度洋金枪鱼委员会于2000年开始实施在印度洋主要港口（马来西亚槟城、泰国普吉岛、斯里兰卡科伦坡港和印度尼西亚巴厘岛）的采样计划，具体了解各方渔船数量、产量及产量组成（包括鱼体长度）情况。印度洋金枪鱼委员会在1998年通过了数据收集的强制要求后，于2000年和2002年两次通过决议重申数据收集的强制要求。2001年通过了要求印度洋金枪鱼委员会非成员提供数据的决议。在大西洋，大西洋金枪鱼类保护委员会（ICCAT）下的两个专门委员会（执法委员会和改善统计及养护措施常设工作组）分别对大西洋金枪鱼类保护委员会成员和非成员的遵守情况进行审议，审议的一个主要内容是提交数据的情况，并以此决定有关成员和非成员是否遵守了大西洋金枪鱼类保护委员会的措施。对具有合作地位的非成员，如果不向大西洋金枪鱼类保护委员会报告有关数据，将无法再得到合作地位。没有合作地位将无法获得单独的捕捞配额。

4) 产量统计证书制度

大西洋金枪鱼类保护委员会于1993年率先对蓝鳍金枪鱼实行产量统计证书制度。1996年，养护南方蓝鳍金枪鱼委员会（CCSBT）开始对南方蓝鳍金枪鱼实行产量统计证书。为有效管理犬牙南极鱼资源，南极海洋生物养护委员会于2000年开始对犬牙南极鱼产品实施产量统计证书制度，以严格控制产量和打击非法捕鱼活动。2002年，大西洋金枪鱼类保护委员会和印度洋金枪鱼委员会开始对大目金枪鱼实行产量统计证书制度。2003年，大西洋金枪鱼类保护委员会开始对剑鱼实行产量统计证书制度。这些产量统计证书的一个基本特点是捕捞产品的合法性认证，作为相关组织成员的市场消费国有义务拒绝没有产量统计证书的产品进口。一个区域渔业管理组织实行证书制度实际上意味着来自其他海域的类似产品出口也要附带产量统计证书。例如，大西洋金枪鱼类保护委员会要求其成员在接受进口的剑鱼产品时，该产品必须附带产量统计证书，否则大西洋金枪鱼类保护委员会成员国有权拒绝产品进口。在将捕自中西部太平洋的剑鱼出口到日本时,由于目前中西部太平洋没有实行产量统计证书机制,不必附带产地证书,但日本是大西洋金枪鱼类保护委员会成员,其有义务要求出口国证明出口到日本的产品不是来自大西洋,因此捕自太平洋的产品也需要由渔船的船旗国出具证书,而该证书必须由船旗国在大西洋金枪鱼类保护委员会秘书处备案,以证明证书的有效性。虽然产量统计证书的实施有效地打击了非法捕鱼活动并加强了政府间的合作关系,但给渔业管理部门和海关带来了行政负担,因此目前只对部分主要种类实行了产量统计证书。在已经实施该制度的种类中,除蓝鳍金枪鱼的所有产品适用该制度外,其他3个种类的冰鲜产品进入国际贸易不需要上述证书。目前,相关的证书制度已在世界上65个国家(包括欧盟)和我国台湾得到实施。

5) 投入和产出控制措施

各区域渔业管理组织基本上确定了相关的投入控制措施,主要是渔船数量控制和吨位控制。例如,印度洋金枪鱼委员会对在印度洋热带海域作业的金枪鱼延绳钓渔船实行了总吨位控制(我国在印度洋捕捞热带金枪鱼的渔船控制在62艘,总吨位27 216吨),南太平洋临时管理措施对2008—2009年捕捞竹篑鱼的大型拖网渔船实行了总吨位控制。大西洋金枪鱼类保护委员会对有关国家的金枪鱼延绳钓渔船实行了船数限制。美洲间热带金枪鱼委员会从2002年开始决定冻结围网渔船的捕捞,并分配了围网渔船的货舱容量(按立方米计)。但各区域渔业管理组织没有采用我国实行的马力控制的措施。

在产出控制方面,各区域渔业管理组织分别对重要的捕捞种类实行了分种类总允许捕捞量、配额(限额)分配和捕捞强度管理。例如,大西洋金枪鱼类保护委员会目前实行总允许捕捞量(TAC)和配额分配的种类包括东部和西部蓝鳍金枪鱼、南方和北方长鳍金枪鱼、南方和北方剑鱼共6个种群。对大目金枪鱼、白枪鱼和蓝枪鱼这3个种类实行限额捕捞管理。对黄鳍金枪鱼实行捕捞强度管理(不超过1992年的水平)。

6) 技术措施

各区域渔业组织还实行了以下技术措施。

(1) 最小捕捞规格。例如,大西洋金枪鱼类保护委员会在这方面的规定包括:禁止捕捞、上岸或转载低于6.4千克的蓝鳍金枪鱼,但允许渔船误捕的个数不超过10%的6.4千克以下蓝鳍金枪鱼上岸。在地中海水域,禁止在船上留存、上岸或销售低于4.8千克的蓝鳍金枪鱼;剑鱼的最低捕捞规格为25千克(或

125厘米下颌叉长），低于最低尺寸的鱼体个数不得超过15%，但不得捕捞、上岸和销售低于15千克（或119厘米下颌叉长）的剑鱼；黄鳍金枪鱼最低捕捞规格为3.2千克，低于最低规格的鱼体个数不得超过15%。

（2）禁渔期和其他禁止措施。大西洋金枪鱼类保护委员会确定每年6月1日至7月31日，禁止船长24米以上的大型延绳钓渔船在地中海捕捞蓝鳍金枪鱼。为保护蓝鳍金枪鱼幼鱼，每年7月16日至8月15日，禁止围网渔船在地中海作业。禁止围网渔船使用直升机驱赶鱼群。为保护大目金枪鱼幼鱼，每年11月1日到翌年1月31日在几内亚湾禁止围网渔船使用集鱼装置捕鱼。东太平洋每年在12月实行1个月的金枪鱼围网休渔措施。

（3）兼捕物种的管理。除了规定兼捕的配额外（例如，大西洋金枪鱼类保护委员会对捕捞大目金枪鱼的渔船实行兼捕白枪鱼和蓝枪鱼的配额），各区域渔业管理组织陆续通过了养护鲨鱼、海鸟和海龟的措施。例如，禁止割取鲨鱼翅后抛弃鲨鱼鱼体的行为，要求渔船到达第一个卸货港时，船上留存鲨鱼翅的重量不得超过鲨鱼体重量的5%。在海鸟养护措施方面，规定在特定区域（一般为南纬20°以南和北纬20°以北海域）延绳钓作业应安装驱鸟绳等减少误捕海鸟的装置。南极海域要求每艘渔船必须安装保护海鸟装置，如一艘船一天误捕3只海鸟，则转为夜晚放钩。在海龟养护措施方面，要求各国采取有效措施鼓励渔船使用避免误捕海龟的捕捞渔具和方法。

为有效监管上述的各项措施，各区域渔业管理组织还分别实施了监测、控制和监视（MCS）措施。

7）渔船船位监管

各区域渔业管理组织已全面要求所有在公海作业的大型渔船安装船位报告仪器。我国农业部已要求我国在公海作业的金枪鱼渔船从2006年10月1日开始强制性安装船位报告系统。各区域渔业管理组织对船位监控的要求不同：在南极作业的延绳钓船必须向南极海洋生物资源委员会秘书处直接报告船位，捕捞磷虾的渔船向船旗国报告；中西部太平洋金枪鱼委员会要求渔船同时向船旗国和秘书处报告船位；大西洋金枪鱼类保护委员会从2008年4月起要求捕捞蓝鳍金枪鱼的渔船向船旗国报告船位后，由船旗国在短时间内将船位报告大西洋金枪鱼类保护委员会秘书处。

8）观察员制度

目前采用的观察员包括国际观察员、国家观察员和区域观察员。观察员的主要职责是获取科学数据并监督渔船遵守有关养护和管理措施的情况。

国际观察员一般为非船旗国国民的观察员。

国际上对国家观察员的最低要求目前是5%的覆盖率。但一些船队有更高的比例，例如，欧盟要求其围网船和澳大利亚要求其深海底拖和底钓船为100%，美国要求其金枪鱼钓船为20%。在南极作业的延绳钓船必须为200%（国际和国家观察员各一名）。

区域观察员由区域渔业管理组织派遣。目前，这类观察员主要对公海上的渔货转运实行监督。有关的区域渔业管理组织从2007年开始实施这类区域观察员计划，具体是在运输船上派驻观察员，费用由在公海上进行渔货转运的国家和地区承担。没有区域观察员的运输船，不得进入缔约国的港口卸货。

9) 公海登临和检查

除了上述的船位监控和观察员外，在一些区域和渔业中（例如，南极、中西部太平洋、白令公海以及北太平洋捕捞溯河性鱼类的渔业）实施了公海登临和检查机制。

为明确相关的责任和义务，相关的区域渔业管理组织制定了登临和检查程序。

10) 贸易措施

除了产量统计证书外，有关区域渔业管理组织还对一些国家采取了贸易制裁措施。如大西洋金枪鱼类保护委员会近年来共对6个国家（巴拿马、圣文森特和格林纳丁斯、伯利兹、柬埔寨、洪都拉斯和赤道几内亚）实行了禁止进口金枪鱼产品的贸易措施，禁止进口的产品包括蓝鳍金枪鱼、大目金枪鱼和剑鱼。在确定贸易措施时，被制裁的国家包括了当时是大西洋金枪鱼类保护委员会成员的国家（赤道几内亚）。

11) 保护环境的要求

南极海洋生物资源委员会于2006年通过的养护措施规定有以下几点。

（1）禁止在船上使用捆绑饵料箱的塑料包装袋；没有焚化炉（封闭系统）的渔船上禁止为其他目的使用其他类型塑料包装袋；从包装盒拿下的包装袋应被剪碎，并尽早在船上的焚化炉焚烧；应在到达港口前在船上存储塑料废物，不得排放到海中。

（2）在南纬60°以南海域作业的渔船不得：将油或燃料或油的残余物排放到海中；将垃圾倾倒海中；将不能通过25毫米过滤筛的剩余食物排入海中；将家

禽肉或其他部分（包括蛋壳）倾倒海中；在离岸或冰架12海里内排污，或航速低于4节时排污；将动物的下脚料或焚化灰倾倒海中。

（3）不得将活家禽或其他活体鸟类带入南纬60°以南海域；不得将不用于消费的加工过的家禽带入该海域。

12）安全要求

各成员要采取措施提供必要生存培训，并为保证公约区渔船上人员的安全配备必要的设备和衣物。

8.2　发展趋势

1）遵守规则将成为获得配额的重要指标

随着对国际渔业资源争夺的加剧和国际食品价格的上涨，国际渔业资源的分配将面临越来越多的挑战。目前，一些区域渔业管理组织已经通过了"捕捞机会分配标准"。根据这类标准，各方渔船遵守有关养护和管理措施的情况将作为捕捞配额分配的一个重要指标。此外，各国在资源研究方面的贡献（如提供研究成果、准确的统计数据等）也将是一个重要指标。今后几年，捕捞配额分配将逐渐应用这一标准。在尚没有实行配额分配的组织，这一分配标准也具有指导意义。但捕捞机会分配标准不是量化指标，今后如何从定性指标转到定量指标将有大的争论。但无论如何，一国不能站在道德的制高点上，这将难以说服其他国家获得希望的配额。

2）观察员制度将得到进一步完善

在加强海上对合法渔船的监管方面，观察员制度比公海登临和检查在经济上更为合算。今后，在渔船上派驻本国或外国观察员的比例将提高，这将是一种管理趋势。此外，要求禁止海上转运的呼声将更加高涨。今后所有在公海上的转运活动可能均要受到严格监管。

3）与市场相关的措施将加快推进

打击非法、未报告和无管制的（IUU）捕鱼活动已经成为国际关注的热点渔业问题之一。实行相关产品的市场准入成为打击非法、未报告和无管制的捕鱼的重要手段之一。在现有的产量统计证书制度的基础上，有关国家已经提出将冰鲜产品包括在产量统计证书内，但主要进口国以海关监管能力不足为理由拒绝。

扩大捕捞产品的合法性认证范围将是未来的一个趋势。在这一过程中，港口国、消费国的地位将得到进一步加强。目前，联合国粮食及农业组织正在制定打击非法、未报告和无管制的捕鱼的港口国措施协定。另外，欧盟在2008年9月29日通过法律，从2010年开始对所有进口到欧盟市场的海洋捕捞产品，单方面要求统计证明文件制度，要求船旗国出具合法捕捞的证明。美国国会2007年通过法案，要求美国政府在多边渔业组织中加大力度，推行统计证明文件制度。

4) 渔业管理将引入生态系统方法

按照联合国粮食及农业组织的定义，渔业的生态系统方法是：力争在不同的社会目标之间取得平衡，考虑关于生态系统中生物、非生物和人类成分的知识和不确定性以及其相互作用，在生态上有意义的范围内采用渔业的综合办法。捕捞生产作为利用海洋系统的一种活动，其对海洋生态环境的影响越来越引起广泛的关注，强化对兼捕种类的监管是一大趋势。

在这一过程中，国际环保组织的势力将不断增强，并将继续提出在捕捞过程中造成海龟、海鸟死亡的问题，要求限制渔业生产。争论将继续下去。

5) 民间组织力量将进一步增强

民间合作将影响政府部门的决策。2000年，西班牙、日本、韩国、菲律宾和我国台湾地区等主要金枪鱼围网渔船船主创建了一个组织，目的是使金枪鱼罐头市场价格恢复正常。该组织采用减产计划对价格产生了影响。作为金枪鱼围网捕捞的主要种类，鲣鱼鱼价从2000年的350美元/吨上升到2002年5月的700~750美元/吨。通过企业自律实现减产是一个趋势。

促进负责任金枪鱼渔业组织（OPRT）是金枪鱼延绳钓渔业企业成立的组织，该组织通过民间合作提出了打击非法、未报告和无管制的捕鱼的设想，并由政府部门推动在区域管理管理组织中成为决议。今后这一趋势将更加明显。日本政府全力支持促进负责任金枪鱼渔业组织的运行，出口到日本市场的冷冻金枪鱼产品必须是促进负责任金枪鱼渔业组织成员在促进负责任金枪鱼渔业组织注册船捕捞的产品，否则日本政府不允许进口。目前，世界上所有的超低温金枪鱼延绳钓渔船均在促进负责任金枪鱼渔业组织注册。

此外，在产品认证方面出现了越来越多的私人标准。一些发达国家的大型超市和零售链，已经开始对产品质量实行认证。今后，如果政府部门在捕捞产品合法性认证或给予捕捞产品生态标签等方面动作迟缓，一些民间机构将实施捕捞产品的生态标签的计划。

8.3 公海渔业养护与管理措施

目前，公海渔业资源养护与管理如前所述，已经建立了《联合国海洋法公约》《联合国鱼类种群协定》、各区域渔业公约、联合国大会决议以及其他相关环境贸易条约等多层次的法律体系。具体管理实践上，已经形成了区域渔业管理组织为基础的管理格局。目前，全球公海区域几乎已经有了相应的区域渔业管理组织，东南印度洋区域渔业管理组织于2016年生效，就剩下北冰洋公海和西南大西洋[①]还没有建立相应的区域渔业协定。2015年12月1—3日，北冰洋公海渔业问题会谈在美国华盛顿特区举行，拉开北冰洋公海渔业协定谈判的序幕。

就现有的区域渔业管理组织而言，可以分成两大类别：一类是金枪鱼类区域渔业管理组织，全球有5个；一类是非金枪鱼类区域渔业管理组织，全球有10多个。[②]也就是说，基本上在同一个公海区域同时会有金枪鱼类区域渔业管理组织与非金枪鱼类区域渔业管理组织的现象，两类组织的管辖对象不同。对于金枪鱼类区域渔业管理组织而言，其管辖对象仅限制金枪鱼类，作业方式为中上层作业，不会对深海海底生境造成破坏，因此其在生物多样性养护方面的任务应是减少兼捕和过度捕捞，如中西大西洋渔业委员会（WCPFC）制定了关于鲨鱼[③]、海龟[④]、鲸鱼[⑤]、海鸟[⑥]等兼捕方面的养护与管理措施。

对于非金枪鱼类的区域渔业管理组织而言，其管辖对象一般是除金枪鱼类外的其他所有鱼类资源或生物资源，传统上一般是按鱼种设定利用配额；既可能有底层作业，也可能有中上层作业，存在对深海海底生境破坏以及过度捕捞、兼捕等多重问题。在此方面，这些区域渔业管理组织需要解决配额制定过程中多鱼类相互间关系的考量以及对深海脆弱海洋生态系统的保护。对于深海脆弱

---

① 西南大西洋因阿根廷对区域渔业管理组织持反对立场，因此缺少阿根廷这个重要沿海国的支持，这个区域的渔业管理组织很难建立起来。

② 统计类别不同，会有所差异。如果不统计单鱼种的多边或双边渔业管理组织，仅统计管辖某特定区域内大多数或全部鱼类资源组织的话，全球有8个。

③ CMM 2014-05 Conservation and Management Measures for Sharks, CMM 2011-04 Conservation and Management Measure for Oceanic Whitetip Sharks, CMM 2013-08 Conservation and Management Measure for Silky Sharks, CMM 2010-07 Conservation and Management Measure for Sharks.

④ CMM 2008-03 Conservation and Management of Sea Turtles.

⑤ CMM 2011-03 Conservation and Management Measure to Address the Impact of Purse Seine Activity on Cetaceans.

⑥ CMM 2012-07 Conservation and Management Measure for Mitigating Impacts of Fishing on Seabirds.

全球金枪鱼区域渔业管理组织

生态系统保护，前面已经详细介绍了联合国大会、联合国粮食及农业组织以及南极海洋生物资源养护委员会在此方面的工作。对于多鱼类相互间关系，可以注意到一些区域渔业管理组织正修订其原来公约，将海洋生物多样性以及生态系统等原则加入到新的区域渔业公约中。

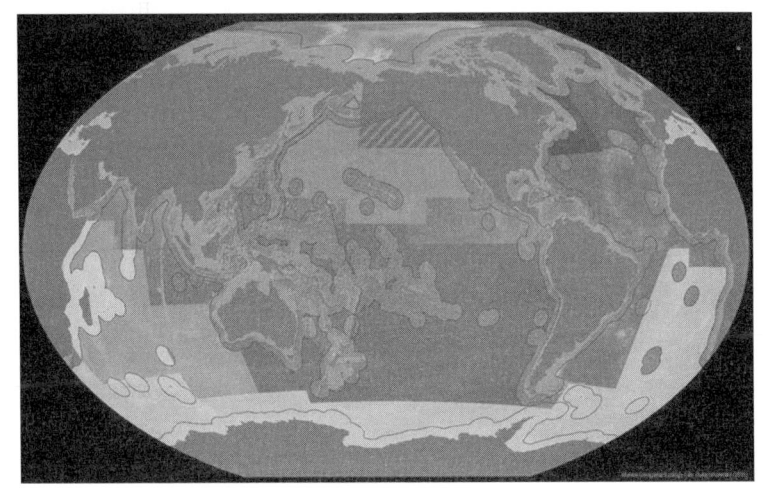

全球非金枪鱼渔业管理组织

如东北大西洋渔业委员会（NEAFC）于 2004 年和 2006 年分别在欧盟和冰岛的提议下通过了两个对 1980 年《东北大西洋渔业未来多边合作公约》修正案（以下简称修改后的公约为《新东北大西洋渔业公约》），增加了争端解决内容和对序言、第 1 条、第 2 条和第 4 条进行了修改。特别是根据冰岛提案，修改了相关定义,其中包括"渔业资源""海洋生物资源"与"海洋生物多样性"。"渔业资源"包括了鱼类、软体动物、甲壳类和定居种;"海洋生物多样性"采用与《生物多样性公约》类似的定义①,即包括物种内部、物种间和生态系统的多样性。根据《伦敦宣言》②,东北大西洋渔业委员会依据《新东北大西洋渔业公约》第5条和第6条作出相关建议时,应遵循"最佳可获得科学证据""预防性措施""生态系统""养护海洋生物多样性"等原则或规则;上述"渔业资源""海洋生物资源"与"海洋生物多样性"三个定义应立即适用。2013年11月,冰岛、欧盟、丹麦、挪威四个成员国已经批准了修正案,而俄罗斯则对其中的争端解决修正案正式提出反对。因此,根据《新东北大西洋渔业公约》第19条第3款的规定,批准数达到了4/5,新公约已经生效,但争端解决程序不能适用于俄罗斯。③

因此,可以认为区域渔业管理组织在结合生态系统管理渔业,以处理捕捞活动对国家管辖范围以外区域海洋生物多样性的影响方面已取得实质性进展,尽管在捕捞能力过剩、过度捕捞、非法、未报告和无管制的捕捞等方面仍需要进一步开展工作。④

8.4 生物多样性养护与利用和公海渔业之间的关系

公海渔业活动是影响国家管辖范围以外区域海洋生物多样性养护的因素之一,但不是唯一因素;各种因素之间的关系以及对生物多样性丧失的贡献度需要进一步的科学分析。就公海渔业活动对国家管辖范围以外区域海洋生物多样性的方面来看,现有的法律制度与区域渔业管理组织的实践已经关注到这种影响,分别作出了相应的调整。从《我们期待的未来》关于海洋方面政治承诺的内容来看⑤,公海渔业与国家管辖范围以外区域海洋生物多样性应该是两个重要议题,公海渔业资源养护与可持续利用仍是当前重要的难题。因此,从法律制

---

① 《生物多样性公约》第2条。

② 《伦敦宣言》由冰岛在2005年的第24届东北大西洋渔业委员会年会上提出,得到各成员国的支持,最后由东北大西洋渔业委员会通过。See, NEAFC, Report of the Twenty-forth Meeting, 2005, pp. 33-34。

③ NEAFC, Report of Thirty-second Meeting, 2013, pp. 1-2.

④ Intersessional workshops aimed at improving understanding of the issues and clarifying key questions as an input to the work of the Working Group in accordance with the terms of reference annexed to General Assembly resolution 67/78: Summary of proceedings prepared by the Co-Chairs of the Working Group, A/AC. 276/6, 10 June 2013, paragraph 96.

⑤ United Nations General Assembly, The Future We Want, A/RES/66/288, 11 September 2012, paragraphs 168-173.

度、管理实践、政治承诺以及相关国家对此问题立场等几个方面来看,公海渔业不应成为新协定的适用对象。

新协定不应直接规制公海渔业,不能意味着完全不涉及公海渔业。如前所述,公海渔业毕竟会影响国家管辖范围以外区域海洋生物多样性养护,因此,新协定可以在一定程度上对公海渔业活动及其他活动进行协调。如有人建议的,《生物多样性公约》秘书处同联合国粮食及农业组织、联合国环境规划署和区域渔业管理组织等其他机构之间的密切合作表明,各部门之间分享数据和专门知识可以带来惠益。① 在此方面,一个在操作层面需要关注的问题是海洋保护区的建设在海洋生物多样性养护方面的作用的发挥。

2011年,国家管辖范围以外区域海洋生物多样性(BBNJ)工作组会议通过的"一揽子"事项提及了"包括海洋保护区在内的划区管理工具",2015年6月19日联合国大会第69/292号决议重申了这"一揽子"事项。② 如何利用海洋保护区来实现国家管辖范围以外区域海洋生物多样性的养护,应值得关注。目前,在南极海洋生物资源养护委员会框架下海洋保护区建设引发的各种争议,可以为此方面提供一定的借鉴。澳大利亚等国在国家管辖范围以外区域海洋生物多样性工作组会议和南极海洋生物资源养护委员会都提及海洋保护区的概念问题,指出传统为养护或恢复渔业资源的关闭渔场或区域的措施不是海洋生物多样性意义下的海洋保护区。未来为养护海洋生物多样性而建立的海洋保护区能否限制或禁止公海渔业活动,将是一定直接和备受争议的议题。

如前所述,在南极海洋生物资源养护委员会框架下,部分渔业利用国强调根据《南极海洋生物资源养护公约》第2条规定,海洋保护区建设不能导致禁止或限制南极生物资源的合理利用;一些海洋保护区提案国认为,根据养护措施CM91-04规定,为了保护南极海洋生物多样性及脆弱生境,需要建立大规模的海洋保护区,其中很大部分为禁止利用区。因此,有担心认为,一些国家可能利用养护措施CM91-04将南极海洋生物资源养护委员会改变为一个区域环境保护组织,限制公海渔业利用活动。

所以,即使未来新协定不能直接规制公海渔业,也需要注意新协定在海洋

---

① Intersessional workshops aimed at improving understanding of the issues and clarifying key questions as an input to the work of the Working Group in accordance with the terms of reference annexed to General Assembly resolution 67/78: Summary of proceedings prepared by the Co-Chairs of the Working Group, A/AC.276/6, 10 June 2013, paragraph 76.

② Resolution adopted by the General Assembly on Development of an international legally binding instrument under the United Nations Convention on the Law of the Sea on the conservation and sustainable use of marine biological diversity of areas beyond national jurisdiction, A/RES/69/292, 19 June 2015, paragraph 2.

保护区措施利用上与其他活动之间的协调；应强调海洋保护区是国家管辖范围以外区域海洋生物多样性养护的重要工具之一，其面积与活动限制应与多样性丧失威胁成比例；应通过新协定协调现有针对各活动的管理机制，实现其养护生物多样性的目标；新协定不能规定，为养护海洋生物多样性可通过海洋保护区等措施直接限制或禁止公海渔业活动。

最后，还需要注意国家管辖范围以外区域海洋生物多样性的可持续利用与现有活动之间的协调，包括与现有公海渔业活动之间的关系。海洋生物多样性养护，不是保护，是与可持续利用并列的两个目标。《我们期待的未来》"强调海洋及其资源的养护和可持续利用对可持续发展的重要性……维护其生物多样性，使其得到养护，能供今世后代可持续利用，并在依照国际法管理影响海洋环境的活动时有效运用生态系统方法，采取预防方针，在可持续发展的所有三个层面都取得成果"[①]。因此，在可持续利用海洋生物多样性过程中，需要协调与现有各种活动之间在空间上的关系，避免发生冲突。就公海渔业活动而言，存在着作业范围广、作业持续时间长的特点，需要避免公海作业渔船及其渔具与利用海洋生物多样性的船舶及作业潜水器等之间发生冲突，也需要避免利用海洋生物多样性的船舶损及相应区域渔业管理组织为保护脆弱海洋生态系统而制定的养护与管理措施的效力。

---

① United Nations General Assembly. The Future We Want, A/RES/66/288, 11 September 2012, paragraph 158.